근대와 탈근대의 정치학

문화과학 이론신서 29

근대와 탈근대의 정치학

손호철 지음

문화과학사

'이론신서'를 펴내며

이론과 과학이 오늘처럼 불신을 받은 적이 있었을까, 한때 종교의 아우라를 지닌 채 권위를 누리던 과학은 이제 그 옛 영화를 잃은 듯하다. 기존의 가치와 이념들, 실천의 관행과 기준들의 토대가 흔들리면서 과학은 이 불안정한 동요를 일으킨 주범의 하나로 질타받는 중이다. 이 위기는 이론과 과학의 사회적 역할과 기능, 위치 등과 관련되어 있기도 하지만 기실 그 내부에서 일어나는 위기다. 과학이 자신의 대상을 외부에서 관찰한다고, 주관과 객관의 확고한 분리가 보장된다고 하던 태평기는 지났다. 관찰 행위 자체가 대상을 변형하며, 게임의 수행이 그 규칙을 바꿔낸다는 사실로 과학은 이제 그 '객관적' 지위를 의심받게 되었고 그 체계 안의 혼돈으로 인해 이론 자체가 뿌리에서 동요하고 있다.

하지만 이론과 과학이 종교와 다르다면 그것은 바로 위기의 항존성을 자신의 존재조건으로 삼는다는 점일 게다. 역사적 과학혁명들을 돌이켜 보아도 과학의 역사는 그런 내적 위기를 돌파하는 과정 자체였다. 이 과정을 통해 이론은 자신의 역사적 피구속성에 대한 인식을 심화하였고, 상상력과 모험, 새로운 실험과 창조를 독려하고 촉발하는 계기로 삼았다. 기존의 사유방식과 이론적 패러다임들에 균열이 가고 가치체계와 이념들이 여기저기서 붕괴하고 있는 오늘 우리가 다시 한번 새로운 이론적 혁명이 필요함을 느끼는 것은 그 때문이다.

새로운 이론적 혁명의 필요성이라는 문제와 그것의 실제 공정과 진행 문제는 물론 별개다. 역사적 경험들은 이론적 혁명의 진행이 단일 사건의 양상보다는 복수적 사건들의 연쇄적 진행에 가까움을 보여주고 있다. 따라서 이론적 혁명을 이루기 위해서는 그 당위성을 주장하는 데만 그치지 않고 복수적 사건들의 연쇄를 실제로 조사해야 한다. 여기에는 지배적인 이론과 과학의 패러다임 전체 구조와 한계를 살피는 일에서 이론적 생산과 소통의 사회적, 역사적 조건의 변화를 되새겨 보는 일까지가 포함될 것이다. 자명한 것으로 보이는 과학들 사이의 위계와 경계를 다시 정하는 일도 중요한 과제다. 자연과학과 인간과학의 분리, 인간과학과 사회과학, 예술에 대한 이론들간의 분리는 더 이상 자명한 것도 당연한 것도 아니다. 전지구적으로 확산되고 있는 자본주의 상품화에 따른 물질적 자극과 욕구의 증대, 정보통신망의 확산에 따른 소통의 복합화와 특수화, 자원의 급속한 낭비 등은 더 이상 분리된 요소들이 아니라 각 차원간에 '나비효과'의 파장을 주고받으며 사슬처럼 얽히고 있다. 또한 복합적 현실의 연쇄 고리 속에서 계급, 인종, 성의 문제들은 점점 더 중층적으로 '절합'되며, 생산력의 팽창과 전지구적 사용에너지의 한계용량이라는 문제와 더한층 복잡한 함수관계를 가짐이 분명해지고 있다. 21세기 개인과 사회의 운명은 이처럼 복합적이고 불확정적인 유동성을 지닌 중층적 연쇄고리에 대한 심도있는 인식과 그에 따른 탄력있고 유연한 자기조정 능력을 어떻게 획득할 것인가에 달려 있다. 분과학문의 체계에 의해 격리되고 단자화된 제과학들의 위상과 편성을 변환하여 새로운 연쇄고리로 연결하는 것도 그래서 필요하다.

이론적 실천의 과정도 불확정성 속에서 탄력적인 유연한 태도를 지녀야 할 것이다. 이제까지 대다수 이론은 때로는 상투화된 권위주의에 사로잡혀, 때로는 과제의 무게에 짓눌려 경직성에서 벗어나지 못하고 있다. 그러나 진지함의 외관을 쓴 경직성은 이론의 창조적 생명력을 앗아갈 뿐이다. 이론의 내적 진지함은 오히려 유머 정신, 역동적인 실험정신을 북돋운다. '진지한 과학'과 '혁명적 과학'은 '즐거운 과학'과 다르지 않다. '즐거운 혁명'이다! 명령하고 억압하는 것이 아니라 스스로 움직이게 하고 창조적 실험을 활성화하는 과학, 규범에 묶이지 않고 상상력이 넘치는 과학, 창백한 금욕의 과학이 아니라 범람하는 욕망의 과학, 순응하는 과학이 아니라 저항하고 개입하는 과학이어야 한다. 세기의 전환점에서 창백한 금욕의 과학을 떠나보내고 저항의 생명력에 넘치는 '욕망의 과학'을 맞이하자.

1995년 5월   문화과학 이론신서 기획위원

머리글

　우리는 혼돈의 시대에 살고 있습니다. 학문의 경우도 그러합니다. 모든 것이 상당히 자명한 것처럼 생각했던 자연과학에서조차 카오스 이론 등이 보여주듯 뉴턴류의 근대적 이론들이 무너지고 있습니다. 사회과학의 경우도 예외는 아닙니다. 맑스주의를 포함한 근대성에 기초한 다양한 사회과학들에 대한 비판이 제출되면서 다양한 포스트주의 이론들이 유행한 것이 어제, 오늘의 일이 아니며 과거와 달리 지배적 패러다임이 사라진 채 다양한 이론들이 백가쟁명을 한 지 오래입니다.

　국내학계의 경우도 예외는 아닙니다. 세계의 시간과 한국의 시간의 분절에 의해 세계적으로 맑스주의의 위기가 본격화됐던 1980년대에 우리의 경우 1980년 전두환 일당의 광주학살 덕으로 재야학계에 국한된 이야기이기는 하지만 맑스주의의 폭발이 있었습니다. 그리고 좁게는 암울한 군사독재, 넓게는 한국적 독점자본인 재벌의 지배와 종속성, 그리고 분단의 현실은 맑스주의의 때늦은 헤게모니 속에서 68혁명 이후 서구를 중심으로 폭발적으로 생겨난 포스트주의적 문제의식의 도입을 억압하고 봉쇄해 왔습니다. 그러나 87년의 민주화, 그리고 소련, 동구의 몰락은 그동안 억눌려 왔던 포스트주의적 이론과 운동들을 압축·폭발시켰습니다. 물론 냄비풍토로 불리는 우리 사회의 지적 유행성 덕분인지, 포스트주의도 이제는 한물간 느낌을 주고 있고 이론적 혼란이 학계의 주된 모습입니다.

이 책은 우리의 이 같은 현실과 관련해, 사회과학의 이데올로기성으로부터 오랫동안 정치학의 핵심적인 주제가 되어온 정치의 개념, 권력, 국가, 다원주의적 민주주의의 문제, 나아가 지구화와 관련된 제3세계 문제, 민족국가 문제, 신자유주의적 보수화의 기원 등 다양한 문제들을 근대성과 탈근대성의 논쟁을 중심으로 분석한 것입니다. 특히 맑스주의와 포스트맑스주의의 문제의식을 진보적 정치학자의 입장에서 비판적으로 분석한 것입니다. 다시 말해, 근대성과 탈근대성 논쟁, 맑스주의와 포스트주의간의 논쟁을 총체적으로 다룬 것이 아니라(이는 나의 능력을 훨씬 벗어난 것입니다) 책의 제목처럼 이와 관련해, 정치학에 쟁점이 되는 몇 가지 핵심주제들을 다룬 것에 불과합니다.

모든 지적 작업이 그러하듯이 이 책은 저의 개인적 삶의 결과입니다. 제가 유학을 마치고 돌아온 87년 당시 우리 사회는 격변과 뜨거운 논쟁이 난무하던 시절이었습니다. 저 역시 같은 논쟁에 참여해 한국 정치에 대해서만이 아니라 능력 밖으로 민주주의로부터 사회주의에 이르는, 엄청나게 다양한 이론적인 주제에 대한 글을 쓸 수밖에 없었고 그 글들을 『한국정치학의 새 구상』(1991), 『전환기의 한국정치』(1993)로 출간하기도 했습니다. 그러나 이후, 특히 소련, 동구의 몰락을 바라다보면서, 한 발짝 뒤로 물러서 차분하게 이론적 문제들을 생각하기 시작했고 그 결과 너무도 복잡하게 얽힌 이론적 문제들을 제 능력으로 정리해 일관된 저의 입장에서 이야기하는 것이 저의 능력 밖의 일이라는 생각이 들었습니다. 그래서 앞으로는 '실사구시'의 입장, 사르트르가 이야기한 "여기, 지금"이라는 입장에서, 추상적인 일반이론적 작업보다는 나의 주된 관심사였던 한국정치 연구에 전념하기로 결심했습니다. 그 결과가 이후 출간한 『해방 50년의 한국정치』(1995), 이의 확대개정판인 『현대 한국정치: 이론과 역사』(1997), 『신자유주의시대의 한국정치』(1999) 입니다.

그러나 추상적인 이론에 대한 관심을 완전히 버릴 수는 없었고 그때 그때 그동안 생각한 것들을 학계의 '인간관계', '권력관계'에 의해 부족한 줄 알면서도 써야 했습니다. 그런 것들이 모이면서 나름의 체계를 갖추게 되어 몇 년 전 이를 모으고 부족한 부분을 새로 집필해 오랜만에 이론에 대한 책을 출판하기로 생각했습니다. 왜냐하면 그 글들이 그 나름의 문제의식이 있고 대부분 학회 등에 발표한 것으로 논문의 형태로도 출판되지 않아 학생들에게 읽히기에도 어려움이 많았기 때문입니다. 그러나 본의 아니게 '민주화를 위한 전국교수협의회'의 공동의장을 맡으면서 현장을 쫓아다녀야 했고, 이후 안식년을 맞아서는 갑자기 남미에 갈 기회가 생겨 돌아다니다 보니, 새로 집필해야 할 글 한 편을 집필하지 못해 출판이 늦어지다가 뒤늦게 글을 써 이제야 출판을 할 수 있게 된 것입니다. 이처럼 출판이 늦어지다 보니 어떤 글은 글을 쓴 지 7-8년이 지나 기본적인 틀은 변함이 없지만 세부사항에 대해서는 그동안 생각이 바뀐 것이 있어, 꼭 필요한 부분은 수정을 가하거나 보충설명을 첨가했습니다. 그러나 쓰다가 보니 다시 다룬 이론적 주제들이 무척 넓어져 저 나름대로 고민을 했다고는 하지만, 개별 주제의 전문가들의 입장에서 볼 때 문제가 많지 않을까 걱정이 앞섭니다.

저는 개인적으로 저 자신을 진보적 정치학자, 굳이 더 분류를 하자면 모든 억압과 착취, 차별과 배제에 반대하는 '열린 맑스주의자', '비판적 좌파'라고 생각합니다. 좌파이론 중 특정한 이론만을 신봉하기보다는, 이론간에 내적 모순과 긴장이 있는 줄 알지만, 정통 맑스주의로부터, 신좌파, 포스트맑스주의의 장점을 열린 마음으로 수용하고 종합하려고 하는 자세를 가지고 있기 때문입니다. 그리고 실제로 이 같은 자세로 다양한 이론들의 장점을 수용해 왔다고 생각합니다. 다만 과거에 정통 맑스주의를 맹신하며 저를 사이비 좌파라고 비판하던 학자들이 갑자기 돌변해 새로운 유행을 맹신하는 것을 보면서, 이 같은 냄비풍토가 너무 싫어, 오히려 소련 몰락 이전보다 더 적극적으로, 그리고 실제 저의 이론체계에서 정통 맑스주의적 부분이 차지하는 비중보다 더 강하게, 정통 맑스주의 속에 내재한 긍정적인 문제의식을 옹호해 왔습니다. 그런 탓인지, 얼마 전 관심을 끈 어느 학자의 한국 지식인 이념 지도에서 '정통좌파', '구좌파'로 분류되기도 했습니다. 위에서 이야기했듯이, 저 자신은 '열린 맑스주의자', '비판적 좌파'라고 생각하지만, 저의 다소 의도적인 그간의 이론적 실천이 이 같은 분류를 가져왔다면, 유행을 따라 널뛰기를 하느니, 차라리 이 같은 분류를 '명예'라면 '명예'라고 생각하고 달갑게 받아들일 생각입니다.

건방진 이야기지만, 나이가 들어가면서 욕심(요즈음 유행어로는 '욕망')이 없어지는 것을 느끼게 됩니다. 물론 우리 사회의 발전에 대한 욕심이야 여전히 많지만, 개인적으로는 건강하게 늙고, 여러 문제들에 대해 긴 말이 필요 없이 이심전심을 느끼며 함께 소주잔을 나누며 함께 늙어갈 수 있는 친구들만 있었으면 좋겠다는 욕심 정도밖에는 욕심이 없어진 것 같습니다. 그런데 그런 친구들이 누가 있을까 생각해 보니, 대부분 대학시절부터 함께 사회운동을 해오던 친구들인데, 예외적으로 대표적인 진보적 문화이론가인 중앙대학 영문학과의 강내희 교수가 그 중의 한 명이었습니다.

강교수는 제가 유학을 마치고 돌아와 국내에서 활동을 시작한 90년대 들어 사귀게 된 학문적 친구인데 민교협, 『이론』지 등 학술, 실천활동을 하면서 의기투합한 데다가 알고 보니 대학입학 연도도 같아, 자주 보지 못하면서도 함께 늙어가며 소주잔을 기울이고 싶은 친구 중한 명이 되고 말았습니다. 그런데 강교수는 여러 이론, 실천활동 이외에도 척박한 한국의 문화이론의 토양에서 진보적 문화이론을 보급하기 위해 『문화과학』이라는 잡지와 출판사를 경영해 오고 있는데, 제책을 출간하고 싶다고 '압력'을 넣어온 지 상당한 시간이 지났습니다. 그래 이번 기회에 그 빚을 갚게 되어 홀가분하기만 합니다. 덕분에 책출간을 약속했던, 다른 출판사에 근무하는 제자들에게 빚을 지게 되기는 했지만 말입니다.

그러나 곰곰이 생각해 보니, 그래도 이전의 저의 책들이 대부분 상대적으로 독자층이 넓은 한국정치에 대한 책들이라 상업적으로 실패는 하지 않았지만, 이번 책은 딱딱한 이론서라 빚을 갚은 것이 아니라 오히려 빚을 지게 된 것이 아닌가 싶어 미안한 생각이 들기도 합니다. 특히 문화과학은 비상업적인 순수이론서 전문 출판사라 경제적 어려움이 많아 강교수의 부인인 손자희씨가 실무를 도맡아 하고 있다는 사실을 고려하면 그러합니다. 즉 손자희씨가 강교수에 의해 안으로는 가부장제와 가사노동으로, 밖으로는 출판사 일로 인해 '이중적인 수탈'을 당하고 있는 것을 뻔히 알고 있으면서도, 이 같은 수탈에 일조를 한 것 같아 죄송한 마음을 금할 수 없습니다.

마지막으로 30여년 전 미술반 선후배 사이로 함께 그림을 그린 연으로 십년 만에 찾아가 부탁한 후배에게 표지를 만들어준 조형미디어의 여홍구 선배와 교정 등 번거로운 일을 해준 김윤철, 이태규, 이현 군에게 감사한 마음을 전합니다.

2002년 3월 노고산에서

차례

제1부: 총론

사회과학,
과학인가? 이데올로기인가?

사회과학, 과학인가? 이데올로기인가?: 학문의 '이데올로기'적 성격과 맑스주의

1. 여는 글

현대학문에 있어서 그 '등록상표'는 '과학성'이다. 과학성은, 즉 '진리' 내지 '참'을 의미하며 따라서 과학이라는 단어는 그 자체가 학문과 이론에 거부할 수 없는 권위를 부여해 왔다.

물론 이 같은 현상이 역사적으로 항상 그래왔던 것은 아니다. 과학이 이처럼 학문에 지고의 권위를 부여한 것은 어디까지나 근대적 현상이다. 갈릴레오의 유명한 일화가 잘 보여주듯이 중세의 경우 이 같은 권위를 부여했던 것은 과학이 아니라 종교였다. 그러나 과학기술의 발달은 '근대적 자연과학'의 발전을 가져다주었고 이는 '이성'중심의 세계관인 계몽주의의 보급과 맞물려 '인문·사회과학', 1) 특히 '사회과학'

---

1) 현대학문체계에 있어서 '자연과학', '사회과학', '인문학(내지 인문과학)'이라는 삼분법이 일반화되어 있다는 것은 잘 알려져 있는 사실이다. 이 같은 분류의 문제점은 이미 통합과학론 등에서 지적이 되어왔으며 이에 대한 총체적인 평가를 내리는 것은 필자의 능력을 벗어난 엄청난 주제이다. 다만 인문·사회과학간의 문제에 대해서 간단히 언급하자면 '사회과학'과 '인문학'을 나누는 그간의 학문체계는

에 있어서 자연과학을 모델로 한, 객관적이고 실증적인 과학성을 모델로 하는 과학관과 학문관의 헤게모니를 확립시켰다. 콩트의 실증주의적 사회과학 이론과 비엔나학파의 '논리실증주의'로 대표되는 이 같은 과학관은 사회현상을 자연현상과 마찬가지로 '객관적'이고 '중립적'으로 관찰, 일반화함으로써 '과학적'이고 객관적인 법칙성을 찾아내고 이에 기초하여 예측력을 갖도록 만든다는 것이다. 이에 따라 '사회과학의 자연과학화'2)가 현대 사회과학의 지배적인 추세가 되어 왔다.

그러나 이 같은 지배적인 '과학관'이 최근 들어 소위 '세기말적' 징후군과 관련하여, 새로운 도전에 처해 있는 것 역시 사실이다. 어쩌면 아이러니컬하게도, 또 어떻게 생각하면 당연하게도, 이 같은 도전은

기본적으로 사회과학은 실증적 학문이라는 '자연주의적' 사회과학과 인문학은 인간을 사회적 현실로부터 분리시켜 이해하는 관념론적 인간론이 전제된 인문학에 기초한 그릇된 인식틀이다(이와 유사한 입장의 '선각적'인 문제제기로는 백낙청, 「학문의 과학성과 민족주의적 실천」, 백낙청, 『민족문학의 새단계』, 창작과비평사, 1990, 309-321). 이 점에서 인간을 '사회적 관계의 총체'로 인식한 맑스의 전통하에서 '사회과학'과 '인문학'을 통합시켜 사고해온 맑스주의의 학문관은 바람직한 것이다. 그러나 맑스주의 역사가 둘을 전통적으로 역사유물론과 변증법적 유물론이라는 틀 속에서 총체적으로 인식하려 해왔으면서도 이 둘을 통틀어 지칭하는 마땅한 개념을 갖지 못한 것이 현실이다. 또 프랑스의 경우 이를 '인간과학' 내지 '정신과학'이라는 명칭으로 인문학과 사회과학을 포괄하여 지칭하고 있으나 이 개념 역시 문제가 없는 것은 아니다. 따라서 이 글에서는 사회과학과 인문학이라는 전통적인 분류에 반대하는 입장에 동의하면서도 인문학 분야에 대한 필자의 무지 때문에 논의를 사회과학 분야를 중심으로 전개하고자 한다.
2) 사회과학을 자연과학과 마찬가지로 객관적인 방식으로 연구하는 것을 목표로 하는 '자연주의(naturalism)'가 반드시 실증주의를 의미하는 것은 아니다. 일부 학자들의 경우 자연주의의 포기는 결국 해석학과 같은 관념론으로 후퇴할 수밖에 없다는 입장에 서서 '초월적 실재론(transcendental realism)'이라는 이름 아래 맑스의 입장을 '비실증주의적인 자연주의'라고 보고 이 같은 '비실증주의적 자연주의'를 사회과학의 지향목표로 제시하고 있다(그 대표적인 예로는 Roy Bhaskar, *The Possibility of Naturalism: A Philosophical Critique of the Contemporary Human Sciences*, New Jersey: Humanities Press, 1979). 그러나 이 글에서는 별도의 부연설명이 있는 한 '사회과학의 자연과학화'란 기본적으로 실증주의적 전통을 지칭하는 것으로 사용하였다.

현대 사회과학이 추종해야 할 '과학의 전형'으로 생각해온 자연과학에서 거세게 시작되었다. '불확실성의 과학', '복잡성이론', '카오스이론' 등 과거의 뉴턴적 과학관에 도전하는 '신과학운동'이라는 '과학혁명'이 그것이다.[3] 이에 따라 사회과학에 있어서도 근대적인 자연과학을 모델로 한 과거의 이론적 추세에 대한 자기비판의 움직임이 일고 있다.[4] 나아가 '68혁명' 이후 제기된 이성중심적 세계관과 계몽주의에 대한 비판으로서의 포스트모더니즘과 포스트맑스주의의 대두, 나아가 이 같은 '주류' 사회과학과는 또 다른 의미에서 '과학'으로서의 권위를 담보해온 맑스주의와 스탈린주의에 일대 타격을 가한 소련, 동구의 몰락은 기존의 사회과학관에 대한 근본적인 반성과 수정을 강제하고 있다.

이와 관련, 우리는 과연 그동안 '주류' 사회과학이 가정해 왔듯이 가치중립적이며 '이데올로기'[5]로부터 자유로운 사회과학은 가능한가,

3) 이에 대한 비판적인 소개로는 신과학에 대한 특집호인 *Review*, 15:1(1992)와 『시대와 철학』 2호, 1991.
4) 대표적인 저서로는 Immanuel Wallerstein, *Unthinking Social Science: The Limits of Nineteenth-Century Paradigms*, Cambridge: Polity Press, 1991(『사회과학으로부터의 탈피』, 창작과비평사, 1994). 이와 유사한 시각에서 맑스를 포함한 현대 사회과학이 맥스웰의 '장(field) 이론'이나 아인슈타인의 상대성이론이 발견되기 전인 뉴턴적 과학관에 기초해 있었다는 선구적인 비판으로는 Herbert Dingle, "The Scientific Outlook in 1851 and 1951," in W. Warren Wagner, ed., *European Intellectual History Since Darwin and Marx*, NY: Harper & Row, 1966.
5) 이 문제는 '이데올로기'가 무엇을 의미하느냐는 '이데올로기'의 정의에 따라 그 내용이 크게 달라질 수 있는 주제이다. 특히 '이데올로기'라는 개념은 한 연구자에 따르면 "지배정치권력을 정당화해주는 그릇된 사상"으로부터 "행동지침으로서의 가치체계"에 이르기까지 16개의 사용법이 존재할 정도로 그 의미가 다양하다(Terry Eagleton, *Ideology: An Introduction*, London: Verso, 1991, 1-2). 이데올로기는 분명 단순히 '진리'에 대칭되는 '환상'이나 '왜곡'을 의미하는 것이 아니고 그 자신의 물질성을 가진 현실적인 것이다(이에 대해서는 아래 참조). 다만 이 글의 주제와 관련하여 이데올로기를 "지배권력을 정당화시켜 주는 그릇된 사상"이라는 식의 협의의 정의를 채택할 경우 그릇되지만 지배권력이 아니라 피지배세력을

그렇지 않다면 그간의 사회과학의 '자연과학화'는 또 다른 이데올로기의 표현에 다름 아닌가 하는 문제를 다시 한번 근본적으로 생각해 보지 않을 수 없다. 이 글은 이 같은 문제의식에서 일찍이 '학문의 이데올로기성'에 주목하고 비판을 가한 맑스의 이론적 작업을 중심으로 실증주의로 대표되는 현대 주류 사회과학의 이데올로기적 성격을 살펴보는 데 그 목적이 있다. 나아가 이 논문은 맑스주의의 과학성과 이데올로기성을 놓고 맑스 이후 전개되어온 맑스주의내의 이론적 논쟁을 비판적으로 소개, 평가하는 한편 최근의 새로운 이론적 성과에 기초하여 이 같은 논쟁을 재점검해 보고자 한다.

2. 지배적 패러다임: 실증주의

학문의 이데올로기성에 대한 맑스주의의 비판적 공헌을 다루기에 앞서 필요한 것은 이 같은 비판의 대상이 되는 현대 사회과학의 지배적인 패러다임, 즉 실증주의의 기본전제들에 대한 이해이다. 따라서 이 절에서는 간단하게 이 같은 전제들을 간략하게 소개하고 넘어가고자 한다.

현대 사회과학의 지배적인 패러다임인 실증주의의 창시자는 콩트(Comte)라는 것이 일반적인 정설이다. 자연과학적 방법을 사회현상의 연구에 도입시켜 "과학적 사회학"을 만드는 것을 목표로 삼았던 콩

정당화해 주는 사상은 정의에 의해 이데올로기가 아닌 것이 되므로 이 글의 주제인 '진리'와 '과학'의 문제와 동떨어진다는 점에서 부적합하고, 이를 "모든 가치체계"라는 식으로 광의로 정의할 경우 '진위'문제와 무관하게 모든 사상과 이론이 이데올로기가 되어 버린다는 점에서 마찬가지로 부적합하다. 따라서 이 글에서는 이데올로기를 문제가 있기는 하지만 '진리', '과학'과 대칭되는 '왜곡'이며 그것이 사회적 존재와 이해관계와 관련된 무의식적인 것이라는 '중범위'의 개념으로 사용하고자 한다.

트의 입장은 기본적으로 '진화론'과 '실증주의'라는 두 가지 축으로 요약된다.[6] 그의 이론은 우선 인류의 역사는 1) 세상사를 초자연적인 힘에 의해 설명하는 '신학적' 사유양식과 이에 기초한 사회조직형태로부터, 2) 이를 인격화된 실체 등에 의해 설명하는 '형이상학적' 사유양식과 사회조직형태를 거쳐, 3) 사실적 지식에 의존하는 '실증적' 사유양식과 사회조직으로 진화해 가는 역사라고 파악하고 있다는 점에서 '진화론'적이다.[7] 따라서 '실증주의'는 인간의 사유양식의 최고형태를 지칭하는 바, 실증주의에 기초한 '실증과학'은 관찰가능한 현상 및 이들간의 관계 이외에 대해서는 지식을 가질 수 없다는 신념에 기초하여 오로지 관찰가능한 현상에만 관심을 가지며, 실증적이고 경험적인 지식의 축적을 통해 이 같은 현상의 법칙적인 관계를 확립하는 것을 목표로 한다. 나아가 이런 법칙화는 "우리로 하여금 그것들을 설명할 수 있게 하고 또한 예측력을 갖출 수 있게 한다"는 것이다.[8]

이 같은 실증주의는 이후 밀(Mill), 스펜서(Spencer), 뒤르켐(Durkheim)을 거쳐 발전해와 현대 사회과학의 지배적 패러다임으로 자리잡게 되는 바, 뒤르켐의 유명한 '자살'연구는 이후 실증주의적 사회과학연구의 전형을 제공한다는 점에서 주목할 필요가 있다. 한 예로 그는 "자살은 개인들이 부분을 구성하고 있는 사회집단의 통합도와 반비례한다"는 법칙에 기초하여 신교도는 카톨릭교도보다 사회통합도가 낮으며, 따라서 자살율이 높다는 결론을 유추한 뒤 이를 1840년대와 1850년대의 오스트리아와 프러시아에 있어서 신교도의 자살율이 카

6) Tom Bottomore, et al., eds., *A Dictionary of Marxist Thought*, Cambridge: Harvard Univ. Press, "Positivism," 382.
7) 이에 대해서는 Lewis Coser, *Masters of Sociological Thought*, NY: Harcourt Brace Jovanovich, Inc., 1971, "Auguste Comte" 참조.
8) A. Comte, *Discours sur l'esprit positif*, Paris, 1944, 20; Russell Keat & John Urry, *Social Theory as Science*, London: Routledge & Kegan Paul, 1981(『과학으로서의 사회이론』, 한울, 1993, 110에서 재인용).

톨릭교도보다 각각 1.5배와 3배가 높다는 실증적 자료를 통해 뒷받침하고 있다. 9) 이를 논리실증주의의 표준모형이라고 할 수 있는 헴펠(Hempel)의 '포괄법칙모형(Covering Law Model, 아래 참조)'을 응용해 설명하면 다음과 같다. 10)

설명항들　　　　법칙:　자살율은 사회통합정도에 반비례한다
　　　　　　　　　조건:　신교도는 카톨릭교도보다 사회통합도가 낮다

피설명항　　　　결론:　신교도는 카톨릭교도보다 자살율이 높다

이처럼 발전해온 실증주의는 1920-1930년대 '비엔나학파'로 불리는 일련의 학자들에 의해 철학적으로 체계화되고 풍부화되어 '논리실증주의'라는 이름으로 완성된다. 비엔나학파의 일원은 아니지만 이 같은 이론을 대표하는 헴펠은 현상에 대한 과학적인 설명은 기본적으로 '연역·법칙적 설명'으로서 이는 피설명항(explanadum)을 일반법칙과 선행적 조건으로 이루어진 설명항(explanans)으로부터 연역적으로 도출해내는 것이라고 주장한다. "설명은 두 종류의 진술로 구성된다. 하나는 설명되어야 할 현상에 선행하여서 또는 적어도 이와 동시에 나타나야 할 어떤 조건들을 보여준다. 간단히 말해 선행조건들이다…. 두 번째 종류의 진술은 어떤 일반적인 법칙들을 표현하는 진술이다…. 이 두 진술들이 적절하고 완전하게 정립되면 이는 문제의 현상을 설명하고 있는 것이다…. 따라서 우리가 어떤 사건을 설명한다는 것은 그 것을 일반법칙에 포함시키는 것, 다시 말해 그 사건이 어떤 특정한 선

---

9) E. Durkheim, *Suicide: A Study of Sociology*, London: Routledge & Kegan Paul, 1952.
10) 이는 Nan Lin, *Foundations of Social Research*, NY: McGraw-Hill Book, 1976, 35-37.

행조건들에 의해서 일반법칙에 따라 발생한다는 것을 보여주는 것이다."[11] 즉 과학에 대한 '포괄법칙모형'이다. 특히 그는 이 같은 법칙적 설명이 과학의 일반화가 뒤떨어진 역사학이나 사회과학에도 적용되어야 하는 보편적 형식이라고 주장하고 있다.

이 같은 이론적 전통에서 쟁점이 되는 것은 일반법칙의 경험적 근거를 어떻게 확립하는 가이다. 이에 대해 지배적인 시각은 현상에 대한 체계적이고 과학적인 관찰을 통해 실증적 지식을 축적하고 흔히 '사실(facts)'이라고 불리는 이 같은 실증적 지식으로부터 귀납적으로 일반법칙을 도출한다는 것이다. 그러나 현실적으로 사회현상에서 예외없는 일반법칙을 찾아낸다는 것은 사실상 불가능하기 때문에 일반법칙을 확률에 의한 확률법칙으로 대치하는 '귀납적·통계적' 방식을 주로 택하고 있다. 한편 포퍼(Popper)와 같은 학자들의 경우 법칙이나 이론은 귀납적으로 만들어지는 것이 아니라 오히려 가설적 법칙들을 연역적으로 설정해 놓고 이를 관찰가능한 사실에 의해 부단히 검증하여 그 진위와 과학성을 입증하는 '가설적·연역적' 방식을 대안으로 제시하고 있다.[12] 그러나 이 같은 입장 차이에도 불구하고 이 모두가 실증주의의 기본적인 이론적 가정들을 공유하고 있다는 사실에는 변함이 없다.

결국 이 같은 실증주의는 특히 경험주의의 전통이 강한 영미학계를 장악하였고 제2차 세계대전 이후 미국의 정치, 경제, 군사적인 헤게모니에 기초한 세계학계의 미국헤게모니하의 재편은 실증주의를 정치학, 경제학, 사회학 등 모든 사회과학 분야에 있어서 지배적인 패러다임으로 자리잡게 하였다.[13] 특히 자연과학을 모델로 한 '실증주의의

11) Carl G. Hempel, *Aspects of Scientific Explanation and Other Essays in the Philosophy of Science*, NY: The Free Press, 1965, 246.
12) Karl Popper, *Conjunctures and Reputations: The Growth of Scientific Knowledge*, London: Routledge & Kegan Paul, 1972.

승리'는 자연과학을 준거틀로 하여 '계량화(quantification)'를 과학성 여부의 최종적인 기준으로 상정하는 사회과학의 계량화추세를 야기시킴으로써 계량경제학, 계량정치학, 계량사회학 등의 확산을 가져다주었을 뿐 아니라 계량화의 정도를 과학성의 확보수준의 판단기준으로 생각하는 풍조까지 생겨났다. 나아가 실증주의의 승리는 가치중립적이고 이데올로기중립적인 '과학적'인 사회과학이라는 이름하에 '사회과학의 탈정치화'[14] 와 사회현상을 법칙화시켜 예측능력을 갖추도록 하기 위한 '행동과학화' 내지 '사회공학화'를 가져 왔다. [15] 따라서 사회현상 연구에 있어서 과학적인 학문에 대한 장애는 기본적으로 학문적 엄격성, 냉철함, 방법론적 민감성, 자질 등 연구자들의 개인적인 학문적 태도문제와 자료수집, 분석방법 등 기술적인 방법론의 문제 등을 객관적이고 중립적인 연구를 가로막는 장애의 문제로 간주하게 되었고, 인문사회과학이 갖는 독특한 특성(연구대상이 동시에 연구주체이기도 하다는 점 등)에서 연유하는 인식의 존재구속성, 사회적 성격, 역사성 나아가 '이데올로기적' 성격이라는 보다 근본적인 문제는 뒷전으로 밀려나고 말았다.

---

13) 미국의 헤게모니국가로의 승리와 정치학에 있어서의 이 같은 실증주의의 부상의 관계에 대해서는 R. Looker, "Comparative Politics: Methods or Theories," in Paul Lewis, et al., eds, *The Practice of Comparative Politics*, NY: Longman, 1978, 2nd Ed., 참조.

14) 주목할 점은 '이데올로기의 종언'이 하나의 이데올로기이듯이 '사회과학의 탈정치화'는 그 자체가 또 다른 '이데올로기'이고 또 다른 '정치'라는 사실이다. 이와 유사한 견해로는 Charles McCoy, et al., eds., *Apolitical Politics: A Critique of Behavioralism*, NY: Thomas Y. Crowell, 1967; W. MacKenzie, "The Political Science of Political Science," *Government & Opposition*, no. VI(Summer 1971), 277-302.

15) 이 같은 신조는 특히 미중앙정보국의 용역을 받은 미시건대학이 쿠바혁명의 영웅 체 게바라의 행동패턴을 분석하여 이를 예측, 그를 볼리비아에서 사살하는 데 성공함으로써 더욱 신비화되어 확산되었다(이에 대해서는 Albert Sugerman, "Michigan, Che and the CIA," *New Republic*, Nov. 9, 1968).

3. 맑스와 학문의 이데올로기적 성격

맑스는 기본적으로 실증주의가 사회과학의 지배적인 패러다임으로 자리잡기 이전인 '19세기의 이론가'이다. 따라서 그는 실증주의를 직접적인 대상으로 설정한 '실증주의 비판'을 남기지 않았다. 잘 알려져 있듯이 그가 주로 관심을 기울였던 비판의 대상, 즉 '이론적 주적'은 실증주의가 아니라 형이상학, 특히 헤겔주의로 대표되는 관념론이었다. 그러나 실증주의는 콩트의 저작 등을 통해 맑스의 시대에도 이미 상당한 영향력을 행사하고 있었고 맑스 자신 역시 이 같은 콩트의 실증주의를 직접적으로 언급하며 비판하고 있다. 나아가 '속류 정치경제학'비판 등 그의 다양한 이론적 저작들은 그 대상이 관념론이건, 실증주의이건, 인간의 인식과 학문의 이데올로기적 성격을 폭로함으로써 주류학계에 대한 발본적인 비판을 가하고 있다. 결국 맑스주의는 관념론과 실증주의라는 두 개의 '이론적 전선'을 통해 인문사회과학이 갖는 이데올로기적 성격을 본격적으로 부각시킴으로써 현대학문의 발전에 인식론적 단절을 가져다주고 새로운 장을 연 혁명적인 사상이다.

맑스는 그 유명한 「『정치경제학비판』 서문」에서 다음과 같이 인문사회과학이 갖는 이데올로기적 성격에 대한 혁명적인 테제를 제시했다.[16]

인간은 자신이 영위하고 있는 사회적 생산에서 불가피하게 자신들의 의지와는 독립된 특정한 제 관계에 들어간다. 즉 그들의 물질적 생산제력의 일정한 발전단계에 조응하는 생산관계에 들어간다…. 이것이 실제적인 토대인 바 이 토대 위에 하나의 법률적 정치적 상부구조가 세워지고 또

---

16) K. Marx, "Preface to *A Contribution to the Critique of Political Economy*," in Robert Tucker, ed., *The Marx-Engels Reader*, NY: W.W. Norton & Co., 1978, 2nd Ed., 4-5(칼 맑스, 『경제학노트』, 이론과 실천, 1988, 11).

그 기초에 조응하여 일정한 제 사회의식의 형태가 존재하게 된다. 물질적 생활의 생산양식이 사회적 정치적 및 정신적 생활과정 일반을 제약한다, 인간의 의식이 존재를 규정하는 것이 아니라 역으로 그들의 사회적 존재가 그들의 의식을 규정한다…. 경제적 기초의 변화와 더불어 거대한 상부구조 전체가 다소간 급격하게 변혁된다. 이 같은 변혁을 고찰할 때 우리는 자연과학적 정확성을 가지고 확인되어야 하는 경제적 생산조건들의 물질적 변화와 법적, 정치적, 종교적, 예술적, 철학적 형태들, 즉 인간이 이러한 대립을 의식하게 되는 터전이자 또한 이를 싸워나가는 이데올로기적 형태들과를 구별하지 않으면 안된다.

토대·상부구조에 대한 건축적이고 위상적인 메타포에 의존함으로써 여러 문제점을 갖고 있는17) 이 주장들은 이 같은 문제점에도 불구하고 이 글의 논의와 관련하여 두 가지 함의를 갖고 있다. 첫째, 의식이 존재를 규정하는 것으로 인식하는 '관념론'에 대한 비판이다. 이는 그간의 사회과학을 지배해온 관념론적 경향에 대한 혁명적인 전복이었다. 둘째, 첫 번째 함의와는 달리 보다 간접적인 함의로서 인간의 인식의 존재구속성, 이에 따른 이데올로기성에 대한 지적이다. "사회적 존재가 의식을 규정한다"는 테제는 이 같은 문제의식이 결여된 채 사회과학을 자연과학과 마찬가지로 중립적이고 객관적으로 연구할 수 있다고 생각하는 실증주의에 대한 발본적인 비판이다. 다시 말해 사

---

17) 이 같은 메타포는 경제가 국가의 개입이나 도움이 없이도 자기재생산이 가능한 '폐쇄적인 공간'이고 이에 사후적으로 국가가 개입하는 것 같은 착각을 불러일으켜(Nicos Poulantzas, *State, Power, Socialism*, London: Verso, 1979) 생산관계와 권력관계를 외재적인 관계로 파악한다는 푸코류의 비판을 야기시켰다(Michel Foucault, "The Subject and Power," in H. Dreyfus, et al., *Michel Foucault: Beyond Structuralism and Hermeutics*, Chicago: Chicago Univ. Press, 1983). 그러나 후기맑스의 경우 생산은 단순한 '경제적 생산'이 아니라 "생산의 사회적 조건의 생산"이라는 주장이 보여주듯이 이 같은 층위론을 넘어서 경제와 정치를 생산관계의 내재적 계기들로 이해하게 된다(이에 대해서는 John Holloway & S. Picciotto, eds., *State and Capital: A Marxist Debate*, Austin: Univ. of Texas Press, 1978).

회과학은 자연과학과 달리 연구의 '주체'가 동시에 연구의 '대상'이기도 하다는 점에서 연구의 주체인 연구자의 '객관적인 연구' 역시 '인식의 사회적 존재구속성'을 벗어날 수 없다는 비판의 함의를 갖고 있다.

그러나 위의 인용문은 이밖에도 뒤에서 논의할 맑스주의의 이론적 위상과 관련하여 두 가지 의문점을 제기한다는 점 역시 언급하고 넘어갈 필요가 있다. 우선 인식의 사회적 존재구속성과 관련된 문제로서 이를 맑스주의 자신에게도 적용시킬 경우 맑스주의 역시 사회적 존재구속성을 벗어나지 못한 인식이라는 딜레마에 빠진다는 점이다. 이 점에서 이 명제가 학문의 이데올로기적 성격을 지적한 혁명적인 테제이기는 하지만 "두고두고 망측스러운 발견(ever-scandalous discovery)"라는 제임슨의 평가18)를 인용하며 이 테제는 "'절대적 상대주의'의 자가당착에 부딪친다"는 백낙청 교수의 지적19)에 주목할 필요가 있다. 둘째로, 자연변혁에 대해 분석한 인용문의 후반부의 문제이다. 이 부분에 따르면 사회과학 중 '경제적 생산조건'에 대한 연구, 즉 정치경제학은 '자연과학' 모형에 따라 '자연과학적 엄밀성'을 가지고 연구되어야 하는 분야이고,20) '상부구조적' 현상에 대한 연구는 이와 달리 기본적으로 이데올로기적인 '이데올로기 투쟁'이라는 해석에 이르게 된다. 이는 뒤에 논의할 맑스주의의 이론적 위상, 즉 맑스주의는 학문의 이데올로기적 성격을 극복한 '과학'인가 아니면 또 다른 하나의 이데올로기인가 하는 문제와 관련된 중요한 쟁점이다.

맑스의 여러 저작 중 「『정치경제학비판』서문」 이외에 학문의 이데

---

18) Fredric Jameson, *The Prison-House of Language*, Princeton: Princeton Univ. Press, 1972, 184.

19) 백낙청, 「작품, 실천, 진리」, 백낙청, 앞의 책, 365.

20) 맑스는 여기에 그치지 않고 그의 '후기' 저작인 『자본』에서도 자신의 관점은 "사회의 경제적 구성체의 진화를 자연사적 과정으로 인식하는 것"이며 『자본』의 궁극적인 목표는 현대사회의 "운동의 자연법칙을 발견하는 것"이라고 주장하고 있다(Marx, *Capital*, vol. 1, NY: International Publishers, 1967, 10).

올로기적 성격에 대해 직접적으로 언급한 것은 그의 또 다른 초기 저작인 『독일이데올로기』의 다음과 같은 부분이다.

어느 시대에 있어서나 지배계급의 사상이 지배적 사상이다. 그 시대의 물질적인 지배세력이 동시에 지배적인 지적 세력이다. 물질적 생산수단을 수중에 갖고 있는 계급은 동시에 정신적 생산수단도 통제하며 그 결과 일반적으로 생산수단을 갖지 못한 사람들의 사상은 이들에게 종속된다. 지배적 사상이란 지배적 물질적 관계의 관념적 표현, 즉 사상들로써 파악된 지배적 물질적 관계들 이상의 그 무엇도 아니다…. 지배계급이 하나의 계급으로서 세계를 지배하고 한 시대의 폭과 풍경을 규정하는 한에 있어서 그들은 하나의 사상가, 사상의 생산자로서 지배하며 그 시대의 사상의 생산과 배분과 유통을 규제한다…. 새롭게 지배계급의 위치에 오르려는 모든 새로운 계급은 그들의 목적을 수행하기 위하여 자신의 이해를 사회구성원 모두의 공동이해로 표상시켜야, 즉 이상화된 형태로 표현해야만 한다. 그들은 자신들의 사상에 보편성의 형태를 부여해야만 하며 그것만이 유일하게 이성적이며 보편적으로 타당한 사상인 것으로 표상화해야 한다.[21]

여기에서 맑스는 「『정치경제학비판』 서문」에서 지적한 인식의 존재구속성과 이데올로기적 성격을 넘어서 중요한 새로운 이론적 명제들을 제시한다. 우선 특정 사회와 특정 학문분야에서 특정 이론이 갖는 '패러다임적 지배성'은 그 이론의 이론적 비교우위나 절대적 진리에의 근접도, 즉 '과학성'에 의해 결정되는 것이 아니라 '사회적 역관계' 내지 '물질적 관계'의 지배성에 의해 결정되는 것이라는 주장이다. 나아가 이 인용문은 모든 사상과 이론은 지적인 '생산'활동의 결과라는 가정에 기초하여 지배계급은 이 같은 정신적·지적 '생산수단'을 소유함으로써 이론의 생산, 배분, 유통을 규제하여 자신들의 특정한 이론

---

21) Marx, *The German Ideology*, in Tucker, ed., *op. cit.*, 172-174.

을 과학성을 가진 "유일하게 이성적이며 보편적으로 타당한" 이론으로 만들 수 있게 된다는 것이다. 결국 맑스는 여기에서 관념론, 실증주의와 같은 지배적인 패러다임은 "지배적인 물질적 관계의 관념적 표현", 즉 이데올로기에 불과하다는 것을, 나아가 이들이 그 이데올로기성에도 불구하고 어떻게 해서 과학성을 표상할 수 있게 되는가 하는 그 동학과 원인을 유물론적 입장에서 날카롭게 파헤치고 있다.

맑스의 이 같은 문제의식을 보다 심도 있게 살펴볼 필요가 있다. 맑스의 인간에 대한 연구, 즉 맑스의 '인문사회과학'은 "인간의 본질은 각각의 개별 인간들에 내재된 것을 추상화시킨 그 무엇이 아니다. 그것은 사회적 관계의 총체"22) 이며 "사회는 개인의 합이 아니라 이들 개인들이 놓여 있는 관계, 즉 상호관계의 합이다"23) 는 기본 명제로부터 출발한다. 이것은 인간의 고유한 본질을 상정하는 개인주의적 본질론과 같은 관념론, 나아가 사회적 관계의 역사성을 보지 못하고 현상적 사실의 일반법칙성에 집착하는 실증주의 모두를 비판하는 중요한 출발점이다. 분명 맑스의 비판의 주대상은 관념론이다. "헤겔은 현실 (the real)을 사유의 산물로 인식하는 환상에 빠졌"지만 "실재(the real subject)는 두뇌의 밖에 자율적으로 존재한다."24) 젊은 헤겔주의자들은 "그들이 그들의 개념을 통해 다른 개념을 반대하고 있을 따름이라는 것, 그들이 이 세계의 개념들과 싸우는 것만으로는 실제로 존재하는 현실세계와 싸우는 것이 아니라는 점을 잊고 있다"25) 고 맑스는 비판하고 있다. 이처럼 맑스의 관점은 인식주체와 인식행위와는 독립된

---

22) Marx, *Theses on Feuerbach*, in *ibid.*, 145.
23) Marx, *The German Ideology*, in *ibid.*, 247.
24) Marx, *The Grundruisse*, in *ibid.*, 237-238.
25) Marx, *The German Ideology*, in *ibid.*, 149. 특히 이 같은 언명은 "태초에 말이 있었으니" 하는 식으로 '현실의 문제'를 완전히 '담화의 문제'로 치환해 버리고 담화 밖의 현실은 존재하지 않는 것으로 그 의미를 부정해 버리는 포스트주의의 일부 극단적인 '담화환원주의'에 대한 중요한 비판으로 읽혀질 수 있다.

연구대상과 현실적 실체의 존재를 전제로 하고 있다는 점에서 유물론적이며 '실재론'적이다. 뿐만 아니라 이는 그의 과학관이 기본적으로 '대상과 인식의 일치'라는 전통적인 과학관에 기초해 있음을 시사한다.

그러면 대상과 인식이 일치되는 '과학적'인 인문사회과학은 어떻게 해서 가능해지는가? "우리가 시작하는 가정들은 자의적인 것이거나 도그마가 아니라 현실적인 가정들이다. 그것들은 실제의 인간들, 그들의 활동과 그들이 살고 있는 물질적 조건…이다. 따라서 이 같은 조건들은 순수하게 실증적인 방법에 의해 검증될 수 있다."[26] 다시 말해, "공허한 추론이 끝나는 곳, 즉 현실적인 삶에서 실증과학(positive science)은 시작된다…의식에 대한 공허한 이야기들이 끝나고 진짜 지식이 시작된다"[27]는 것이다. 그렇다면 맑스 역시 '실증주의'를 신봉한 것인가? 그런 것은 아닌 것 같다. 다음과 같은 인용문이 이를 잘 보여주고 있다.

(인문사회과학의-인용자) 전제는 인간, 즉 환상적인 고립상태에 있거나 고정된 인간이 아니라 특정한 조건하에서 사실적이고 경험적으로 인식가능한 발전과정에 있는 인간들이다. 이 같은 현실적인 삶의 과정을 서술하게 되면 역사는 더 이상 실증주의자들(이들 역시 아직도 추상적이다)이 생각하듯이 화석화된 사실의 누적체이거나 관념론자들이 생각하듯이 상상 속의 주체들에 의한 상상적 활동이 아니다.

이는 맑스의 학문의 이데올로기성 비판이 이미 초기부터 단순히 관념론에 국한된 것이 아니라 '실증주의'에도 향하고 있음을 보여주고 있다. 맑스는 대상(사회현상)과 인식이 일치하는 '실증과학'이 사회과학에서도 학문의 목표라고 믿었고 맑스주의가 이를 지향하는 이론이라

---

26) *Ibid.*, 149.
27) *Ibid.*, 155.

고 생각한 것은 사실이다. 그러나 그것은 실증주의의 신봉을 의미하는 것이 아니었다. 맑스의 표현을 빌리자면 "화석화된 사실의 누적체"에서 일반법칙을 도출해내고자 하는 실증주의는 "아직도 추상적"인 이데올로기성을 벗어나지 못하고 있다는 것이다. 이 점에서 흔히 관념론 비판으로 지적되는 맑스의 '전도이론', 즉 "모든 이데올로기 속에서 인간과 그들의 환경은 망막에서처럼 전도되어 나타난다"[28] 는 지적은 의식과 존재의 인과관계에 대한 전도된 사고를 갖고 있는 관념론비판이기도 하지만 동시에 관찰가능한 '현상적' 사실에만 함몰되는 실증주의에 대한 비판이기도 하다. 결국 실증주의가 보지 못하고 있는 것은 "현실은…특정한 개인들이 특정한 사회, 정치적 관계에 들어간다는 점이다. 각각의 개별적 경우에 있어서 경험적 관찰은 어떠한 신비화도 사변도 없이 사회적, 정치적 구조의 연관을 경험적으로 찾아내는 것이다."[29] 다시 말해, 실증주의의 이데올로기성은 "특정한 사회, 정치적 관계"라는 역사성을 인지하지 못한 채 일반법칙을 추구하는 탈역사적 추상성과 '심층적인' "사회적, 정치적 구조"의 문제를 사장시킨 채 현상적인 인과관계에 매몰되는 조야한 경험주의이다. 이 같은 문제의식이 집약적으로 나타나는 것은 맑스의 대표작인 『자본』이다.

『자본』에서 맑스는 18세기 후반과 19세기 초반의 정치경제학연구에 있어서 지배적인 패러다임이었던 아담 스미스(Adam Smith)와 리카르도(Ricardo)와 같은 초기의 '고전적' 정치경제학자들과 밀(Mill)과 같은 '속류' 정치경제학자들을 대상으로 다양한 비판을 가하고 있다. 과학적 이론을 주장하고 나선 이 같은 이론들의 이데올로기성에 대한 맑스의 비판은 특히 실증주의의 이데올로기성비판과 관련하여 중요한 시사점들을 제공하고 있다. 우선 맑스는 최소한 노동가치설에 기초한

---

28) *Ibid.*, 154.
29) *Ibid.*

'고전적' 정치경제학과 달리 '속류' 정치경제학은 잉여가치, 노동착취와 같은 사회동학의 '심층적' 구조와 '본질' 내지 '실재'를 보지 못한 채 이윤, 가격과 같은 경제의 관찰가능한 표면적이고 현상적인 외양에 사로잡혀 있음을 비판한다.30) 우선 속류정치경제학의 실증주의는 이윤이 기업가의 이윤과 이자로 나뉘어짐으로써 이자가 노동자들의 임노동과 상관없이 생겨나는 것처럼 보이는 "자본의 물신주의"의 포로가 되도록 만든다는 것이다.31) 맑스의 속류실증주의 비판은 계속 이어진다.

> 현실(즉 현상세계)에서는 사물이 전도되어 나타난다. 잉여가치는 주어진 것, 즉 상품의 생산가격에 대한 판매가격의 초과분으로 주어진 것이다. 따라서 이 같은 잉여가치가 생겨나는 원천, 즉 생산과정에서의 노동착취는 하나의 미스테리로 남는다.32)

> 이윤율, 따라서 이윤이라는 형태로 나타나는 잉여가치의 외양은 현상의 표피로 나타나지만 잉여가치와 잉여가치율이야말로 연구해야 할 상대적으로 보이지 않고 알려지지 않은 본질이다.33)

> 사실 속류 경제학은 부르주아적인 생산관계 속에 갇혀 있는 부르주아적 생산주체들의 생각을 교리화시켜 해석하고, 체계화하고, 옹호하는 것 이

---

30) '본질'과 '외양'과 '현상'의 대비를 통한 맑스의 이 같은 실증주의 비판은 포퍼 등의 논리실증주의자들에 따르면 외양의 배후에 있는 본질을 발견함으로써 사물에 대한 궁극적인 설명을 제공할 수 있다는 '본질주의'라는 반비판을 야기시켜 왔다 (Popper, *op. cit.*, 103-107). 그러나 맑스가 의미하는 '본질'이나 '실재'는 실증주의가 본질주의라고 비판하듯이 '초자연적인 성질'이나 단일의 기저적인 핵심을 의미하는 것이 아니라 "실재론적 방식으로 실제로 존재하고 인과적으로 결정적인" 사회의 중심적인 구조적인 관계를 지칭할 뿐이다(이에 대해서는 Keat & Urry, *op. cit.*, 244-245).

31) Marx, *Capital*, vol. 3, 829.

32) *Ibid.*, 47.

33) *Ibid.*, 43.

상의 아무 것도 아니다. 따라서 경제적 관계의 소외된 외양(outward appearance)에 아주 편안하게 느끼는 것은 당연하다…. 그러나 만일 사물의 현상적 외양과 사물의 본질이 직접적으로 일치한다면 모든 과학은 불필요해질 것이다.[34]

결국 "사물의 현상적 외양과 사물의 본질이 직접적으로 일치"할 것이라는 전제에 기초하여 관찰가능한 현상적 외양에 함몰되는 속류정치경제학의 실증주의는 그것이 아무리 고도로 발달된 '과학적'인 수리방정식으로 무장되어 있더라도 과학이라는 이름 아래 "부르주아적 생산주체들의 생각을 교리화시켜 해석하고, 체계화하고, 옹호하는" 부르주아 이데올로기에 불과하다는 통렬한 비판이다. 특히 자본주의는 기본적으로 상품의 생산과 교환이라는 상품의 형태를 띠게 됨으로써 경제적 관계는 기본적으로 사물간의 관계로 나타나 보이는 '상품물신주의'를 야기시킨다는 점에서 실증주의의 문제점은 더욱 증폭된다. 기계, 상품 등 단순한 "사물간의 관계라는 환상적인 형태를 취하게 되는 것은 인간들간의 특정한 사회적 관계이다."[35] 그러나 속류정치경제학의 실증주의는 사회적 관계와 사회적으로 부여된 속성을 자연적으로 주어진 고정된 속성, 즉 자연현상으로 간주하게 된다.

둘째로 맑스는 고전경제학의 유명한 로빈슨 크루소와 같이 고립된 개인이나 벤담의 공리주의와 같이 특정한 역사적 사회적 구조와 관계없이 고정된 욕구나 필요를 가진 개인을 상정하는 모든 본질주의를 비판한다. 맑스는 로빈슨 크루소가 자신의 필요에 따라 낚시, 수렵, 가구제작 등 다양한 노동간에 시간을 할당하는 일화를 통해 정치경제학을 설명하는 리카르도의 논의를 요약, 소개한 뒤 "밝은 빛에 싸인 로빈슨 크루소의 섬으로부터 어두운 유럽의 중세로 우리 자신을 옮겨가

---

34) *Ibid.*, 817.
35) Marx, *Capital*, vol. 1, 72.

보자. 거기에는 독립된 개인들 대신에 모든 사람이 예속된 농노나 영주, 평민이거나 승려라는 사실을 발견하게 된다"고 비판하고 있다.[36] 즉, 사회적 관계로부터 자유로운 '개인'은 존재하지 않는다는 것이다. 밴덤의 공리주의와 이에 기초하여 '사회자본'을 고정된 효율성의 고정된 량으로 상정하는 고전적 정치경제학은 한 계급에게 유용한 것이 반드시 다른 계급에게 유용한 것이 아니라는 점을 망각한 채 "현대의 상점주인, 특히 영국의 상점주인을 정상적인 사람"으로 간주하는 "부르주아적 멍청함의 천재성"을 발휘한 것이라고 힐난하고 있다.[37]

셋째, 두 번째 문제와 연관이 있는 것으로서 속류정치경제학은 말할 것도 없고 고전적 정치경제학 역시 특수한 역사적 사회, 즉 자본주의의 특수한 법칙을 일반화시켜 초역사적인 일반법칙으로 격상시키고 있는 점을 비판하고 있다. 모든 사회들에 적용될 수 있는 경제적 자연법칙이 존재한다는 주장은 잘못된 것이며 특정한 역사적 구조와 무관한 일반법칙이란 존재하지 않는다. 특히 자본주의의 특수한 운동법칙을 모든 사회에 적용할 수 있는 일반법칙으로 착각하는 속류정치경제학과 고전적 정치경제학에 대한 맑스의 비판은 일반법칙과 포괄법칙 모형에 기초한 실증주의에 대한 중요한 비판이다. "부르주아 경제학의 범주들은…특정한, 역사적으로 규정된 하나의 생산양식의 조건과 관계, 즉 상품생산양식을 표현하는 데 있어서 사회적 타당성을 갖는 사고형태들이다. 따라서 우리가 다른 형태의 상품에 들어가자마자 상품의 모든 신비, 노동의 생산물이 상품의 형태를 취하고 있는 한에 있어서 그것들을 감싸고 있던 모든 마력과 마법은 모두 사라지게 된다."[38] 나아가 일반법칙화를 향한 이 같은 시도는 연구자들이 의식하던 그렇지 않던 간에 자본주의사회의 속성을 모든 사회의 속성으로 묘사함으

---

36) *Ibid.*, 77.
37) *Ibid.*, 609-610.
38) *Ibid.*, 76.

로써 결과적으로 자본주의를 영원한 것으로 간주하는 이데올로기적 기능을 수행하게 된다는 것이 맑스의 이데올로기성 비판이다. '자본-이자(이윤), 토지-지대, 임노동-임금'이라는 수입의 3분법은 "특정한 생산양식, 생산의 사회적 과정의 특수한 역사적 형태"에 속하는 것이다.[39] 이 같은 사실에도 불구하고 "임노동은 노동의 사회적으로 결정된 한 형태로 나타나기보다는 노동이 그 본성에 의해 임노동으로 나타나 보인다."[40] 이 같은 외양에 함몰되어 수입의 3분법이 갖는 역사적 성격을 보지 못한 채 이를 경제의 일반법칙인 양 주장하는 것은 "자본주의적 생산양식의 완전한 신비화이다."[41] 결국 수입의 3분법을 경제의 일반법칙으로 제시하는 속류정치경제학과 고전적 정치경제학은 "이 같은 수입원의 자연적 필연성과 영원한 정당성을 주장하고 이를 도그마의 수준으로 끌어올림으로써 지배계급의 이해에 일치하게 된다."[42]

마지막으로 학문의 이데올로기적 성격과 직접적인 관계가 있는 것은 아니지만 맑스는 실증주의의 포괄법칙모형에 대해 또 다른 중요한 비판을 가하고 있다. 이는 포괄법칙모형의 일반법칙을 발견해내고 이에 기초한 법칙성에 의해 예측력을 갖는다 하더라도 그것이 과학적인 설명을 보장하는 것이 결코 아니라는 것이다. 맑스는 이 문제를 토지의 비옥도와 착취율의 관계를 통해 제기하고 있다. 즉 토지가 비옥할수록 착취율이 높다는 경험적 연구를 예로 들면서 이 같은 법칙이 아무 것도 설명해 주지 않는다고 비판하고 있다. 이를 햄펠식으로 재구성한다면 토지의 비옥도와 착취율은 비례한다는 법칙이 존재하고 토지 A의 비옥도가 토지 B의 비옥도보다 높다는 선행조건이 설명항으로

---

39) Marx, *Capital*, vol. 3, 816.
40) *Ibid.*, 824.
41) *Ibid.*, 830.
42) *Ibid.*

전제되면 토지 A의 착취율은 토지 B의 착취율보다 높다는 결론의 피설명항이 만들어져 과학적 설명은 완결되고 토지의 비옥도에 따라 착취율에 대한 '과학적'인 예측능력까지도 갖추게 된다. 그러나 이것이 토지가 비옥한 것이 착취율이 높은 원인이라는 식의 과학적인 인과적 설명을 의미할 수는 없다. 결국 과학적인 인과적 설명이란 토지의 비옥도라는 선행조건과 착취율이라는 결과간의 규칙성에 대한 단순한 진술을 넘어서 '왜', '어떻게 해서' 토지가 비옥하면 착취율이 높아지는가 하는 구체적인 '작동기제'에 대한 설명을 필요로 한다는 것을 의미한다.[43]

4. 맑스주의: 과학인가? 이데올로기인가?

우리는 앞에서 현대 사회과학의 과학성과 관련하여 이의 이데올로기적 성격에 대한 맑스의 공헌을 살펴보았다. 그러나 이 같은 학문의 이데올로기적 성격에 대한 인식은 문제의 해결이 아니라 문제의 시작일 따름이다. 즉 학문은 결코 이데올로기적 '오염'으로부터 자유로울 수 없으며 '객관적 진리'란 존재하지 않기 때문에 이 같은 진리에 대한 근접도에 의해 특정이론의 우월성을 따지는 것은 불가능하며 결국 절대적 상대주의나 '협약주의'[44]로 귀결될 수밖에 없는 것인가 하는 문제이다. 결국 이는 위에서 지적한 맑스주의의 이론적 위상의 문제, 즉

---

43) 과학적 설명이란 이처럼 작동기제에 대한 설명을 필요로 한다는 것이 실증주의에 대비되는 '실재론'의 입장으로서 이에 대해서는 Keat & Urry, *op. cit.*, 제2장 참조.

44) '협약주의'란 우리가 어떤 과학적 명제들은 "사실상 인공적인 창조물이며 우리가 그것을 참이라고 간주하는 것은…그것들이 편리하고 유용하기 때문"이라는 과학철학의 한 입장을 지칭한다(L. Kolakowski, *Positivist Philosophy*, Harmondsworth: Penguin, 1972, 158).

맑스주의는 인식의 사회적 존재구속성과 이데올로기성을 극복한 '과학'인가 아니면 또 다른 '이데올로기'인가의 문제로 이어질 수밖에 없다. 알튀세르의 표현을 빌리자면, "『자본』은 단순히 다른 것들과 마찬가지로 또 하나의 이데올로기적 저작에 불과한가?…아니면…『자본』은 새로운 학문의 정초의 계기, 하나의 과학의 정초의 계기…과학의 역사의 절대적인 시작을 표상하는가?"[45]

맑스는 이론적 '동요'에도 불구하고 이후의 다양한 용법과 달리 이데올로기를 '주로' 부정적인 협의의 개념으로 사용해 왔다고 볼 수 있다.[46] 특히 맑스는 자신의 이론과 맑스주의를 하나의 이데올로기로 생각하지 않았다. 이 같은 사실에도 불구하고 맑스의 저작 속에는 이론적 긴장이 존재한다. 이는 한 연구자가 '두 개의 맑스주의'라고 부른 '과학으로서의 맑스주의'와 '비판으로서의 맑스주의'간의 긴장이다.[47] 즉 하나는 '대상과 인식의 일치'라는 전통적인 진리관에 기초하여 맑스주의를 사회현상에 대해 과학적인 법칙을 발견한 '실증과학'으로 간주

45) Louis Althusser & Etienne Baliabr, *Reading Capital*, London: Verso, 1979, 15.
46) '주로'라는 단서가 필요한 이유는 맑스 자신도 이데올로기를 긍정적인 의미로 사용한 적이 있기 때문이다. 예를 들어 앞에서 인용한 바 있는 「『정치경제학비판』서문」의 "투쟁의 터전인 이데올로기적 형태"라는 구절은 이데올로기를 단순한 환상이 아니라 객관적인 물질성을 가진 사회구성체의 한 층위로 인식하는 커다란 이론적 전진으로서 협의의 부정적인 개념화를 넘어서는 것이다(이 같은 맑스의 동요에 대해서는 Etienne Balibar, "The Vacillation of Ideology," in Cary Nelson, et al., eds, *Marxism and the Interpretation of Culture*, London: MacMillan Education, 1988 〔서관모 역, 『역사유물론의 전화』, 민맥, 1993, 100-179 참조〕). 따라서 라린처럼 맑스가 이데올로기라는 개념을 부정적으로만 사용했다고 보는 것은 잘못이다(Jorge Larrain, *Marxism and Ideology*, London: The Macmillan Press, 1983, ch. 1 참조).
47) Alan W. Gouldner, *The Two Marxisms*, NY: Oxford Univ. Press, 1980. 물론 일부에서는 이 같은 '비판으로서의 맑스주의'를 '비판으로서의 과학(science as critique)'으로 이해하고 있는 바 이 경우 비판도 '과학으로서의 맑스주의'가 되고 말지만 이 경우의 '과학'은 앞에서의 '과학'과는 다른 의미이다(Derek Sayer, "Science as Critique: Marx vs Althusser," in John Mepham, et al., eds., *Issues in Marxist Philosophy*, vol. 3, Atlantic Highlands: Humanities Press, 1979).

하는 것으로서 「『정치경제학비판』서문」의 토대, 상부구조론, 5단계의 사회구성체론, 사회주의로의 이행의 필연성과 같은 거시적 법칙으로부터 이윤율저하법칙, 궁핍화테제과 같은 다양한 보다 구체적인 이론적 명제들이 이와 관련되어 있다. 다른 하나는 '과학적 맑스주의'가 상정하고 있는 '초기'맑스와 '후기'맑스간의 '인식론적 단절'을 부정하고 맑스주의를 기본적으로 이데올로기비판, 특히 부르주아이데올로기비판과 실천철학으로 이해하는 '비판적 맑스주의'이다. 48) 이에 따라 흔히 과학적 맑스주의를 대표하는 맑스의 저서로 일컬어지는 *Capital*도 그동안 대부분의 맑스주의자들이 믿어온 것처럼 자본의 운동법칙에 대한 과학적인 이론을 세운 저작이 아니라 '정치경제학비판'이라는 부제가 보여주고 있듯이 부르주아 정치경제학의 비판이 그 핵심적 문제의식이며 따라서 독자적인 이론체계를 시사하는 『자본론』이 아니라 『자본』으로 번역되어야 한다는 주장까지 설득력 있게 제시되고 있는 실정이다. 49) 이 중 비판적 맑스주의의 경우 인식의 존재구속성이라는 테제가 이미 이데올로기성을 지시하고 있기 때문에 이 글에서는 지면관계상 과학으로서의 맑스주의의 논의를 중심으로 이 문제를 간략하게 살펴보고자 한다.

맑스주의를 실증과학으로 해석하여 과학적 맑스주의로 화석화시킨 것은 카우츠키(Kautsky)로 대표되는 제2인터내셔널이었다. 이 같은 입장을 가장 웅변적으로 보여주고 있는 것은 개인적으로 제2인터내셔널의 일원은 아니지만 제2인터내셔널과의 이론적 친화력으로 인해 '제2.5인터내셔널'이라고 불리우는 힐퍼딩의 다음과 같은 언명이다. 50)

---

48) 이 같은 전통은 주로 제2, 제3 인터내셔널을 중심으로 한 과학적 맑스주의와 달리 루카치, 그람시, 프랑크푸르트학파, 사르트르 등으로 이어져 오고 있다(이 같은 계보에 대해서는 Gouldner, *op. cit.*, 38-40).
49) Balibar, 『역사유물론연구』, 푸른산, 제3장.
50) Rudolf Hilferding, *Finance Capital*, London: Routledge & Kegan Paul, 1981, 23-24.

"맑스주의는 과학적으로 논리적이며 객관적인 원리이기 때문에 가치판단에 구속되지 않는다." 과학으로서의 맑스주의는 사회에 관한 "인과관계를 서술하는 것"이며 따라서 "맑스주의의 타당성을 인정하는 것은 가치판단을 하는 것이나 특정 실천지침을 지시하는 것과는 무관하다." 이 같은 과학주의는 제3인터내셔널, 특히 스탈린주의에 있어서도 그대로 반복되었다. 물론 스탈린주의는 제2인터내셔널과 달리 맑스주의의 '과학성'이라는 이름하에 이 같은 객관주의적 실증주의를 주창하면서도 동시에 '당파성'이라는 중요한 원칙을 내세운 것은 사실이다. 그러나 문제는 단지 이 같은 객관주의적 실증주의에 '당파성'이라는 원칙이 추가된 것뿐이었다는 점이다. 즉 이 같은 당파성이라는 기준은, 한 평자의 표현을 빌리자면, "단순히 자연주의적 객관주의에 병렬되었을 따름이었다. 즉 매개된 것이 아니라 병렬되어 접착제와 끈으로 결합시켜 놓았을 따름이었다."[51]

　　이와 관련, 독특한 것은 레닌이다. "선택은 부르주아 이데올로기냐 사회주의적 이데올로기냐이다. 중간은 없다"[52]는 주장이 보여주듯이 레닌은 환상과 전도라는 이데올로기에 대한 부정적 정의를 넘어서 이를 하나의 '세계관'으로 재정의하여 맑스주의를 하나의 이데올로기로 간주하였다. 그러나 그같은 인식이 과학적 인식의 포기나 과학으로서의 맑스주의의 부정 나아가 상대주의로의 후퇴를 의미하지는 않았다. "법칙은 '단지 근접한' 진리(a truth only approximately)이다… 현대유물론, 즉 맑스주의에 있어서 우리의 지식이 객관적, 절대적 진리에 얼마나 근접하는가 하는 한계는 역사적으로 조건지어진 것이지만 그같은 절대적 진리의 존재는 무조건적인 것이며 우리가 이에 접근해 가고 있다는 사실 역시 마찬가지이다…. 다른 말로 한다면 모든 이데올로

---

51) Lucio Colletti, "Marxism: Science or Revolution," in Robin Blackburn, ed., *Ideology in Social Science*, NY: Vintage Books, 1973, 370.
52) Lenin, *What Is to Be Done?*, Peking: Foreign Language Pub., 1975, 48.

기는 역사적으로 조건지어진 것이다. 그러나 모든 과학적인 이데올로 기는 객관적 진리, 절대적 본질에 조응하고 있다는 것 역시 사실이다. 이 같은 상대적 진리와 절대적 진리의 구별은 막연한(indefinite) 것이라고 이야기들 할 것이다. 그러면 나는 다음과 같이 답할 것이다. 이 같은 구별은 과학이 나쁜 의미의 도그마가 되어버리는 것, 죽고 결빙되고 화석화된 그 무엇이 되어버리는 것을 막을 정도는 충분히 애매하다. 그러나 동시에 그것은 우리를 신앙주의, 불가지론, 철학적 관념론으로부터 구별시켜줄 수 있을 정도로는 충분히 '한정적'이라고…맑스와 엥겔스의 유물론적 변증법은 분명히 상대주의를 내포하고 있다. 그러나 그것은 상대주의로 환원될 수 없다. 그것은 우리의 모든 지식의 상대성을 인정하고 있지만 그것이 객관적 진리를 부인한다는 의미에서 그러한 것이 아니고 이 같은 진리에 대한 우리의 지식의 근사치의 한계가 역사적으로 조건적인 것이라는 의미에서 그러한 것이다."[53]

이와 관련, 인식의 존재구속성에도 불구하고 맑스주의는 어떻게 해서 과학일 수 있는가에 대해 가장 대표적인 입장을 개진한 것은 루카치이다.[54] 그는 인식과 지식에 대한 '반영이론'을 비판하면서 주체와 객체간의 변증법을 강조한다. 그는 "사고의 진위의 기준은 현실이지만 현실은 그냥 주어지는 것이 아니라 획득되는 것이고 이는 사고의 참여를 필요"로 하는 바 현실은 그 '총체성'으로만이 제대로 이해될 수 있다는 것이다.[55] 문제는 자본주의사회의 경우 위에서 살펴본 바 있는 상품물신성 때문에 사물이 전도되어 나타나고 사회현상이 내적 연관이

---

53) Lenin, *Materialism & Empirio-Criticism*, *CW* 14, Moscow: Progress, 1968, 135-137.
54) 루카치는 기본적으로 과학적 맑스주의자라기보다는 비판적 맑스주의자라고 할 수 있다. 그럼에도 불구하고 그는 맑스주의의 과학성에 대해 이야기하고 있다.
55) G. Lukács, *History and Class Consciousness*, Cambridge: MIT Press, 1971, 204와 239.

없는 파편화된 현상으로 보이게 된다는 점이다. 그러나 프롤레타리아 계급은 착취의 현실에 놓여 있는 독특한 역사적 현실 때문에 이데올로 기, 즉 환상과 전도의 한계를 넘어 현실의 총체적 인식, 즉 과학적 인식을 할 수 있게 된다. 다시 말해 모든 계급의식과 이데올로기가 허위의식이 아니며 특정한 계급, 즉 프롤레타리아트와 같이 역사적으로 특정하게 위치지어진 피착취계급의 계급의식과 이데올로기는 '진리'에 다다를 수 있다. 결국 이 같은 루카치의 설명은 정통맑스주의에 있어서 부르주아와 같이 '몰락하는 계급'은 그 계급적 이익이 사회의 발전 방향과 모순되기 때문에 진실을 볼 수 없지만 프롤레타리아트와 같이 '상승하는 계급'은 그 계급적 이익이 사회의 발전방향과 일치하기 때문에 진실을 볼 수 있고 과학적 인식을 획득할 수 있다는 표준화된 주장[56]으로 화석화되어 '당파성'과 '실증주의적 과학성'을 모순없이 '병렬'할 수 있게 만들어 주었다.

위에서 지적했듯이 맑스주의내에서는 사회현상의 과학적 인식에 초점을 맞추는 '과학적 맑스주의'와 인식과정의 이데올로기성 비판에 중점을 두는 '비판적 맑스주의'간의 긴장이 항상 존재해 왔고 그 결과 맑스주의의 역사는 '자연주의적 과학주의'와 '역사주의'간의 동요의 역사가 되어 왔다. 결국 이를 '과학'과 '이데올로기'라는 이 글의 문제의식에서 조명해 보자면 맑스주의내에는 1) 부르주아이론은 진리를 왜곡시키는 '이데올로기'이지만 맑스주의는 '과학'이라는 '하나의 이데올로기와 하나의 과학론'(부르주아 이데올로기/프롤레타리아트 과학), 2) 맑스주의는 지배이데올로기인 부르주아의 이데올로기에 대항하는 프롤레타리아트의 이데올로기라는 '두 개의 이데올로기론'(부르주아 이데올로기/프롤레타리아트 이데올로기), 3) 루첸코주의와 같이 부르주아과학에 대항하는 프롤레타리아트 과학이 존재한다는 '두 개의 과학

---

56) 이에 대해서는 Larrin, *op. cit.*, 204-205.

론'(부르주아 과학/프롤레타리아트 과학)[57] 이 존재해 왔다고 볼 수 있다. 사실 현대 맑스주의의 방법론적 쇄신으로 주목을 받아온 알튀세르의 경우도 초기의 '과학주의'(부르주아 이데올로기/프롤레타리아트 과학)로부터 후기에 들어서는 자신의 초기저작에 내재한 '이론주의적' 편향에 대한 자기비판과 함께 "철학은 이론에 있어서의 계급투쟁"이라는 테제를 통해 사실상 '두 개의 이데올로기론'으로 전환한 바 있다.[58] 특히 현존사회주의의 몰락과 '당＝진리'라는 공식에 기초하여 '과학적 맑스주의'와 '과학적 사회주의'라는 이름하에 행해진 현존사회주의의 폐해에 따라 맑스주의 자체를 하나의 이데올로기로 이해하고 비판적으로 이해하는 입장이 득세하고 있는 것이 현실이다.

5. 결론을 대신하여: 현재적 논의

우리는 앞에서 학문의 이데올로기적 성격에 대한 맑스주의의 비판을 알아본 뒤 맑스주의 자신은 이 같은 이데올로기성으로부터 자유로운가에 대한 맑스주의내의 다양한 입장에 대해서 간략히 살펴보았다. 아직도 남는 궁극적인 의문은 "그렇다면 사회현상에 대한 과학적 인식이란 불가능한 것인가" 하는 문제이다. 이와 관련, 이 절에서는 이 문제에 대한 최근의 논의를 소개함으로써 이에 대한 이해를 돕고자 한다.

현실적으로 이야기하자면 그 많은 비판에도 불구하고 아직도 사회과학에 있어서 지배적인 패러다임은 실증주의이다. 그러나 이 같은

---

57) 이에 대해서는 D. Lecourt, *Proletarian Science?: The Case of Lysenko*, London: Verso, 1979.
58) 초기 입장은 Althusser, *For Marx*, London: Verso, 1969, 자기비판에 대해서는 Althusser, *Essays in Self-Criticism*, London: Verso, 1976.

실증주의는 최근 들어 심각한 도전을 받고 있다. 현재의 이론적 정세는 한 마디로 상대주의로의 전환이다. 이는 쿤, 페이야벤드를 중심으로 한 과학철학에 있어서의 협약주의의 부상,[59] 자연과학에 있어서의 신과학운동의 대두, 소련, 동구사태로 인한 '과학으로서의 사회이론'의 또 다른 축인 맑스주의의 파국, 나아가 근대계몽주의비판으로서의 포스트구조주의, 포스트맑스주의의 유행 등에 연유한다. 특히 여기에서는 사회과학과 밀접한 관련이 있으며 이 글에서 다루지 않는 포스트주의의 문제의식을 간단히 살펴보고 넘어갈 필요가 있다. 다양한 포스트주의의 이론들은 기본적으로 과학/이데올로기라는 전통적인 대당을 형이상학적인 계몽주의의 유산으로 간주하고 비판, 해체함으로써 전통적인 과학관에 엄청난 도전을 하고 있다. 대표적인 해체주의자인 데리다는 현상학적 해석학과 같은 상대주의를 독특한 자기만의 방법으로 심화시켜 과학을 "이성에 관한 억압적 이데올로기와 결부된 언설"로 비판하면서 '의미의 불확실성'과 '기호의 자유로운 놀이'를 대안으로 제시하고 있다.[60] 푸코 역시 마찬가지이다. 푸코는 "이데올로기는 진실로 간주되는 그 무엇인가의 사실상 반대편에 항상 서있는 것으로 전제되고 있다. 이제 문제는 과학성 내지 진리의 범주와 그렇지 않은 범주들을 구별하는 것이 아니라 그 자체로는 진리도 거짓도 아닌 담론 속에서 진리효과가 어떻게 역사적으로 생산되어 왔는가를 밝히는 것이라고 생각한다"[61]는 주장이 보여주듯이 과학/이데올로기라는 전통적인 대당을 비판하면서 지식/권력이라는 새로운 문제설정을 제시하고 있다. 나아가 포스트구조주의의 '담화이론'을 사회이론에 도입하여 담화 이전에는 어떠한 실체도 존재하지 않으며, 따라서 사회과

---

59) Thomas Kuhn, *The Structure of Scientific Revolution*, Chicago: Chicago Univ. Press, 1970; Paul Feyerbend, *Against Method*, London: Verso, 1975.
60) 이광래 편, 『해체주의란 무엇인가』, 교보문고, 1989 참조.
61) Foucault, *Power/Knowledge*, NY: Pantheon Books, 118.

학의 연구대상인 '사회'라는 실체 역시 존재하지 않는다는 극단적인 '담화환원론'[62]으로부터 이제 세계는 '실재'에 근거를 두지 않고 오직 기호 스스로에 준거틀을 두는 영상이나 모형으로 이루어지며 오히려 현실을 그 속에 흡수해 버리는 '극초현실(hyperreality)'의 세계로 변모했다는 시뮬레이션(simulation) 이론[63]에 이르기까지 전통적인 과학관의 근거가 되어온 '실재' 자체를 부정하는 흐름까지 생겨나고 있다.

이 같은 상대주의의 반대편에 서있는 것은 실재론적 과학을 고수하고 있는 바스카이다. 바스카는 우선 앞에서 살펴본 맑스의 실증주의 비판과 유사한 관점에서 그 대상이 자연현상이든 사회현상이든 과학적 인식과 과학적 설명이란 단순한 포괄법칙모형으로는 불충분하며 피설명항을 야기시킨 동학을 밝혀내는 인과적 연관을 규명해내는 것이라고 주장한다. 이는 "표출된 현상으로부터 이를 유발시킨 구조로 옮겨가는 것"을 의미한다. 따라서 과학적 연구의 대상은 실증주의가 가정하듯이 '경험적 세계 그 자체'도 아니고 그렇다고 해석학적 전통이 가정하듯이 "우리의 주관적 경험"도 아니며 '실제 구조들'이 되어야 한다.[64] 문제는 사회구조와 같은 특성은 무엇이며 이 같은 특성이 과연 이를 과학적 인식의 대상으로 만들어주느냐, 그렇다면 이를 가능하게 하는 방법은 무엇이냐는 것이다. 바스카는 사회현상은 연구주체가 동시에 연구대상의 한 부분이라는 점과 관련하여, 1) 자연구조들과 달리 사회구조들은 그것이 지배하는 행위들과 무관하게 존재하지 않는다, 2) 자연구조들과 달리 사회구조들은 자신이 자신의 행위를 통해 무엇을 하고 있는가 하는 행위자들의 생각과 무관하게 존재하지 않는

62) Ernesto Laclau & Chantal Mouffe, *Hegemony & Socialist Strategy*, London: Verso, 1985.
63) Jean Baudrillard, *Selected Writings*, Stanford: Stanford Univ. Press, 1988, ed. by Mark Poster.
64) Bhaskar, *Reclaiming Reality*, London: Verso, 1989, 69.

다, 3) 자연구조와 달리 사회구조는 상대적으로만 지속적이며 따라서 시공간적으로 보편적인 법칙은 존재하지 않는다는 것이 그 특징이라고 주장한다.[65] 따라서 사회구조는 그 자체가 '사회적 산물'이지만 그렇다고 주의주의자들이 생각하듯이 "인간이 이를 창조하는 것은 아니다." 사회는 이미 우리의 의사와 관계없이 만들어져 주어져 있는 것이기 때문에 인간은 이를 '수정'(modify)하는 것에 불과하다는 점에서 인간은 다만 이를 "재생산하거나 전화시킬 따름이다." 사회구조의 "이 같은 존재론적 특성, 초월적으로 실재적인(transcendentally real) 특성이 이를 과학적 인식의 대상으로 만들어주는 것"이며 이 같은 인식은 "비자연적이지만 그래도 과학적이다."[66] 다만 위에서 지적한 자연구조와의 차이 때문에 사회현상에 대한 과학적 인식은 예측력을 가질 수 없으며 오직 설명력만을 갖는다. 또 인식론적 이유가 아니라 연구대상인 사회구조가 갖는 특성에서 연유하는 존재론적 이유 때문에 "사회과학이론은 불가피하게 불완전할 수밖에 없다." 결국 사회현상에 대한 과학적 인식은 가능하며 이는 맑스의 다양한 구체적 수준에서 법칙화한 이론적 명제들이 비록 '허위'로 판명되었다는 사실과 무관하게 존재론적으로는 (공리주의와 베버주의의 개인주의나 뒤르켐의 집산주의와는 달리) '관계론적(relational)'이며 인식론에 있어서는 (공리주의와 뒤르켐의 실증주의와 베버주의의 신칸트주의와 달리) '실재론적(realist)'인 맑스의 이론를 통해서만이 가능하다는 것이다.[67]

이와 관련, 독특한 것은 맑스주의의 모순을 작동시켜 맑스주의를 전화시키려는 '후기'알튀세르의 문제의식[68]을 이어받아 독자적인 작업을 계속해 오고 있는 발리바르의 최근의 해석이다.[69] 그는 이데올

---

65) *Ibid.*, 79.
66) *Ibid.*, 87.
67) *Ibid.*, 74-77.
68) Althusser, 『철학과 맑스주의』, 서관모 편역, 새길, 1996.
69) Balibar, 『알튀세르와 마르크스주의의 전화』, 윤소영 역, 이론, 1993; Balibar,

로기의 새로운 해석을 통해 "교조주의(본원적인 또는 종국의 진리)와 회의주의(진리의 부재…)의 원환으로부터 벗어날 수 있다"고 주장한다.[70] 이데올로기는 "인간의 사고와 생존이 지양불가능한 요소, 내적 조건"이며 "진리의 장소"이다.[71] 또 진리는 스피노자의 표현 대로 "그 자체로는 그 자신 이외의 다른 지명(destination)도 갖지 않는다"는 점에서 자기준거적이다. 따라서 진리의 문제는 논증의 생산을 통한 "진리효과"의 문제라는 것이다. 그러나 불행히도 맑스는 "결코 진리(또는 존재)와 환상(또는 비현실성)의 형이상학적 대칭에서…풀려나지 못했"으며 레닌의 경우도 초기에는 "상대적인 진리들을 지양하고 통합하는 전진적 과정으로서의 절대적 진리"라는 과학관과 진리관을 가지고 있었다.[72] 주목할 것은 '후기'레닌이다. 레닌은 『철학노트』에서 역사유물론을 '구체적 상황에 대한 구체적 분석'으로 재정의하고 '개개의 진리 속에 현존하는 절대적인 진리의 계기'라는 관념으로 대체한다.[73] 결국 "진리…는 이데올로기에 대한 실천적인 비판을 체현하고 따라서 이데올로기의 맥락 안에서 생산된다는 점에서 정세의 효과이다. 진리를 그 본질적인 사후성으로 정의함으로써 모든 진리를 부정의 사후효과로 만드는 헤겔의 테제…를 이렇게 읽을 수 있다. 유일하게 확실한 것은 이데올로기 속에 집합적인 전화의 특정한 실천과 양립불가능한 어떤 것이 있다는 점이다. 우리는 이 현재적 비판적 확실성을 유물론적인 의미에서 '진리'라고 부를 수 있다"[74]는 '정세의 효과로서의 진리'

La philosophie de Marx, Paris: Editions La Découverte, 1993(윤소영 역, 『마르크스의 철학, 마르크스의 정치』, 문화과학사, 1995). 이에 대한 체계적인 해설서로는 윤소영, 『마르크스주의의 전화와 '인권의 정치'』, 문화과학사, 1995.

70) Balibar, "The Vacillation of Ideology," in Nelson, et al., eds, *op. cit.* (서관모 역, 『역사유물론의 전화』, 174).

71) Balibar, *Lieux et noms de la vérité*, Editions de l'aube, 1994.

72) Balibar, "The Vacillation of Ideology," 159와 173.

73) Lenin, *Philosophical Notebooks*, CW 38, Moscow: Progress, 1981.

74) Balibar, "The Vacillation of Ideology," 174.

테제를 발리바르는 제시하고 있다.

　결국 이 같은 다양한 입장간의 대립은 앞으로 더 많은 이론적 논쟁을 통해 해소되어야 할 문제이다. 다만 현재 유행하고 있는 포스트주의류의 이론은 과거의 물신화된 과학주의에 대한 비판으로서 엄청난 기여를 하고 있음에도 불구하고 궁극적으로는 관념론과 절대적 상대주의로의 복귀를 의미한다는 점에서 많은 문제가 있고 '자기패배적'이라는 생각이 든다. 예를 들어 지식의 진위에 대한 판정을 형이상학적 문제설정으로 기각하는 푸코의 지식/권력론은 자신의 이론 그 자체에 의해 하나의 '권력'에 불과할 뿐 그것이 '참'일 이유가 없는 것이다. 한편 바스카류의 초월적 실재론 내지 비판적 실재론의 경우 그 타당성에도 불구하고 이는 단순히 사회현상에 있어서도 상대주의에 빠지지 않고 과학적 인식이 가능하다는 것을 보여주고 있을 뿐 보다 구체적인 차원에서 그 연구대상으로서의 구체적인 사회구조의 구체적인 동학에 대한 과학적 인식을 가능케 하는 방법에 대해서는 침묵하고 있다는 점에서 문제의 시작일 따름이다. 결국 현대 사회과학은 맑스가 사회연구의 관념론과 경험주의, 회의주의와 도그마주의, 자연주의와 반자연주의를 비판하면서 문제의식의 출발점으로 삼았던 실재론에 기초한 '객관적 실체'로서의 '사회구조'에 대한 과학적 인식의 문제와 인식의 존재구속성간의 긴장을 극한까지 끌고가 해후시켜야 하는 어려운 과제를 안고 있다는 생각이 든다.

제2부
정치, 권력, 국가, 민주주의

정치란 무엇인가?
—보수주의, 자유주의, 맑스주의, 포스트맑스주의의 관점

1. 여는 글

정치란 무엇인가? 우리는 매일 매일 정치 속에서 살고 있다. 그리고, 신문의 '정치면'이라는 것이 잘 보여주듯이, 우리는 정치가 무엇이라는 나름대로의 개념을 가지고 정치에 관한 정보를 습득하고 이에 대한 판단을 내리며 살아가고 있다. 그러나 정치란 무엇인가 하는 문제는 일반인들은 말할 것도 없고 이를 전공으로 하고 있는 정치학자들을 포함한 사회과학자들에게도 생각처럼 자명하거나 쉬운 문제가 아니라 골치 아프고 논쟁적인 주제이다.

모든 학문의 정의가 그러하듯이, 정치란 무엇인가 하는 문제는 정치학자들을 근본적인 순환적인 딜레마에 빠트린다. 정치학을 연구하기 위해서는 정치학만의 고유한 연구대상으로서 '정치'가 무엇인가, 즉 정치를 경제 등 다른 사회현상과 구별해주는 종별적 특성은 무엇인가 하는 문제가 먼저 확정되어야만 한다. 다시 말해, 어떤 학문이건, 그 대상이 확정되어야 비로소 이를 대상으로 한 연구가 가능하다. 그러나 동시에 정치가 무엇인가 하는 정치에 대한 '과학적인 정의'는 정치학의 모든 연구결과와 지식이 집약되어 이루어질 때 비로소 가능하다. 다시 말해, 다른 모든 학문과 마찬가지로, 정치학에 있어서 정치에 대한 개념화는 학문의 시작이자 동시에 종착점인 셈이다.

이와 관련, 심각한 문제는 정치학자들 사이에도 정치의 정의에 대한 이론적 합의가 없다는 점이다. 물론 이 같은 개념적 다양성 자체가 문제는 아니며 그 자체가 하나의 장점으로 작용할 수도 있다. 그러나 동시에 이 같은 이론적 합의의 부재가 많은 문제점들을 야기해온 것도 사실이다. 우선 이 같은 정치의 정의에 대한 인식의 차이는 정치학자들간의 커뮤니케이션의 단절과 어려움을 야기하고 있다. 그러나 보다 근본적인 문제는 이 같은 정의 그 자체가 단순한 개념의 차이를 넘어서 그 뒤에 그 나름의 관점과 이데올로기성을 내재하고 있다는 점이다. 즉 사회과학의 '이데올로기성'과 관련하여,[1] 가장 기본적이고 '중립적'인 것처럼 보이는 정치가 무엇인가 하는 정의 그 자체가 '이데올로기 중립적'이지 않으며 '이데올로기 중립적'인 정치의 정의는 존재하지 않는다.

특히 이 같은 정치의 정의 문제는 최근 포스트모더니즘, 포스트맑스주의와 같은 포스트주의의 도전 속에서 새롭게 부상하고 있다. 다시 말해 전통적인 정치에 대한 정의는 포스트주의에 의해 심각한 도전을 받고 있다. 이 글은 이 같은 도전과 관련하여, 정치의 정의 문제를 보수주의, 자유주의, 맑스주의, 포스트맑스주의의 관점으로 나누어 소개하고 비판적으로 살펴봄으로써 다양한 학파들의 정치에 대한 인

---

1) 이에 대해서는 이 책의 「사회과학, 과학인가? 이데올로기인가?: 학문의 이데올로기적 성격과 맑스주의」 참조.

식을 서로 이해하는 한편 각각의 정의에 내재해 있는 이데올로기적 특성을 인식하는 데 도움을 주기 위한 것이다.

2. 정치란 무엇인가?

우선 정치에 대한 보수주의로부터 포스트맑스주의에 이르는 다양한 정의를 살펴보기 전에 간단히 짚고 넘어갈 것은 정치란 무엇이 아닌가 하는 '부정적 접근'이다. 즉 정치에 대해 유포되어 있는 잘못된 일반적 통념을 지적하고 넘어갈 필요가 있다.

이중 가장 문제가 되는 것은 '정치'를 단순히 '통치(Governing)'로 이해하는 생각이다. 이 같은 통념은 정치 = 정치인의 독점물이라는 일반적인 인식을 가져다주고 있다. 물론 통치는 정치의 중요한 한 부분이다. 그러나 정치와 통치가 등치될 수 있는 것은 아니다. 예를 들어 6월 항쟁에서 보여준 국민들의 저항, 대학생들의 화염병 투척행위, 이같은 극단적인 예가 아니더라도 국민들의 투표는 그 자체가 정치에 영향을 미치는 정치적 행위이다. 다시 말해, '지배의 정치'가 있다면 '저항의 정치'도 있고 그 모두가 정치의 한 부분이다.

1) 보수주의[2]

정치학자들 사이에 가장 많이 인용되고 있는 정치에 대한 정의는 정치체계론(political system)의 창시자로서 60년대 각광을 받았던 이

---

2) 개인적으로 정치적 보수주의는 단지 변화에 반대한다는 의미가 아니라 보수 대 진보의 구도가 보여주듯이 진보주의에 대립되는 개념으로서 시장을 신봉하고 이 같은 자본의 입장을 중심으로 다양한 쟁점들에 대해 진보주의에 대립하는 사상으로 사용하는 것이 올바른 것이라고 생각한다. 따라서 흔히 한국에서 사용되고 있듯

스턴(Easton)의 "사회를 위한 가치의 권위적 배분(authoritative alloca-tion of values for a society)"3) 이라는 정의이다. 즉 정치체제론은 이후 완전히 파산해 학문적 관심에서 사라졌지만 이 정의만은 아직도 살아 남아 상당한 영향력을 행사하고 있다. 처음 들을 때는 매우 추상적이고 우리가 일상적으로 생각하는 정치와 무슨 관련이 있는 것인가 하고 고개를 갸우뚱하게 하는 이 정의가 이처럼 살아 남아 널리 회자되는데는 이유가 있다.

우선 이 정의의 의미를 설명하고 이의 이데올로기적인 함의를 비판적으로 검토하고자 한다. 이 정의는 '가치를 위한 배분'을 중심으로 '권위적', '사회를 위한'이라는 두 개의 제한구 등 세 부분으로 구성되어 있다. 이중 역시 중심에 있는 것은 '가치의 배분'이다. 여기에서 가치란 정치경제학에서 이야기하는 가치가 아니라 자유, 평등, 안보, 성장, 분배, 삶의 질 등 우리가 추구할 의미가 있는 바람직한 목표들을 의미한다. 그러나 가치의 배분이 필요한 것은 가치간에 상충이 있기 때문이다. 즉 우정과 사랑이 다 가치지만 두 개가 상충되어 사랑을 따르자니, 우정이 울고 우정을 따르자니 사랑이 운다는 이야기가 있듯이 자유와 평등은 모두 바람직한 가치지만 이는 상충되는 경우가 적지 않다. 4) 이 점에서 이 문제의식은 경제행위를 희소성의 원리에 의해

이 김종필 등 군사독재 세력이 보수가 아니고(이들은 수구세력이다) 김영삼, 김대중 대통령과 같은 자유민주주의 세력이 보수라고 생각한다. 다시 말해 정치적으로 자유주의를 보수주의라고 보아야 보수 대 진보를 제대로 이해할 수 있다고 생각한다. 그러나 이 글의 경우 자유주의적 입장과의 대비를 위해 보수주의를 구별해서 사용했다. 그러나 이 경우 김종필류의 수구세력을 의미하기보다는 사회현상에 있어서 갈등보다는 조화를 강조하는 조화론적 시각을 의미한다(아래 참조).
3) David Easton, *The Political System: An Inquiry into the State of Political Science*, New York: Alfred Knopf, 1971, 2nd Ed., 129-141.
4) 다만 에티엔 발리바르는 최근 프랑스 대혁명의 '인간의 권리에 대한 선언'에 대한 급진적 재해석을 통해 광범위하게 유포되어 있는 이 같은 자유, 평등 상충론이 잘못된 것이고 자유와 평등은 같이 갈 수밖에 없다는 새로운 주장을 설득력있게 제기하고 있다(Etienne Balibar, 「마르크스주의의 전화의 전망: 인권의 정치와 정

희소한 자원을 어떻게 배분할 것인가 하는 자원의 분배와 관련시켜 설명하는 주류경제학의 문제의식과 유사하다. 아니 이 같은 문제의식을 경제학으로부터 빌려온 것이다.

어쨌든 가치간에는 상충이 존재하고 따라서 우리는 어느 가치가 더 중요하고 덜 중요한가 하는 가치의 우선순위를 결정해 이에 기초해 가치를 배분해야 한다. 한 사회가 지향해 나가는 방향과 관련된 이 같은 배분행위, 그것이 바로 정치의 핵심이라는 주장이다. 그러나 정치는 가치의 배분이라는 정의로 끝나지 않는다. 왜냐하면 우리의 활동 중 가치의 배분은 도처에 널려 있기 때문이다. 개인적 용돈을 어떻게 배분하느냐, 여가시간을 어떻게 배분하느냐는 다 가치의 배분행위이지만 이를 정치라고 보기는 어렵다. 나머지 두 제한구가 필요한 것은 바로 이 이유이다. 즉 다양한 가치의 배분행위 중 개인적 행위는 정치라고 보기 어렵다는 점에서 그 중 개인이 아니라 전체 사회를 위한 가치의 배분이어야 하고 그것이 사회에 대해 권위와 구속력을 갖는 배분행위여야 한다는 지적이다.

결국 이 같은 정의에 기초해 정치를 이해하면 군사독재 시절 군사독재정권의 선 경제성장, 후 민주화와 야당의 민주화(경제발전과 민주화 동시추구) 주장의 대립, 선성장, 후분배와 분배주의의 대립 등을 가치의 배분을 둘러싼 갈등이라는 측면에서 다시 이해할 수 있게 된다. 그리고 한 나라의 예산이라는 것이 한 나라의 가치의 배분을 가장 집약적으로 숫자화해서 보여준 정치의 핵심지표임을 이해할 수 있게 된다. 즉 국방비를 많이 쓸 것인가, 아니면 복지예산을 늘릴 것인가 하는 서구의 총이냐 버터냐의 논쟁이란 바로 이 가치의 배분 문제이다.

이처럼 이스턴의 정의는 우리로 하여금 한 사회가 지향할 방향 문

치의 탈소외」, 『알튀세르와 마르크스주의의 전화』, 이론, 1993).

제와 관련해 정치를 새로운 각도에서 잘 이해할 수 있게 해주는 장점이 있다. 그러나 모든 정의가 그러하듯이 매우 추상적이고 중립적으로 보이는 이 정의 역시 그 나름의 이데올로기성을 가지고 있다. 이는 이 정의가 한 사회란 기본적으로 갈등적이기보다는 조화로운 것이라는 조화론적 사회관, 유기체적 사회관에 기초해 있다는 점이다. 물론 이스턴의 이 정의는 뒤에 소개할 자유주의적 정의인 라스웰의 정의를 발전시킨 것이다. 또 가치의 권위적 배분은 이미 소유한 가치를 박탈하는 것, 획득가능한 가치의 획득을 방해하는 것, 특정인에게 가치에의 접근을 허용하고 다른 사람에게는 허용하지 않는 세 가지 방법을 통해 "개인과 집단에 권위를 배분한다"[5]고 주장함으로써 개인과 집단 간에 갈등의 소지를 시사하고 있기는 하다. 그러나 기본 성격은 조화론적이다. 이는 정치라는 가치의 배분행위가 지배세력이나 특정집단이 아니라 사회 전체를 위한 것이고 사회구성원들에게 권위를 갖는 것으로 인식한 것이 잘 보여주고 있다. 또 이병철이 생각하는 한국사회를 위한 가치의 권위적 배분과 변혁적 노동자가 생각하는 그것이 비슷하거나 최소한 조화가 될 수 있다고 생각하는 조화론적 사회인식에 기초해 있다. 이는 정의 그 자체 이외에도 이스턴이 정의의 설명과정에서 "**전체**사회(the whole society)를 위해 권위적이라고 인정되는 정책들",[6] "사회**전체**를 위해 가치들을 권위있게 배분하는 과정(강조는 인용자)"[7] 등을 통해 전체를 강조하고 있다는 사실에 의해서도 뒷받침되고 있다.

이외에도 주목할 것은 이 같은 정의가 사회를 조화론적으로 인식하는 나름의 이데올로기성, 보수성이 내재해 있을 뿐 아니라 이스턴이 블랙 박스라고 부른 정부의 최종적인 가치의 배분 행위가 특정세력이

---

5) David Easton, *A Framework for Political Analysis*, NJ: Prentice-Hall, 1965, 67.
6) Easton, *The Political System: An Inquiry into the State of Political Science*, 137.
7) *Ibid.*, 141.

아니라 사회 전체를 위한 것으로 보이도록 정당화해주는 현실정당화 기능을 수행하게 된다는 사실이다. 결국 이 같은 정의에 기초한 이스턴의 정치분석이 정치를 하나의 유기체로 인식하는 정치체계론으로 나타나고 이 같은 정치체계론이 "변화는 거의 언급되지 않을 뿐 아니라 새로운 형태의 체계로 변화할 수 있는 가능성조차 상세하게 다루지 않는"[8] 보수성을 내장하고 있다고 비판받은 것은 결코 우연이 아니다.

2) 자유주의

자유주의적 시각을 대표하는 정치의 정의는 라스웰의 또 다른 유명한 정의인 "누가 무엇을 언제 어떻게 획득하는가"[9] 이다. 자신의 정치학 개론책의 제목이기도 한 이 정의 이외에도 라스웰은 "정치학은 권력의 형성과 배분에 대한 연구"[10] 로, 정치를 가치의 배분행위라고 주장함으로써 이스턴의 정의의 기본틀을 제공하는 등 두 학자의 정치에 대한 이해는 단절적이기보다는 연속적이다. 그리고 문제의 정의가 나오는 저작 역시 이스턴이 잘 지적했듯이 책의 제목과 달리 가치의 배분과정에서 "어떻게 해서 특정집단은 사회적으로 가치있는 것들을 더 갖게 되고 어떤 집단은 덜 갖게 되는가?를 분석하겠다는 저자의 의도와 달리 엘리트가 보유한 권력의 원천을 분석하는 데 그쳤다"[11] 는 문제점을 가지고 있다.

그러나 문제의 정의와 라스웰의 문제의식 속에 핵심적인 것은 '사회를 위한 가치의 권위적 배분' 그 자체가 아니라 이스턴이 잘 지적했듯

---

8) O. Young, *Systems of Political Science*, NJ: Prentice-Hall, 1968, 45.
9) Herald Lasswell, *Politics: Who Gets What, When, How*, Cleveland and New York: Meidian Books, 1958.
10) H. Lasswell & A. Kaplan, *Power & Society*, 1950, 14.
11) Easton, *The Political System: An Inquiry into the State of Political Science*, 120.

이 이를 둘러싸고 "어떻게 해서 특정집단은 사회적으로 가치있는 것을 더 갖게 되고 어떤 집단은 덜 갖게 되는가" 하는 갈등적인 측면이다. 다시 말해, 이스턴의 '사회를 위한 가치의 권위적 배분'이라는 정의 중에서 '사회', 즉 전체사회는 추상적인 집합체로부터 승자가 되는 특정집단과 그렇지 않은 집단으로, "누가 무엇을 언제, 어떻게 획득하느냐"의 '누가'로 해체된다. 이 점에서 이 시각은 사회란 기본적으로 갈등적이라는 갈등론적 사회관에 기초해 있고 이 점에서 그 나름의 이데올로기성을 내장하고 있다.

이 점이 자유주의적인 이 정의를 보수주의적인 이스턴의 정의와 구별해 주지만 정치에 대한 이 같은 인식은 다른 한편으로는 다른 갈등론적인 시각인 맑스주의적 시각과도 구별된다. 그리고 그 같은 구별의 핵심에 위치한 것은 "문제의 누가 누구인가" 하는 분석단위, 즉 갈등의 주체의 문제이다. 정의 그 자체에는 명시적으로 나타나 있지 않지만 그것은 '집단(Group)' 내지 집단과 개인들이다. 집단이란 맑스주의가 기본적인 분석단위로 삼고 있는 계급과 대립되는 것으로서 "공통의 이해관계를 가진 다수의 군"을 의미한다. 즉 여성, 호남, 경제인, 카톨릭신자 등 다양한 기준에 의한 공통의 이해관계자들을 의미하는 바 우리가 자주 사용하는 이익집단, 압력단체(pressure group)라는 말들이 바로 집단이란 개념을 구체화시켜 다르게 부르는 것들이다.

핵심적인 것은 집단의 경우 계급과 달리 그들간의 관계를 수평적인 것으로 상정하고 있고 그 관계에 있어서 구조적 불평등을 전제하고 있지 않다는 점이다. 즉 계급이 자본가와 노동자계급처럼 구성 부분간의 관계를 수직적 지배-종속의 관계로, 그리고 이에 기초해 이들간에 구조적 불평등의 존재를 상정하고 있다면 집단은 그렇지 않다. 예를 들어, 맑스주의에 있어서 자본가계급과 노동자계급에 상응하는 '기업인들'과 '노동자들'이라는 두 집단을 다양한 이해관계를 가진 무수한 집단 중의 하나일 뿐 아니라 둘 사이를 지배-종속의 관계가 아니라 다양한 권력자원을 동원해 사회를 위한 가치의 배분을 놓고 경쟁하는 수평적 관계의 경쟁자로 이 같은 관점은 인식한다.

나아가 이 같은 자유주의적 정치관은 정치의 세계를 일종의 시장으로 인식한다. 즉 다양한 이해관계를 가진 집단들이 자신들이 동원할 수 있는 권력자원(power resource)을 이용해 정치의 세계라는 시장에서 사회를 위한 가치의 권위적 배분을 둘러싸고 자유경쟁을 벌이고 그 결과로 승자와 패자가 나타난다. 결국 가치의 배분을 둘러싼 경쟁에서 승패를 좌우하는 것은 권력자원이며 권력자원의 분포는 분명히 불평등하다.12) 그러나 누구도 모든 권력자원에서 우위에 있는 등 불평등은 누적적인 것이 아니라 상쇄적이다. 예를 들어, 기업인들은 자금이라는 권력자원에서 노동자들에게 우위에 있지만 노동자들은 집단의 구성원의 수라는 권력자원에서 기업인을 압도한다. 따라서 개별 사안에서 승자와 패자가 나타나지만 경쟁의 총체적인 결과는 구조적 불평등으로 나타나지 않고 다양한 집단들의 승률은 비슷해진다는 것이다. 이 같은 자유주의적 정치관에서 주목할 것은 이 같은 자유경쟁과 관련해, 국가는 특정집단이나 '지배계급의 도구'가 아니라 경쟁집단이 주어진 경기규칙을 준수하는가를 감시하고 판단하는 중립적 심판관이라고 주장하고 있다는 사실이다. 자유주의적 정치학은 이 같은 정치관에 기초해 다양한 이익집단들이 자신들의 권력자원을 통해 정치과정에 로비 등을 통해 어떻게 영향을 미치는가 하는 미시적 정치과정 분석에 관심을 기울이게 된다.

이 같은 정치관은 이스턴류의 보수주의적 정치관이 은폐하고 있는 가치의 배분을 둘러싼 갈등의 현실을 인식하게 해준다는 점에서 진일

---

12) 이 같은 문제의식을 구체화한 것은 자유주의적 시각, 소위 다원주의적 권력론을 체계화한 Robert Dahl, *Who Governs?*, New Haven: Yale University Press, 1961로서 이하 논의는 그의 주장을 요약한 것이다.

보한 것이다. 그러나 문제는 과연 사회가 자유주의적 시각이 상정하고 있듯이 수평적이고 구조적 불평등이 내재해 있지 않느냐는 것이다. 우선 이 같은 시각은 노예사회, 중세와 같은 전근대적 사회의 정치를 전혀 설명하지 못하고 이들 사회들간의 이행과 같은 거시적 변화, 현대사회에 있어서도 혁명과 같은 거시적 변화를 설명하지 못하는 한계가 있다. 그러면 최소한 민주주의가 도입된 현대사회의 일상적인 정치는 잘 설명하고 있는 것일까? 물론 정당, 선거, 이익집단의 로비 등 일반적인 통념의 정치라는 인식에서 바라볼 때 유럽에 비해 계급정치가 발달하지 않은 미국의 경우 자유주의적 시각이 현실과 상당히 맞아떨어지는 것은 사실이다(이와 관련, 집단이론 중심의 자유주의적 정치관이 미국을 중심으로 발달한 것은 우연이 아니다). 그러나 그 같은 집단이론적 정치관이 미국에서조차도 문제가 있음은 긴 말이 필요없이 이의 핵심이론가인 달(Dahl)의 변화가 웅변적으로 보여주고 있다. 달은 미국정치의 경험적 분석을 통해 자유주의적 정치관의 적실성을 입증하려고 했던 자신의 초기 연구가 자본의 힘이라는 권력자원의 구조적 불평등성을 과소평가한 것이라는 자기비판을 통해 자유주의적 사회주의자로 변화했다. 13)

  3) 맑스주의14)

  맑스주의의 정치에 대한 인식은 갈등론적 사회관의 또 다른 예이다. 즉 위에서 지적했듯이 맑스주의는 갈등적인 사회관을 갖고 있으면서도 집단이 아니라 계급을 갈등의 주된 단위로 상정하고 있다. 즉

---

13) Dahl, *A Preface to Economic Democracy*, Berkeley: Univ. of California Press, 1985 등.
14) 무엇이 맑스주의인가 하는 문제는 논쟁적인 주제이나 여기에서는 넓은 의미로 사용하였다.

맑스주의는 자유주의적 시각과 달리 사회를 단순한 개인의 합계가 아니라 사회적 관계의 총체로 파악하면서 특히 다양한 사회적 관계 중 생산관계가 가장 중요하며 이 같은 생산관계를 중심으로 계급이 구성되고 이들 계급들간에 정치라는 현상이 생겨난다고 인식하는 대표적인 관계론적(relational) 사회이론이다.

맑스주의는 정치를 무엇이라고 인식하는가를 이야기하기에 앞서 간단히 살펴보고 가야 할 문제는 계급에 대한 인식이다. 계급은 계층(strata)과 달리 단순한 빈부의 문제가 아니라 관계의 문제라는 것을 분명히 해야 한다. 즉 계층은 단순히 월수입 등 수량화가 가능한 경제지표를 기준으로 특정지점(월수입 150만원)을 자의적으로 나눈 것이다. 따라서 같은 계층은 수입과 이에 따른 소비수준의 공통점만을 가질 뿐이고 계층간의 관계 역시 단지 수입의 차이를 보여줄 뿐 관계적이지 않다. 즉 계층간의 관계와 사회적 내적 구조와 갈등의 내용을 보여주지 못한다. 계급과 계층의 차이를 가장 잘 이해할 수 있게 해주는 것은 농촌의 예이다. 농촌을 계층론적으로 볼 때 농촌에는 부농, 중농, 빈농 등이 월수입이나 보유농지의 규모에 의해 나뉘어지게 된다. 따라서 이들간에 빈부의 차이 이외에는 특별히 대립해야 할 이유도 없고, 이 같은 시각으로는 농촌의 갈등과 대립의 내용도 볼 수 없게 된다. 그러나 계급론적으로 보면 농촌에는 지주와 소작농, 농업기업주와 농업노동자, 자영농이 존재한다. 소작농과 농업노동자는 모두 못살지만 그 생산관계가 다르다. 또 지주와 농업노동자는, 그리고 농업기업주와 소작농은 대립할 특별한 이유가 없다. 지주는 소작농이 있기에 존재할 수 있다는 점에서, 농업기업주는 농업노동자가 있기에 존재할 수 있다는 점에서 계급은 관계적이다. 그리고 지주와 소작농은 농지와 지대를 중심으로, 농업자본가와 농업노동자는 임금과 노동과정을 중심으로 갈등을 일으킨다는 점에서 갈등의 내용이 전혀 다르다. 이 같은 점에 주목함으로써 계급론은 사회적 갈등구조를 분석할 수 있는 이론적 수단을 제공해준다. 마지막으로 자영농도 계층론의 중농과 같이 '중간'이라는 뜻이 아니라 농지를 가지고 있으나 자신이 노동을 하고 다른 노동력을 고용해 착취하지 않는 농민계급이라는 뜻이다.

그렇다면 맑스주의의 시각에서 정치란 무엇인가? 이와 관련, 현대 맑스주의 정치이론의 대표적인 이론가인 풀란차스는 계급적 실천 중 "정치적 실천의 종별성은 국가권력을 그 대상으로 하고 있다는 것에 근거한다"[15]고 지적한 바 있다. 이 같은 주장처럼 맑스주의는 정치란 "국가권력을 놓고 (이의 유지, 재생산이냐 변혁이냐를 둘러싸고) 벌어지는 계급적 실천의 총체"로 인식해오고 있다. 즉 경제투쟁과 정치투쟁의 구별이 보여주듯이, 다른 활동과 정치를 구별하는 것은 국가권력을 그 대상으로 하느냐 여부라고 보아온 것이 맑스주의의 기본적인 생각이다. 그러나 이는 좁은 의미의 정치를 의미할 뿐이며 넓은 의미의 정치는 다르다. 한 예로 레닌은 "모든 계급투쟁은 정치투쟁이다…그러나 정치에서 가장 중요한 것은 국가권력의 조직이라는 사실을 염두에 두어야 한다"[16]고 지적한 바 있다. 즉 국가권력과 관련된 실천이 가장 중요한 정치적 실천이지만, 흔히 경제투쟁이라고 부르는 것도 사실은 넓은 의미에서는 정치라는 것이다.

이 같은 문제의식은 현대 맑스주의에서도 계승되고 있다. 구체적으로, 정치를 국가권력을 대상으로 하는 현상으로 이해하는 좁은 의미의 정치관은 사회를 국가와 토대 등 폐쇄적이고 독립된 제 구조 내지 층위의 결합으로 이해해온 전통적인 토대—상부구조론에 기초해 있는 바, 이 같은 위상학적이고 건축학적 이론화는 1970년대 들어 이 같은 토대—상부구조론을 현대화시켜 보급한 구조주의 맑스주의에 대한 비

---

15) Nicos Poulantzas, *Poltical Power & Social Classes*, London: Verso, 1968, 43.
16) Lenin, "Liberal And Marxist Conceptions of the Class Struggle," *Collected Works*, vol. 19, Moscow: Progress, 1963, 121-122.

판과 자기비판을 통해 국가와 정치는 경제, 이데올로기와 마찬가지로 독립된 구조가 아니라 생산관계의 내재적 계기의 하나라는 발본적 문제의식으로 되돌아 왔다. 17)

사실 『자본』에서 맑스가 비판하고자 했던 핵심내용 중의 하나는 정치는 전통적으로 정치와 관련된 것으로 생각해온 국가와 관련된 현상이고 경제는 정치와 관련이 없는 것으로 정치와 무관한 순수한 경제가 가능하다는 주류경제학자들의 생각이었다. 이 같은 통념과 달리, 경제 자체가 정치적 현상이며 생산관계 그 자체가 지배-종속의 권력현상이며 이를 유지하고자 하는 자본가계급의 노력과 이에 저항해 이를 변화시키려는 노동자계급의 투쟁도 정치라는 것이 맑스의 생각이었다. 바로 그렇기 때문에 위에서 인용한 바 있듯이, 레닌도 소위 '경제투쟁'을 포함한 "모든 계급투쟁이 정치투쟁"이라고 주장한 것이다. 이 같은 전통에 기초해 볼 때 정치에 대한 가장 체계적인 맑스주의적 정의는 "정치란 계급적 현상이고, 넓은 의미로는 계급투쟁의 총체적 운동을 의미하지만, 좁은 의미로는 양대 기본계급을 중심축으로 하는 제 계급, 제 계층, 그들의 경제적, 정치적 이익을 대표하는 제 집단, 제 정당 등이 국가권력을 통한, 또는 국가권력의 획득과 유지를 둘러싼 지배와 피지배, 대립과 동맹, 지도와 피지도의 전체적 운동 및 이에 관련된 제 현상"18) 이라는 주장이다.

이 같은 맑스주의적인 정치의 정의는 무엇보다도 위의 자유주의 시각에서 지적했듯이 거시역사적 변화를 설명하는 데 그 강점이 있다. 즉 노예제사회로부터 봉건제사회를 거쳐 현재의 자본주의사회로 이어져온 거시역사적 변화는 계급론적 시각이 아니라면 설명할 수 없다.

---

17) 이에 대해서는 John Holloway & Sol Picciotto, eds., *State & Capital: A Marxist Debate*, Austin: Univ. of Texas Press, 1978; Nicos Poulantzas, *State, Power, Socialism*, New York: Verso, 1978.

18) 田口富久治, 『マルクス主義 政治理論の基本問題』, 東京, 1975, 25.

현대자본주의사회에 들어서도 여러 혁명 등 거시적 변화의 경우 사회구조적 갈등에 초점을 맞추는 계급론적 정치관이 다른 이론에 비해 설명력이 높다. 그러나 일상적으로 우리가 정치라고 생각하는 정당, 선거 등 통념적인 정치현상의 경우 그 설명력은 나라에 따라 다르다. 상대적으로 계급정치가 제도화된 유럽 등에 있어서는 상대적으로 설명력이 있는 반면, 미국과 한국 등 계급정치의 전통이 약한 나라들의 경우 설명력이 상대적으로 떨어지는 것이 사실이다.

그러나 맑스주의적 정치관의 보다 근본적인 문제는 정치를 계급적 현상으로 부당전제하여 계급을 특권화하는 경향이다. 특히 문제가 되는 것은 계급적 현상만이 정치라는 식의 계급환원론이다. 위에서 소개한 정치에 대한 가장 체계적인 정치에 대한 정의의 경우도, "정치는 계급적 현상"이고 집단과 정당을 이야기하지만 이 역시 제 계급의 "경제적, 정치적 이익을 대표하는" 것이라는 식으로 계급환원론을 공공연하게 주장하고 있다. 이 같은 경향은 최근 들어 성의 정치 등 계급문제로 환원될 수 없는 새로운 사회적 균열과 새로운 정치들의 부상, 그리고 이와 관련하여 인간은 계급, 성, 지역, 종교 등 다양한 주체성의 복합체이고 이중 어느 것이 지배적이라고 이야기할 수 없다는 포스트주의의 '주체의 다원성(plurality of subject)'론과 '정체성의 정치(politics of identity)'론에 의해 심각한 도전을 받고 있다(아래 참조). 이 점에서 맑스주의는 그간의 계급환원론적 정치관을 벗어나 새로운 변화를 설명할 수 있는 자기혁신이 필요하다. 물론 사회적 관계에서 생산관계가 가장 중요하다는 계급중심성 테제를 포기할 경우 맑스주의는 자기정체성을 잃고 더 이상 맑스주의라고 보기는 어려울 것이다.[19] 그러나 계급중심성 테제가 모든 정치를 계급문제로 환원하는 계급환원론과는 다르다.

---

19) 물론 일각에서는 '인권의 정치', '시민의 정치'론을 통해 이를 벗어나려는 시도

4) 포스트맑스주의[20]

프랑스를 필두로 세계를 휩쓴 68혁명,[21] 그리고 이의 영향으로 봇물 터진 듯 터져 나온 포스트모더니즘, 포스트맑스주의 등 포스트주의의 물결은 보수주의, 자유주의, 맑스주의의 '전통적' 정치관과는 다른 새로운 정치에 대한 인식을 가져다 주었다.

문제의 중요한 출발점은 공적 영역과 사적 영역에 대한 전통적인 구별이다. 전통적으로 정치학은 이 같은 구별에 기초해 공적인 것은 정치적이고 사적 영역의 문제는 정치적인 것이 아니라고 생각해 왔다. 그러나 푸코가 계보학적 연구를 통해 보여주었듯이,[22] 무엇이 공적인 것이고 무엇이 사적인 것인가 하는 것 자체가 '권력의 효과'이고 역사적으로 변해 왔다는 것이다. 이 같은 인식에 기초해, 과거에 사적인 것이라고 생각했던 가정내 문제, 젠더 문제, 동성애 문제 등이 정치화

를 하고 있기는 하다. 또 개인적으로 자본주의사회가 존재하는 한 경우에 따라 현상적인 설명력의 부족이 일어나더라도 계급중심성 테제는 유효하다고 생각하지만, 주체의 다원성론과 주체성의 다원주의론은 의미가 있다. 그러나 이들 주장처럼 계급중심성 테제와 달리 지배적인 주체성이 선험적으로 결정되는 것이 아니라 주체성은 다원적이고 정체성의 정치에 의해 결정되는 것이라면 이 같은 정체성의 정치에서 계급이 승리하기 위해서라도 정체성의 정치투쟁으로서 계급중심론을 주장해야 한다.

20) 포스트맑스주의가 어떠한 것인지는 논쟁적 주제이다. 그러나 이 글에서는 좁은 의미에서가 아니라 포스트맑스주의, 포스트모더니즘, 포스트구조주의 등 다양한 포스트주의를 통틀어 칭하는 의미로 사용했다. 포스트주의의 다양한 이론적 흐름과 관련해 맑스주의의 이론적 위상 역시 짚고 넘어갈 필요가 있다. 맑스주의는 그 근본적인 문제의식이 '근대 비판'이라는 점에서 포스트주의와 일맥상통하는 측면이 많으며, 포스트주의적인 것을 넘어서 '반근대적'이다. 그러나 이의 다양한 이론적 체계와 틀에는 근대적 요소가 내재해 있다. 따라서 바로 이 수준에서는 포스트주의의 근대성 비판로부터 맑스주의도 자유롭지 않다는 것이 나의 생각이다.

21) 이에 대한 체계적인 연구로는 George Katsiaficas, *The Imagination of the New Left: A Global Analysis of 1968*, South End Press, 1987(『신좌파의 상상력』, 이후, 1999).

22) Michel Foucault, *The History of Sexuality*, New York: Vintage Books, 1980.

되어 '성의 정치', '차이의 정치(politics of difference)', '일상성의 정치' 등이 등장하기 시작했다. 한 마디로 "한 개인의 삶에 있어서 정치적이지 않은 사적인 영역은 존재하지 않는다"[23] 는 것이며 "사적인 것이 정치적인 것이다"는 주장이다.

이 같은 문제의식을 다른 각도에서 살펴보면, 오랫동안 정치의 핵심 현상으로 간주되어온 권력문제와 관련해, 전통적 시각들이 권력현상을 주로 국가나 계급 등의 문제들 중심으로 생각해 왔다면 포스트맑스주의 등 포스트주의의 경우 권력관계가 특정한 관계에 국한된 것, 즉 따로 있는 것이 아니라는 것이다. 권력관계와 "다른 유형의 관계(경제적 과정, 인식관계, 성적 관계)는 외재적 관계에 있는 것이 아니라 그것들에 내재해 있고" 따라서 "권력은 도처에 있다."[24] 한 마디로, 모든 사회적 관계 그 자체가 권력관계라는 것이며, 따라서 이와 관련된 모든 사회적 실천은 정치적일 수 있다는 주장이다.

그러면 이 같은 포스트주의적 문제의식에 따르면 정치란 과연 무엇인가? 이에 대해 직접적인 대답을 하고 있는 것은 포스트맑스주의적인 담론이론을 국가론에 도입하고자 하는 학자들이다. 이들에 따르면 모든 사회현상은 담화를 통해 구성되기 때문에 연구대상으로서의 고정된 사회적 실체가 존재한다고 생각하는 전통적 사회과학자들의 생각과 달리 담화 밖의, 담화 이전의 고정된 사회적 실체는 존재하지 않으며, 사회를 구성하는 계급관계, 남녀간의 성적 관계, 가족관계 등 모든 사회적 관계는 유동적이며 지속적으로 구성되면서도 '구성적 외부(constitutive outside)'에 의해 부단히 전복된다는 것이다. 그리고 정치란 바로 이 같은 사회적 관계의 구성과 전복 현상과 관련해, "사회

---

23) Charlotte Bunch, ＂A Broom of One′s Own Notes on Women′s Liberation Program since the *Motive* magazine Issue,＂ in Sara Evans, *Personal Politics*, New York: Vintage Books, 1979, 213.
24) Foucault, *op. cit.*, 107.

적 관계를 구성하고 전복시키는 특정한 실천"이라는 것이 포스트주의의 주장이다.[25]

　다소 추상적인 이야기이기 때문에 이해를 돕기 위해 구체적인 예를 들면, 사회적 관계 중의 하나인 남녀간의 젠더 문제 역시 그 속에 남녀간의 권력관계가 내재해 있는 바, 제도화되어 있는 기존의 남녀관계를 유지・재생산하거나, 이를 전복하려는 실천이 바로 정치, 즉 성의 정치라는 것이다. 대학도 마찬가지다. 대학에는 주요한 의사결정 방식, 일상적 관행들과 관련해 재단, 교수, 직원, 학생들간에 권력관계가 내재해 있는데 총장 선출에 대해 교수들이 직선제를 요구하거나 학생들이 대학운영의 주요결정에 참여할 권리를 요구하는 등 제도화된 대학내의 권력관계를 전복시키거나 이를 유지하려는 구체적인 실천이 대학의 정치이다. 정치를 이처럼 이해함으로써, 우리가 과거에는 정치라고 생각하지 않았던 일상적인 다양한 사회적 관계들이 이의 구성과 전복과 관련해 정치적 행위가 된다.

　정치에 대한 이 같은 인식은 사실 여러 면에서 맑스주의와 유사한 점이 많다. 즉 포스트주의의 권력의 내재성테제와 마찬가지로 맑스주의는 생산관계 그 자체가 권력관계라는 내재성테제를 주장해 왔다. 따라서 정치에 대해서도, 기존의 계급관계를 유지(구성)하거나 변혁(전복)시키려는 계급적 실천의 총체를 넓은 의미의 정치라고 봤고, 이 점에서 노동자계급의 '경제투쟁'도 넓은 의미에서는 정치라는 것이다. 다만 차이는 맑스주의가 이 같은 구성/전복 내지 재생산/변혁의 실천으로서의 정치를 단순히 계급관계에 국한시키는 한계를 가졌다면 포스트주의는 이를 사회적 관계 전체에 확대시켰다고 할 수 있다.

　나아가 포스트맑스주의는 이 같은 문제의식을 발전시켜 '정체성의

---

25) René Bertramsen, et al., *State, Economy, and Society*, London: Unwin Hyman, 1990, 6.

정치(politics of identity)', '차이의 정치'라는 새로운 정치를 만들어냈다. 즉 "모든 사회적 행위자는 사회적 생산관계 이외에도 성, 인종, 민족, 이웃 등의 사회적 관계들을 포함하여 사회관계의 다양성 속에 각인된다…. 따라서 모든 사회적 행위자는 복수의 주체위치의 소재이며 단일한 주체위치로 환원될 수 없"[26] 으며, 그 결과로 이 같은 주체의 다원성, 주체의 형성을 둘러싼 '정체성의 정치'[27] 가 생겨난다는 것이다. 이 같은 주장은 '차이의 정치'로 이어진다. 주체의 다원성은 불가피하게 무수한 차이들을 만들어내는데 맑스주의를 포함한 근대적 정치, 근대적 정치학은 동일성의 원리와 보편성에 초점을 맞춤으로써 차이를 억압해온 바, 동성애자와 같은 억압된 주체들 사이에서 차이를 인정받기 위한 '차이의 정치'가 생겨난다. [28]

포스트주의의 정치에 대한 이 같은 인식은 맑스주의가 과거의 정치에 대한 인식에 혁명적인 변화를 가져다주었듯이 정치에 대한 인식에 혁명적 변화를 가져다줬다. 특히 여성운동, 동성애 운동 등 과거 문제가 되지 않았던 기존의 비계급적인 사회적 관계의 새로운 정치화 현상과 관련해, 과거 정치로 생각하지 않았던 일상성 속에 내재된 권력관계, 미시권력 문제, 일상성의 정치 문제를 부각시킨 결정적인 공헌을 했다고 할 수 있다. 또 근대적 정치와 정치학이, 예를 들어 맑스주의가, 계급문제를 특권화시킴으로써 결과적으로 차이의 문제, 차이의 정치를 억압하는 효과를 유발시켜 왔다는 점에서, 차이의 정치에 대한 강조는 학문적, 실천적인 양면에서 포스트맑스주의의 중요한 기여이다. 그러나 포스트주의의 정치관이 문제가 없는 것은 아니다.

---

26) Chantal Mouffe, "Hegemony and New Political Object," in Cary Nelson, et al., eds., *Marxism and the Interpretation of Culture*, London: Macmillan, 1988, 89-90.

27) Stanley Aronowitz, *The Politics of Identity*, London: Routledge, 1992.

28) Iris M. Young, "The Ideal Community and the Politics of Difference," *Social Theory and Practice*, 12(1986), 1-26.

우선 정체성의 정치, 차이의 정치에 대한 지나친 강조는 다양한 주체위치를 상대화하는 절대적 상대주의와 해체주의로 나아갈 위험이 있다. 특히 이는 최근 진행되고 있는 신자유주의적 세계화의 공세들과 관련해 이로부터 사회와 인간을 보호하기 위한 반신자유주의 투쟁을 어렵게 만들 가능성이 크다. 이와 관련, 주목할 것은 포스트주의가 주목하는 차이의 정치와 달리 생산관계의 중요성을 강조하는 맑스주의의 경우 '적대의 정치'에 기초해 있다는 사실이다. 다시 말해, 다른 차이의 정치와 달리 자본과 노동의 관계는 "너와 나는 다르다"는 차이의 문제, 따라서 자본과 노동이라는 차이가 존재하는 것이 바람직하다는 차이의 정치로 설명할 수 있는 것이 아니다. 나아가 포스트모던 정치관에 대해 우호적인 한 이론가조차도 의미있는 정치는 다양한 주체 간의 연대를 필요로 하는데 차이를 강조하는 포스트주의의 정치는 이를 어렵게 한다는 비판에 주목할 필요가 있다. 즉 "정치는 정신분열적이고 분절된 담론들에 기초해 만들어지지도 않았고 만들어질 수도 없다…차이에 대한 극단론은 주변화된 타자에 목소리를 제공해주는 것이 아니라 오히려 타자로부터 의미있는 언어를 박탈한다는 점에서 자기패배적이다. 포스트근대주의의 이론가들이 읽고 이해하기에 어려운 것으로 악명이 높은 것은 우연이 아니다. 우리가 차이를 이야기하면서 동시에 일관되게 이야기하는 것은 불가능하다."[29]

3. 맺는 글

이 글에서는 정치학의 출발점이 되는 정치는 무엇인가 하는 정치의

---

29) Honi Fern Haber, *Beyond Postmodern Politics*, London: Routledge, 1994, 124.

정의에 대한 보수주의, 자유주의, 맑스주의, 포스트맑스주의와 같은 포스트주의의 입장을 비판적으로 비교분석해 보았다. 이 같은 비교분석을 통해 다양한 이론적 조류의 정치에 대한 상이한 생각을 서로 이해, '귀머거리간의 대화'를 넘어서 학문적 커뮤니케이션을 촉진하는 데 도움이 되기를 바란다.

그러나 여기에 그쳐서는 안 된다. 즉 각각의 입장이 다르며 그 나름의 의미가 있다는 단순한 이론의 상대주의를 넘어서 각 이론적 경향의 정치관이 갖는 장단점을 엄밀히 평가하고, 이에 대한 보다 활발한 논쟁을 통해 정치에 대한 보다 체계적인 정의를 향해 함께 노력하는 것이 필요하다. 다만 개인적으로 그 같은 방향은 생산관계를 중심으로 한 맑스주의의 시각과 이 같은 문제의식을 보다 발본적으로 모든 권력현상에 확대시킨 포스트맑스주의의 시각을, 다시 말해 '적대의 정치'와 '차이의 정치'를 건설적으로 접합시키는 것이라고 생각한다.

푸코의 권력론 읽기
—무늬만의 탈근대성

1. 여는 글

미셸 푸코는 20세기 후반이 낳은 가장 위대한 사상가, 철학자, 이론가, 역사학자 중의 한 사람이다. 특히 푸코는, 잘 알려져 있듯이, 68혁명의 정신을 잘 반영한 '68혁명의 이론가'로서 포스트모더니즘, 포스트구조주의, 포스트맑스주의 등으로 대표되는 포스트주의를 꽃피운 포스트주의의 이론가이며 '지식의 고고학'과 '계보학'이라는 독특한 방식을 통해 그동안 이성과 동일성의 원리에 의해 억압되었던 '타자의 철학', '타자의 목소리'를 살려냄으로써 이론, 실천 양면에서 중요한 기여를 한 바 있다. 그러나 푸코는 무엇보다도 후기에 들어서 권력의 문제를 집중적으로 연구해, 지식권력론, 미시권력론, 생체권력론 등 새로운 권력론의 장을 연 '권력이론가'이다.

이 글은 이 같은 사실과 관련해, 푸코의 권력론을 비판적으로 검토해보는 것이 그 목적이다. 그러나 이미 많이 이루어진 기존의 연구처럼 푸코의 권력론을 총체적으로 분석, 평가하는 글이 아니다. 오히려 권력에 대한 푸코의 방대한, 그리고 다양한 연구 중 그 분량에 있어서는 극히 일부분에 불과하지만 권력문제를 직접적이며 가장 체계적으로 이론화한『성의 역사, 제 1권: 앎의 의지』의 제 4부 2장의 '방법' 중 약 5쪽에 달하는 초반의 핵심부분을 체계적으로 독해한 글이다. 이 밖에 이 핵심부분의 보완으로서『지식과 권력』,「주체와 권력」등 권력문제를 이론화한 후기 저작들을 다루고자 한다. 따라서 본격적인 푸코의 권력론 연구라기보다는 일종의 연구노트라고 할 수 있다.

이 같은 연구는 많은 문제점을 갖는다. 잘 알려져 있듯이, 권력에 대한 푸코의 위대한 저작들은 권력에 대한 '이론'적 저작이 아니라『광기의 역사』,『병원의 탄생』,『감시와 처벌』과 같은 역사학적이고 계보학적인 저술들이며 푸코 자신이 '사회과학적'인 '이론화'나 '철학적 이론화'에 강한 거부감을 보여 왔기 때문이다. 즉 "오랫동안 '사변적', 이론적 성찰은 역사에 대해서 소원한, 어쩌면 약간 오만한 관계를 유지했다. 철학자들(그리고 사회과학자들)은 생생하고 '정밀한' 1차 자료로 간주되는, 그리고 가끔은 매우 수준이 높은 역사서를 읽고는 잠시 성찰한 뒤 자신이 직접 얻은 것이 아닌 진실과 의미를 거기에 부여하기 일쑤였다… (이제 더 이상) 남들이 저 아래 내려가서 본 사실을 위에 앉아 머리로만 알고 있는 사람들을 신뢰하지 않게 되었다"[1] 는 푸코의 말이 이를 잘 보여주고 있고, 그 핵심 주장은 분명히 타당하다. 따라서 나의 이 글은 권력에 관해 푸코가 "저 아래 내려가 본 사실을 위에 앉아 머리로만" 평가하는 꼴이다.

그러나 이 같은 문제점에도 불구하고 이 글이 주 텍스트로 삼고자 하는 문제의 부분은 푸코의 권력론을 가장 집약적으로 응집해 보여주는 핵심부분이며 어떠한 계보학적, 역사적 연구도 이론이 없는 '순수한 원자

---

1) *Liberation*, 1983년 1월 21일자, 디디에 에리봉,『미셸 푸코: 광기와 성의 철학자, 그 고통과 투쟁의 삶 (하)』, 시각과 언어, 1995, 133에서 재인용. 그리고 괄호 안은 우리의 맥락에 맞도록 내가 첨가한 것이다.

료'에 의한 연구란 불가능하다는 점에서, 이 글은 나름의 의미가 있다. 특히 이 글에서 나는 사회과학자, 특히 정치학자로서 푸코의 권력론을 넓은 의미의 맑스주의의 관점에서 비판적으로 독해해 보고자 한다.

2. 텍스트

위에서 지적했듯이 이 글이 분석할 주 텍스트는 『성의 역사, 제 1권: 앎의 의지』의 제 4부 2장의 '방법' 중 절반 가량에 해당되는 도입 부분이다. 다소 긴 분량이지만 엄밀한 읽기를 위해 해당부분을 축약 없이 그대로 전제하고자 한다. 인용은 국내번역본인 『성의 역사』[2]을 기본 텍스트로 하여 영어본과 대조해 이상한 부분의 경우 다시 원문인 프랑스어본을 확인해[3] 수정을 했고 수정부분을 각주로 표시했다.

문제는 억압이나 법의 관점에서가 아니라 권력과의 관계에서 성에 관한 몇몇 유형의 앎이 형성된 과정을 분석하는 것이다. 그러나 〈권력〉이란 이 말은 여러 가지 오해, 그것의 실체·형태·통일성에 관한 오해를 불러일으킬 우려가 있다. 내가 쓰는 권력이란 말은 특정한 국가 내에서 시민들의 복종을 보증하는 제도와 기제들의 총체로서의 〈대문자의 권력(Power)〉을 뜻하지 않는다. 권력이란 말로 나는 폭력과는 현저히 달라서 규칙의 형태를 취할 예속의 양태를 의미하고자 하는 것도 아니다. 마지막으로, 그 말은 하나의 구성요소 또는 집단에 의해 다른 구성요소나 집단에 행사되고 효과가 연속적으로 파생되어 사회 구성체 전체를 가로지르는 일반적인 지배체계를 의미하지도 않는다.

---

2) 미셸 푸코, 『성의 역사: 앎의 의지』, 이규현 역, 나남, 1990, 106-110.
3) 영어본은 Michel Foucault, *The History of Sexuality*, vol. 1: An Introduction, NY: Vintage Books, 1980을, 프랑스어본은 *Histoire de la sexualité* 1, Paris: Gallimard, 1976을 참고했다.

권력 면에서 행해지는 분석은 국가의 주권, 법의 형태, 또는 지배의 전반적 통일성을 최초의 여건으로 가정하지 않아야 한다. 이것들은 오히려 권력의 최종적 형태(the terminal forms)[4]에 지나지 않는다. 내가 보기에 권력이란 말에서 이해해야 할 것은 우선 출현 영역에 내재하며 하나의 조직된 전체를 구성하는 세력관계들의 다양성이고, 끊임없는 투쟁과 충돌을 거쳐 그것들을 변화시키고 강화하며 역전시키는 놀이이고, 그러한 세력관계들이 연쇄나 체계를 형성하게끔 서로에게서 찾아내는 뒷받침 또는 반대로 그것들을 서로 분리시키는 괴리와 모순이며, 마지막으로 세력관계들로 하여금 효력을 발휘하게 함과 동시에 국가의 기구들, 법의 명문화, 다양한 사회적 헤게모니를 통해 전반적 구상 또는 제도상의 결정화가 구체적으로 이루어지게 하는 전략이다. 권력을 존재케 하는 조건, 또는 어쨌든 권력의 가장 "주변적인" 효과에서조차 권력의 행사를 이해하기 쉬운 것으로 만들며 또한 그것의 기제들을 사회 영역에 대한 이해 가능성의 격자로 활용하게 해주는 관점, 이것을 최초에 존재하는 것으로서의 중심점에서 파생되어 내려가는 형태들이 넘쳐 나오는 유일한 주권의 원천에서 찾으려고 해서는 안된다. 언제나 국지적이고 불안정한 것일망정 권력의 여러 상태를 끊임없이 유도하는 것은 바로 서로 불균등한 세력관계들의 움직이는 받침돌이기 때문이다. 권력의 편재(偏在)라고나 할까. 그러나 이것은 권력이 자체의 결코 무너지지 않을 통일성 아래 모든 것을 재편성할 특권을 지니기 때문이 아니라, 매 순간 모든 상황에서 또는 더 정확하게 말해서 한 지점에서 다른 지점으로 관계가 맺어지는 경우라면 어느 때라도 권력이 나타나기 때문이다. 권력은 도처에 있다. 이것은 권력이 모든 것을 포괄하기 때문이 아니라, 도처에서 발생하기 때문이다.

---

4) 프랑스어 원전은 'les formes terminales', 영어본은 'the terminal forms'이나 국내 번역본의 경우 이를 "말단적 형태"로 변역하고 있다. 그 결과로 '말단'이라는 단어의 뉘앙스에서 푸코가 국가를 '별 볼일 없는 것'으로 간주한 느낌을 주고 있다. 전체적으로 잘된 번역이나 가장 심각한 오역인 부분이다. 따라서 이를 원 뜻에 적합한 "최종적 형태"로 번역했다.

그리고 "보통 말하는" 권력이란, 그것이 영속적이고 반복되고 무기력하고 스스로를 재생산하는 것인 한, 그 모든 유동성들을 출발점으로 하여 뚜렷해지는 전체적 효과, 그 유동성들 하나 하나에 기대며 그리고는 반대로 그것들을 고정시키려고 하는 연쇄에 지나지 않는다. 필시 명목론의 입장을 취할 필요가 있을 것이다. 권력은 제도도 아니고, 구조도 아니며, 일부 사람들에게 부여되어 있다고 하는 특정한 권세도 아니다. 그것은 주어진 한 사회에서 복잡한 전략적 상황에 부여되는 이름이다.

그렇다면 표현을 뒤집어 정치는 다른 수단에 의해 수행되는 전쟁이라고 말해야 할까? 아마 전쟁과 정치 사이의 간격을 계속 유지하려고 한다면, 오히려 〈전쟁〉의 형태로든 〈정치〉의 형태로든 그 다양한 세력관계들이—결코 전적으로가 아니라 부분적으로—법규화될 수 있다고 주장해야 할 것이다. 이럴 때 전쟁과 정치야말로 불균형하고 이질적이며 불안정하고 긴장된 그 세력관계들을 통합하기 위한, 그러나 어느 한쪽으로 기울기 쉬운 두 가지 전략이다.

이러한 논의의 방향을 따르면서, 우리는 몇 가지 제안을 내놓을 수 있을 것이다:

— 권력은 손에 넣거나 빼앗거나 서로 나눠 갖는 어떤 것, 간직하거나 놓치는 어떤 것이 아니다. 권력은 무수한 요소들로부터, 그리고 불평등하고 유동적인 관계들의 상호작용을 통해 행사된다.

— 권력관계는 다른 유형의 관계들(경제적 과정, 인식관계, 성적 관계)에 외재적인 것[5]이 아니라 그것들에 내재하고, 따라서 그러한 관계들에서 생기는 분할·불평등·불균형의 직접적 효과이며, 거꾸로 이러한 차등화의 내적 조건이다. 권력관계는 단순한 금지 또는 갱신의 역할을 지닌 상부구조의 위치에 있는 것이 아니라, 작용하는 거기에서 직접적으로 생산적인 역할을 수행한다.

— 권력은 아래로부터 나온다. 곧 지배하는 자와 지배받는 자 사이

---

5) 이 부분의 번역도 대표적인 잘못된 번역으로("표면화되는 위치") 뜻에 맞게 고쳤다.

의 전체적인 이항대립, 위에서 아래로 그리고 또 사회체의 밑바닥에 이르기까지 점점 더 국한된 집단들에 영향을 미치는 그 이원성이 권력관계의 원리에 일반적 모체로서 자리잡고 있는 것은 아니다. 그보다는 생산기구, 가족, 국한된 집단 제도들 안에서 형성되고 작용하는 다양한 세력관계가 사회체 전체를 가로지르는 매우 폭넓은 균열(cleavage) 효과에 대해 받침대의 역할을 떠맡는다고 추정해야 한다. 이러한 분열 효과는 국지적 대결 상황들에 스며들고 그것들을 서로 연결시키는 전반적인 세력선을 형성하며, 그런 뒤에는 말할 것도 없이 그것들을 재분배하고 일렬로 줄짓게 하고 동질화하며 계통별로 정리하고 한 곳에 모이게 한다. 지배적인 지배들은 이 모든 대결 상황들을 지속적으로 유지함으로써 생겨나는 헤게모니의 효과이다.

— 권력 관계는 의도적(intentional)이고 동시에 비주체적(non- subjective)[6]이다. 권력 관계가 실제로 명료하다면, 이것은 권력 관계가 권력관계를 "설명해 줄" 다른 작인의—인과율에 따른—결과이기 때문이 아니라, 권력 관계 구석구석에 계산이 스며들어 있기 때문이다. 이를테면 일련의 목표와 목적 없이 행사되는 권력은 없다. 그러나 이것은 권력이 개별적인 주체의 선택 또는 결정에서 유래한다는 것을 의미하지 않는다. 따라서 권력의 합리성을 관장하는 참모본부를 찾지 말자. 통치 계급도, 국가의 여러 기구들을 통제하는 집단도, 가장 중요한 경제적 결정을 내리는 자들도 한 사회에서 기능하는 (그리고 사회를 기능하게 하는) 권력의 조직망 전체를 관리하는 것은 아니다. 권력의 합리성은 서로 연관되어 서로를 끌어들이고 퍼뜨리며 다른 곳에서 버팀목과 조건을 찾아내면서 마침내 전반적 장치를 표출하는—권력의 국지적 파렴치라고 불러도 좋을 정도로, 제각기 자체의 제한된 개입 위상에서 흔히 매우 노골적인—여러 책략들의 합리성이다. 거기에서는 논리 역시 완벽할 정도로 분명하고 목표 또한 쉽게 판독할 수 있으면서도, 그러한 책략들을 구상한 인물도 없고 그것들을 명확히 표명한 이도 거

6) '비주관적'으로 번역되어 있었으나 '주체주의'에 대한 비판이라는 점에서 '비주체적'이 더 적합한 번역이다.

의 없는 "기이한" 현상이 일어난다: 〈고안자〉 또는 책임자가 흔히 위선 때문에 괴로워하지 않아도 되게끔 떠들썩한 책략들을 조정하는 익명의 그리고 거의 무언의 대단한 전략이 갖는 암묵적인 성격.

— 권력이 있는 곳에 저항이 있으며, 그렇지만 아니 더 정확히 말해서 그렇기 때문에 저항은 권력에 대해 외재하는 것이 아니다. 누구든 예외 없이 법에 종속되어 있을 것이기 때문에, 사람들은 모두 필연적으로 권력 "안에" 있고 권력으로부터 "벗어나지" 못하며, 권력에 대해 절대적으로 외재하는 것은 있을 수 없다고 말할 필요가 있을까? 아니면 역사가 이성의 농간이듯 권력은 역사의 농간이고 그래서 언제나 이득을 본다고 말해야 할까? 이것은 권력관계의 엄밀히 관계적인 성격을 무시하는 것이라고 생각된다. 권력관계는 다양한 저항점들과의 관련 아래서만 존재한다. 그것들은 권력관계에서 반대자, 표적, 버팀목, 공략해야 할 모난 부분의 역할을 수행한다. 이러한 저항점들은 권력망 도처에 존재하고 있다. 따라서 권력과 관련하여 "단 하나의" 위대한 〈거부〉의 처소—반항의 정신, 모든 반란의 원천, 혁명가의 순수한 규범—가 있는 것이 아니라, 제각기 특별한 경우인 "여러" 저항들 이를테면 가능한 것, 필요한 것, 있음직 하지 않은 것, 자발적인 것, 우발적인 것, 외로운 것, 합의된 것, 은밀히 퍼지는 것, 격렬한 것, 화해할 수 없는 것, 재빨리 타협하는 것, 이해관계로 일어나는 것, 또는 희생적인 것이 있다. 정의상 이러한 저항들은 권력관계의 전략 영역 안에서만 존재할 수 있다. 그러나 이것은 그 저항들이 권력에 대한 반발 또는 실속 없는 보복일 뿐이며, 기본적인 지배와 관련하여 언제나 수동적이고 결국 패배하게 되어 있는 이면을 이룬다는 것을 뜻하지 않는다. 저항이 몇몇 이질적인 원칙들에서 파생하는 것은 아니다. 그렇다고 해서 필연적으로 어긋나는 속임수나 약속인 것도 아니다. 저항은 권력관계와 한 짝을 이루는, 다른 반쪽(odd term)이고, 환원불가능한 대립물로 거기에 각인되어 있다.[7] 그러므로 저항도 역시 불규

---

7) 이 부분도 원 번역은 뜻이 잘 전달이 안 되는 잘못된 번역으로 문장 전체를 새로 번역했다.

칙하게 배분되어 있다. 저항점과 저항의 핵심 및 발원지들은 시간과 공간 안에 어느 정도 조밀하게 흩어져 있고 때때로 집단이나 개인을 결정적으로 동원하며 육체의 몇몇 부위, 삶의 몇몇 순간, 몇 가지 유형의 행동에 불을 붙인다. 거대한 근본적 단절, 대대적인 이항적 분할인가? 때때로는 그러하다. 그러나 대개의 경우, 변화하는 균열들을 사회에 야기하여 통일성을 깨뜨리고 재편성을 부추기며, 개인들 자체에 자국을 내고 그들을 두드러지게 하고 그들의 면모를 새롭게 하며, 그들의 내부에, 다시 말해서 그들의 육체와 영혼에 환원불가능한 영역을 구획짓는 유동적·과도적 저항점들일 따름이다.[8] 권력관계의 그물이 기구와 제도를 가로지르면서도 정확히 그것들에 국한되지는 않는 두꺼운 조직을 형성하는 것으로 끝나는 것과 꼭 마찬가지로, 다수의 저항점들이 사회적 계층과 개별적인 개인들을 가로지른다. 그리고 국가가 권력관계들의 제도적 통합에 기반을 두고 있는 것과 유사한 방식에 의해 이러한 저항점들의 전략적 코드화가 혁명을 가능하게 할 것이라는 사실은 확실하다.[9]

3. 읽기 전략: '낡은' 분석적 읽기

위에서 인용한 긴 인용은 '20세기 후반의 위대한 권력이론가'라는 푸코의 평판에 걸맞게 탁월하면서도 독특한 글쓰기와 축약적이면서도 뛰어난 통찰력이 담긴 권력의 이론화라는, 형식과 내용 양면에서 뛰어난 글이다. 이 점에서 이는 맑스의 『공산당 선언』을 연상시킨다. 사실 문제의 글은 일종의 '포스트주의적 권력론의 『공산당 선언』'이라고 해도 별 무리가 없을 것이다.

---

8) 이 부분도 원 뜻에 맞게 이상한 부분을 수정했다.
9) 이 부분은 크게 문제는 없으나 중요한 부분인 만큼 원래의 뜻이 보다 명료하게 전달이 되도록 고쳤다.

어쨌든, 이제 문제는 이 텍스트를 어떻게 읽을 것인가이다. 최근 우리 학계, 나아가 우리 사회에는 다양한 텍스트를 새롭게 읽기, 삐딱하게 읽기 등 다양한 독해법이 유행하고 있다. 바람직한 현상이다. 그러나 이 글에서의 읽기 방식 내지 전략은 그 같은 새로움과는 거리가 먼, '전통적'이고 '낡은', '분석적' 읽기이다. '분석적' 읽기라고 해서 거창한 읽기 전략이 아니라 우리의 분석력을 동원해서 텍스트의 핵심을 추출해 내고 이를 비판적으로 평가하는 아주 전통적인 읽기 방식이다. 다만 '새롭게 읽기'와는 다른 '전통적 읽기' 내지 '낡은 읽기'라고만 이름 붙이기에는 무언가 어색해 '분석적'이라는 표현을 첨가했다. 푸코의 문제의 텍스트는 그 중요성에도 불구하고 이 같은 전통적인 분석적 방식에 의해서 엄밀하게 읽힌 적이 없다는 점에서[10] 그 나름의 의미가 있다고 생각했기 때문이다. 그리고 그 구체적인 내용은 다음과 같다.

우선 푸코의 권력론을 '권력은 무엇이 아니다'라는 기존의 권력론에 대한 비판 부분과 '권력은 무엇이다'라는 푸코의 대안적 권력론을 분석적으로 재구성하는 것이다. 이 중 비판 부분의 경우 기본적으로 다양한 주류 사회과학의 권력론과 맑스주의의 권력론을 비판 대상으로 상정하고 있다고 할 수 있다. 이 두 비판 대상 중 전자는 이 글의 관심 밖의 일이다. 따라서 이 글에서는 맑스주의의 권력론에 대한 푸코의 비판이라는 관점에서 위의 텍스트의 비판부분을 독해하고자 한다. 이 부분이 읽기 작업의 두 번째 부분으로서 푸코의 맑스주의 권력론이 과연 맑스주의 권력론에 대한 정확한 이해에 기초한 것인가, 아니면 푸코가 오해에 기초해 맑스주의가 아니라 허수아비와 내공을 겨루고 있는 것인가를 읽어내는 것이다.

---

10) 물론 국내학계의 경우 그러하다는 뜻이다. 해외학계의 경우는 이를 위한 본격적인 문헌조사를 하지 않아 잘 모르겠지만 내가 아는 한, 마찬가지인 것 같다.

여기에는 극복할 수 없는 어려움이 내재해 있다. 그것은 푸코가 기존 권력론을 비판하면서 그중 어느 부분이 주류이론에 대한 비판이고 어느 부분이 맑스주의에 대한 비판인가를 밝히고 있지 않다는 점이다. 따라서 푸코의 비판 중 타당하지 않은 것 중 어느 것들은 원래 푸코가 맑스주의를 공격하려고 했던 것들이라 맑스주의에 대한 푸코의 오해 내지 무지의 결과라고 할 수 있지만, 다른 어느 것들은 애당초 맑스주의에 대한 푸코의 오해 내지 무지의 결과가 아니라 애당초 맑스주의에 대한 비판이 아니라 주류이론에 대한 비판이었을 가능성을 상정해야 한다. 그러나 후자의 경우도 푸코가 맑스주의를 오해한 것은 아니더라도 최소한 맑스주의가 이야기한 것을 반복하고 있다고 할 수 있다. 즉 푸코의 권력론이 주류이론에 대해서는 새로운 비판일 수 있으나 맑스주의에 대해서는 새로운 주장이 아니라 맑스주의가 주장해온 것을 푸코가 반복하고 있는 것일 따름이다. 또 다른 어려움은 맑스주의 자체가 갖는 정체성의 모호성이다. 물론 맑스주의가, 이 주제와 관련해 맑스주의 권력론이 무엇인가는 논쟁적인 주제이다. 그러나 이 글에서는 일반적으로 맑스주의 권력론이라고 할 수 있는 '표준적인 저작'들, 특히 맑스 자신의 저작들을 중심으로 하되 맑스 자신이 체계적인 권력론을 남기지 않았기 때문에 맑스의 저작을 현대적으로 재해석한 대표적인 맑스주의 정치학자이자 푸코의 동시대인으로 푸코와 많은 대치점을 갖고 있는 니코스 풀란차스의 저작을 맑스주의 권력론의 텍스트로 삼아 논의를 진행하고자 한다.

읽기의 세 번째, 즉 마지막 부분은 푸코의 맑스주의 비판 중 푸코가 맑스주의 이해가 정확한 경우에 대한 평가작업이다. 이 경우 맑스주의의 주장과 푸코의 대안적 권력론이 정면으로 충돌하는 바, 이 중 어떤 것이 옳은 것인가를 판단하고자 한다. 아니 이 같은 극단적인 경우가 아니더라도, 즉 두 이론이 명시적으로 서로 충돌하지 않더라도, 맑스주의가 침묵해온 새로운 정당한 권력론을 푸코가 주장하고 있는 부분이 어느 것인가를 밝혀내고자 한다. 지금까지 논의한 읽기 전략을 요약하여 정리하자면 다음과 같다.

푸코의 기존권력론 비판 읽기 전략

〈경우 1〉 주류이론 비판(맑스주의 해당 무) —맑스주의도 이야기해온 것으로 푸코의 새 공헌 아님
〈경우 2〉 맑스주의 비판
　〈경우 2-가〉 맑스주의에 대한 오해에 의한 비판(사실은 푸코 주장＝맑스주의) —푸코의 무지의 결과
　〈경우 2-나〉 맑스주의에 대한 올바른 이해에 기초한 비판
　　〈경우 2-나-1〉 맑스주의가 옳고 푸코가 틀렸다(푸코의 오류 내지 침묵).
　　〈경우 2-나-2〉 푸코가 옳고 맑스주의가 틀렸다(맑스주의의 오류 내지 침묵11)).

4. 읽기

이제 위에서 설명한 읽기 전략에 의해 텍스트를 본격적으로 읽을 차례이다. 이 같은 읽기는 위의 읽기 전략대로 우선 텍스트에서 푸코의 기존권력론 비판과 대안적 권력론을 테제형식으로 뽑아내는 일

---

11) 〈2의 나〉의 경우들은 대부분 맑스와 푸코가 대립적이고 배타적인 제로섬적 관계를 설정하고 있다. 그러나 '침묵'은 엄밀히 말해 맑스가 틀렸다기보다는 침묵함으로써 문제를 보지 못한 경우이다. 이는 푸코가 동일한 지평(plane)에서 추상성이 다른 보완적 테제를 주장하고 있거나 아니면 다른 지평(계급이 아닌 성 등)의 주장을 하는 것으로 맑스주의와 푸코의 접합이 가능한 부분이다.

로부터 시작될 수밖에 없다. 그리고 그 내용들은 텍스트의 앞부분에서 뒷부분으로 나가는 순서대로 뽑아보면 다음과 같다(편의상 앞에 푸코가 비판하는 기존권력을 배치했고 뒤에는 대안적 권력론을 대비시켰다12)).

1) 법적, 제도적 권력론/(현실)관계적 권력론
2) 권력의 통일성/권력의 통일성 부정
3) 국가중심성/미시권력
4) 권력의 단일원천성/권력의 편재성
5) 구조적 권력론/상황적 권력론
6) 권력의 고정성/권력의 유동성
7) 실체론(소유론)/명목론(전략적 상황)
8) 외재성 테제/내재성테제
9) 일원성(계급환원론)/다원성(모든 사회적 관계)
10) 상부구조/내재성
11) 억압, 금지/생산성
12) 위로부터의 권력론/아래로부터의 권력론
13) 주체주의/의도적 비주체주의
14) 권력·저항 분리론/권력 속에 저항의 내재성
15) 단일저항지점 특권화/특권화 부정

이제 위의 15개의 테제들을 하나씩 구체적으로 살펴볼 차례이다. 편의상, 우선 각 테제별로 비판과 관련된 해당부분을 찾아 이것이 맑

---

12) 텍스트상 대안이론이 뒤에 나오는 경우도 비판에 맞추기 위해 대안이론은 앞으로 끌고 나와 대비시켰고 경우에 따라서는 동일한 대안이론이 여러 곳에 반복적으로 나올 수밖에 없었다. 일부는 대비를 위해 푸코가 직접 이야기하지 않았지만 유추하여 만들어 넣었다.

스주의에 대한 합당한 비판인지 아니면 푸코의 오해인지를 검토해 보고자 한다. 그리고 위의 15개 테제들은 사실 표현만 다를 뿐 내용이 유사한 것들도 있기에 그런 경우 함께 묶어서 논의하고자 한다.

1) 법적 제도적 권력론/관계적 권력론

푸코는 권력이 단순히 법이나 "특정한 국가내에서 시민들의 복종을 보증하는 제도와 기제들의 총체"(즉 일상적으로 '정부')를 의미하지 않는다고 비판한다. 분명 일반인들간에는 권력을 법과 정부와 같은 제도와 연관시키는 경향이 지배적이고 주류사회과학의 경우 이 같은 인식은 학자들 사이에도 상당히 널리 유포되어 있다. 따라서 푸코가 이 문제를 강조한 것은 적절하다. 그러나 이 비판은 푸코의 기본 권력론 비판 중 가장 초보적인 수준의 비판으로서 주류사회과학에는 해당될지 모르지만 맑스주의에는 전혀 해당되지 않는 비판이다.

우선, 법적 권력론의 경우 유명한 「『정치경제학 비판』 서문」에 나오는 "생산관계들 혹은 이 생산관계들의 법률적 표현인 소유관계들"[13]이라는 표현이 보여주듯이 맑스가 사회현상에 대한 법적 접근에 대해 비판적이었다는 것은 상식에 속한다. 사실 20세기 초반 소위 소유와 경영이 분리되기 시작한 경영자 혁명이 생겨나자 일부 학자들은 맑스의 계급 개념이 생산수단의 법적 소유 여부인 것으로 오해를 하고 법적인 소유권을 가지지 않은 경영자, 즉 '고급노동자'들이 기업을 경영하게 됐으니 맑스의 계급론은 시대착오적인 것이 됐다는 주장을 하기는 했다.[14] 그러나 위의 인용이 보여주듯이 맑스에 있어서 중요한 것

---

13) 칼 맑스, 「정치경제학의 비판을 위하여」, 『칼 맑스-프레드리히 엥겔스 저작선집, 2권』, 박종철출판사, 1992, 478.
14) 그 대표적인 예가 C. W. Mills, *Power Elite*, New York: Oxford University Press, 1956.

은 실질적인 생산관계이고 소유관계는 이의 법적인 표현에 불과한 것이었다. 마찬가지로 맑스주의는 권력을 분석하는 데 있어서 단순히 법률에 의한 법적 권력관계를 주목하는 것이 아니라 실질적인 권력관계에 초점을 맞춰왔다.

제도적 접근에 대해서는, 물론 맑스주의 권력론이 '국가'라는 제도와 관련된 '국가론'을 중심으로 전개되어온 것은 사실이다. 그러나 맑스주의 국가론이 권력을 제도와 등치시키는 제도적 권력론은 결코 아니다. 그것은 맑스가 파리 꼬뮨 분석에서 "노동자계급은 단순히 이미 만들어진 국가장치를 장악하여 자신들의 목적에 사용할 수는 없다"15) 고 분석한 것에서, 나아가 이 같은 언명에 기초해 과거 맑스·레닌주의적 전통은 기본적으로 부르주아 국가를 장악하는 것이 아니라 분쇄해야 한다는 '분쇄테제'를 기본입장으로 유지해 왔다는 점이 잘 보여주고 있다. 권력을 단순히 제도로 인식했다면 국가장치의 장악＝국가권력의 장악이라는 사회민주주의적 권력론에 기초해 선거를 통한 국가장치의 점진적 장악전략으로 나갔을 것이지 분쇄테제로 나가지는 않았을 것이다. 다시 말해 사민주의의 권력론이라면 모를까 맑스주의는 제도적 권력론과 거리가 멀다. 이 같은 문제의식은 풀란차스의 다음과 같은 주장이 가장 극명하게 보여준다. "'국가권력'과 같은 표현, 즉 제도들에게 권력을 부여하는 것처럼 보이는 표현이 갖는 의미를 명확히 할 필요가 있다. 엄밀히 말해, 다양한 사회적 제도들, 특히 국가제도들은 어떠한 권력도 갖지 않는다. 권력의 측면에서 바라볼 때, 제도들은 사회지배계급과 관련되어 있을 뿐이다. 이 사회계급들의 권력이 권력센터인 특정한 제도들을 통해 조직되는 것이며 이 같은 맥락 속에서 국가는 정치권력 행사의 가장 중요한 센터이다."16)

---

15) Karl Marx, "The Civil War in France," in R. Tucker, ed., *The Marx-Engels Reader*, NY: W. W. Norton & Co., 1978, 2nd Ed., 629.
16) Nicos Poulantzas, *Political Power and Social Classes*, London: New Left

한 마디로, 맑스주의는 결코 법적, 제도적 권력론이 아니며 아래에
설명하겠지만 대표적인 '관계적' 권력론이다. 따라서 이 부분은 위의
분류 중 〈경우 1〉(맑스주의 해당 무)이나 〈경우 2-가〉(맑스주의에 대
한 푸코의 무지)에 해당된다.

2) 권력의 통일성/권력의 통일성 부정(?)

이 부분은 가장 중요하며 가장 논쟁적일 수 있는 부분이다. 맑스주
의 권력론, 보다 구체적으로 맑스주의 국가론을 다른 이론들(다원주
의, 포스트맑스주의 등)과 구별해주는 가장 중요한 차이는 자본주의
국가＝자본가계급의 권력이라는 계급국가론이다. 그리고 맑스주의가
이처럼 주장하는 이유는 맑스주의 국가론에 (국가)권력은 나눠 가지
고 싶다고 해서 분점되는 것이 아니라 단일한 계급의 권력이라는 '(국
가)권력 통일성테제'가 그 이론적 전제로 자리잡고 있기 때문이다. "일
반적으로 국가는 가장 강한, 경제지배계급의 국가"라는 유명한 엥겔스
의 정식화[17]로부터 레닌은 말할 것도 없고 그람시, 발리바르, 풀란차
스, 그것도 68혁명 이후 상당한 자기비판을 거친 후기풀란차스에 이르
기까지[18] 일관되게 나타나는 것이 바로 이 '국가권력 통일성테제'이다.

Books, 1973. 이 책의 프랑스어판은 1968년에 출간되었다.

17) Friedrich Engels, *"The Origins of Family, Private Property, and the State,"*
in Tucker, ed., *op. cit.*, 753.

18) "부르주아국가는 그 형태가 다양하다. 그러나 그 형태가 어떠하든 모든 부르
주아국가는 궁극적으로 부르주아독재"라는 레닌의 주장(Lenin, *"The State and
Revolution,"* in Lenin, *On the Dictatorship of the Proletariat*, Moscow: Progress,
1976, 38)이나 PT독재라는 개념도 바로 이 테제에 기인한 것이며 발리바르가 프랑
스 공산당이 1970년대에 PT독재론을 포기한 것에 대해 전략 때문에 이론을 바꿀
수는 없다고 반박한 것도 이 테제 때문이다(Etienne Balibar, *On the Dictatorship
of the Proletariat*, London: NLB, 1976). 즉 이 때의 '독재'란 군사독재와 같은 통
치형태를 지칭하는 것이 아니라 '국가유형' 수준에서 국가권력 통일성테제에 의해
단일계급의 권력의 배타적 '소유'를 의미한다. "국가는 지배집단에 팽창의 극대화에

이 권력의 통일성테제는 과거에는 자본주의사회에서 국가권력은 다양한 사회집단에 분산되어 있다는 다원주의 국가론, 즉 자본주의국가는 민주적 국가라는 민주주의론에 의해 주로 공격을 받아 왔다. 그러나 최근 들어서는 포스트맑스주의, 포스트모더니즘의 미시권력론 등으로부터 권력의 통일성을 부당전제하고 있는 것으로 비판받고 있다. 즉 권력의 통일성테제는 맑스주의의 근대성, 관념성을 보여주는 대표적인 예라는 것이다. 그러나 이 문제가 논쟁적인 것은 맑스주의 때문이 아니라 오히려 푸코 때문이다. 구체적으로, 위의 인용문으로 돌아가보면 권력은 "사회구성체를 가로지르는 일반적 지배체계를 의미하지 않"으며 "지배의 통일성을…가정하지 않아야 한다"는 것이 푸코의 주장이기 때문이다. 즉 쟁점은 푸코가 다른 포스트주의자들처럼 권력의 통일성을 부정하고 있느냐는 것이다. 일반적 통념은 그렇다이다. 그러나 전혀 그런 것 같지 않다. 푸코가 부정하는 것은 권력의 통일성 자체가 아니다. 그가 부정하는 것은 "지배의 통일성을 **최초의 여건으로** 가정하"는 '선험적인 권력의 통일성테제'일 뿐이다. "사회구성체 전체를 가로지르는 일반적 지배체계" 부분 역시 일반적 지배체계, 즉 권력의 통일성 그 자체를 부정하는 것이 아니라 그 앞에 쓰여진 형용구 부분("하나의 구성요소 또는 집단에 의해 다른 구성요소나 집단에 행사되고 그 효과가 연속적으로 파생되어 사회구성체 전체를 가로지르는")이다. 다시 말해, 이 경우도 부정하는 것은 권력의 통일성 그 자체가 아니라 권력의 단일원천이다(아래 참조).

그렇다면 이제 남은 문제는 맑스주의가 푸코가 비판하는 선험적 권력론이냐는 것이다. 이는 그리 쉽지 않은 질문이다. 사실 모든 선험론이 맑스주의가 표방하는 '유물론의 적'임에도 불구하고 맑스주의가 유

유리한 조건을 창출하기 위한 지배집단의 기구"라는 언명이 보여주듯이 그람시 역시 이 같은 테제를 주장했고(A. Gramsci, *Selections from the Prison Notebooks*, NY: International Pub., 1971, 182) 이는 풀란차스도 마찬가지다.

물론이라는 이름 아래 관념론화되어 온 것은 부인할 수 없으며, 권력의 통일성테제 역시 상당히 관념론화되고 선험론화되어 온 것은 사실이다. 그러나 동시에 곰곰이 생각해보면 이는 단순한 선험적 테제가 아니라 노예사회로부터 현대사회에 이르는 역사에 대한 연구에서 나온 현실연구의 결과이지 단순한 선험론이 아니다. 그리고 맑스, 레닌, 그람시, 풀란차스에게 물어보면 그들 중 어느 누구도 자신들이 권력의 통일성을 "최초의 여건으로 가정"했다고 답하지 않을 것이다.

맑스주의는 그렇다고 치고 푸코는 어떠한가? 위에서 보았듯이, 푸코는 미시권력론자이면서 포스트주의자로서는 예외적이게도 동시에 권력의 통일성론자라고 할 수 있다. 위에서 인용한 두 부분 이외에도 "균열들을 사회에 야기하여 **통일성**을 깨뜨리고"라는 구절은 통일성이 전제되어야 통일성을 깨뜨릴 수 있다는 점에서 푸코가 권력의 통일성론자임을 보여주고 있고 "국가가 **권력관계들의 제도적 통합**에 기반을 두고 있는", 국지적 권력들의 "상호연결관계가…어느 정도 **일관성을 갖는 단일한 전략**의 형태로 조직된다"[19] 등에서도 이는 확인된다. 이 점이 바로 푸코의 강점이자 약점이다. 권력의 통일성테제를 인정하지 않은 한, 우리는 체제의 '재생산'을 설명할 수 없다. 미시권력의 '우연한' 접합으로 수 백년간의 자본주의의 재생산을 어떻게 설명할 것인가? 어떻게 해서 무수한 미시권력들이 서로 충돌하고 갈등을 일으켜 자본주의를 붕괴시키지 않고 지금까지 자본주의가 재생산되는 방향으로 나왔는가? 우연적 접합이라니 이 세상에 수 백년 지속되는 '우연'도 있는가? 바로 포스트주의의 이 맹점을 피하기 위해 푸코는 권력의 통일성을 인정하고 있는 것이며 그것이 바로 푸코의 강점이다. 그러나 동시에 관념론적이고, 선험적인 권력의 통일성테제는 부정하고

---

19) Foucault, "Powers and Strategies," in Foucault, *Power/Knowledge*, NY: Pantheon Books, 1980, 142.

있다는 점에서 그는 비선험적인, '사후적 권력의 통일성'론자라고 할 수 있다. 여기까지는 모든 것이 완벽하고 멋지기만 하다!

그러나 문제는 미시권력이 어떻게 통일성(거시적 필연성)으로 전화되느냐는 것이다. 이에 대해 푸코는 사실상 완전히 침묵하고 있다. 기껏해야 "권력의 구체적인 메커니즘을 분석하고 이들의 연결고리를 찾아내고 조금씩 전략적 지식을 쌓아가야 한다"[20]는, 천번만번 맞는 이야기지만, 공허하기 짝이 없는 조언을 할뿐이다. 나아가, 이와 관련, 그는『감시와 처벌』,『광기의 역사』,『성의 역사』등 불후의 명작을 남겼지만 그의 연구에 의해 얻어진 이 같은 전략적 지식들이 자본주의 체제의 재생산을 설명해주기에는 턱도 없이 부족하기만 하다. 이 점에서 그는 말로는 '선험적 권력의 통일성테제'를 비판하며 '사후적 권력의 통일성테제'를 주장하고 있지만 실제 내용에서는 사실상 '선험적 권력의 통일성테제'를 주장하고 있다.[21] 결국 그는 근대이론과 포스트근대이론의 좋은 점만을 그저 병렬하고 있을 뿐이다.[22] 즉 포스트주의적 입장에서 미시권력론과 권력의 '사후적' 통일성테제를 주장해 근대이론의 문제점 중의 하나인 선험론과 관념론을 피하면서도, 동시에 미시권력론으로는 그간의 자본주의의 재생산을 설명할 수 없다는 점을 잘 알기 때문에 근대이론의 권력의 통일성 테제를 수용하고 있는

---

20) *Ibid.*, 145.
21) 이와 매우 유사한 것이 정치경제학에서의 조절이론과 국가론에서의 제숩류의 전략관계론적 국가론이다(Alain Lipietz, *Mirages and Miracles*, London: Verso, 1987; Bob Jessop, *State Theory*, Cambridge: Polity Press, 1990). 이들은 모두 맑스주의가 자본주의의 재생산을 선험적으로 가정하고 있는 기능주의라고 비판하면서 재생산 여부는 조절의 '우연한' 결과라고 주장하고 있다. 그러면 그간의 자본주의의 재생산을 어떻게 설명할 것인가라는 곤궁에 부딪치자 자신들은 "사후적 기능주의"라는 궁색한 변명을 하고 있는 바(Lipietz, *op. cit.*, 17), 이는 사실상 최소한 미래가 아니라 지나간 역사에 관한 한, '선험적 기능주의'에 다름 아니다.
22) 이 점에서 푸코의 권력론은 그 진가에 비해 지나칠 정도로 과대평가되어 있다는 생각이 든다. 미시권력과 권력의 통일성을 연결시켜 주는 '실종된 고리'(이것이 권력론의 핵심이다)로 인해 엄밀히 말해 푸코의 권력론은 '이론'이 아니다.

것이다.

사상누각 같은 이 두 병렬 사이에 실종된 핵심고리, 즉 미시권력이 어떻게 거시적 필연성(권력의 통일성, 재생산)으로 전화되느냐는 것이 바로 맑스주의 국가론이 그 동안 그처럼 고민하고 무수한 논쟁을 해온 핵심주제이다! 그리고 후기풀란차스의 경우 푸코의『성의 역사』와 비슷한 시기에 출간된 저서를 통해 시민사회로부터 분리된 국가라는 자본주의국가의 물질적 틀과 형태가 어떻게 해서 그 형태 속에 내장된 '전략적 선택성'과 '구조적 선택성'을 통해 모순된 다양한 전략·전술들을 걸러내 특정 정세와 힘의 역관계 속에서 자본주의의 재생산에 필요한 일관된 전략과 통일성을 사후적으로 만들어내는가를, 부족하지만 그런대로 설득력 있게 설명한 바 있다.23) 이 점에서 권력의 통일성테제에 관한 한, 상대적으로 더 선험적, 더 관념적인 것은 맑스주의가 아니라 푸코이다.

뿐만 아니라 이 같은 문제를 피하기 위해 푸코의 인용문들을 푸코가 권력의 통일성테제 자체를 부정한 것으로 독해한다고 문제가 해결되지 않는다. 아니 이 경우 그간의 역사적 재생산을 전혀 설명하지 못한다는 점에서 더 큰 문제를 불러들일 뿐이다. 결론적으로 이 부분은 위에서 열거한 경우 중 〈경우 2-가〉이거나 〈경우 2-나-1〉일 것이다.

3) 국가중심성/국가중심성의 부정과 미시권력들(?)

위에서 살펴보았듯이 맑스주의는 권력을 국가라는 제도와 결코 등치시키지 않고 국가는 고유한 권력을 갖지 않는다고 주장해 왔다. 그러나 동시에 "모든 혁명은 국가권력의 문제이다"라는 레닌의 언명이 가장 상징적으로 보여주듯이, 맑스주의의 권력론은 '권력행사의 중심 센터'인 국가를 중심으로 전개되어 왔다. 반면에 푸코는 일반적으로

---

23) Poulantzas, *State, Power, Socialism*, London: Verso, 1978

권력문제에 있어서 국가의 중심성을 부정하는 미시권력론자로 알려져
왔다. 그러나 이는 오해에 불과하다. 특히 오해는 푸코＝미시권력론
자라는 통념에다가 "국가의 주권…등은 오히려 권력의 **최종적 형태**에
지나지 않는다"가 "오히려 권력의 **말단적** 형태에 지나지 않는다"로 잘
못 번역되어 푸코가 국가＝권력의 말단적 형태라고 주장한 것으로 잘
못 소개되었기 때문이다. 24) 즉 푸코가 미시권력을 강조한 미시권력론
자인 것은 사실이지만 국가의 중심성을 부인하지는 않았다.

　물론 앞의 인용문 중에는 국가의 중심성을 부정하는 주장도 없지만
그렇다고 국가의 중심성을 명시적으로 주장한 부분도 없다. 다만 "국
가의 기구들…을 통해 전반적 구상 또는 제도적 결정화가 구체적으로
이루어"진다는 주장이나 "국가가 권력관계의 제도적 통합에 기반을 두
고 있"다는 주장 등에서 푸코가 국가의 중심성을 믿었음을 간접적으로
유추 해석할 수 있을 정도이다. 그러나 이후 저작들에서는 국가의 중
심성체제가 명시적으로 나타난다. 예를 들어 "미시적인 권력메커니즘
들이 역사의 어느 시점엔가 부르주아의 이익을 대표하게 되었다…그
리고 연구되어야 할 어떤 이유에선가, 이들 **미시적인 권력메커니즘
들이 전반적 지배메커니즘과 국가에 포섭되고 이들에 의해 유지되
게 되었다.**"25) "현대사회에 있어서 국가는 단순히 권력행사의 특수한
상황들이나 형태들 중의 하나(설사 그것이 가장 중요한 것이라고 할
지라도)가 아니라 특정한 방식에 의해 **모든 권력형태들은 국가와 관
련되어 있다.** 그러나 이는 그 모든 것들이 국가로부터 도출되기 때문
이 아니라 **모든 권력관계들이 점점 국가의 통제하에 놓여지기 때문
이다**"26) 라고 쓰고 있다. 이처럼, 후기로 갈수록 푸코는 국가의 중요

---

24) 나 자신 역시 국내 번역본만 읽었을 때에는 이 같은 오해를 한 적이 있다. 손
호철, 「니코스 풀란차스의 정치사상」, 손호철, 『전환기의 한국정치』, 창작과비평
사, 1993, 362.
25) Foucault, "Two Lectures," in Foucault, *Power/Knowledge*, 101.

성을 강조하고 국가의 중심성 테제를 강조하는 방향으로 나아가고 있었다. 따라서 국가의 중심성에 관한 한, 일반적인 통념과 달리, 맑스주의와 푸코간의 차이는 없다.

다만 문제는 상호 연관되어 있는 두 가지 문제이다. 하나는 미시권력의 문제이고 두 번째는 미시권력과 국가간의 관계 문제이다. 분명 맑스주의는 '미시권력'이라는 용어를 사용하지 않았다. 그러나 우리가 흔히 정부나 국가라고 부르는 국가장치를 넘어서 생산현장, 시민사회에 내장된 다양한 권력기제(특히 그람시의 경우)들에 대해 관심을 가져온 것도 사실이다. 또 국가론에 있어서도 추상적인 국가론을 넘어서 구체적인 통치기제들에 대한 구체연구의 필요성을 누누이 강조해 왔다. 그러나 실제 연구에 있어서 이 같은 미시권력에 대한 연구가 공백으로 남겨져온 것도 사실이다. 따라서 미시권력 문제는 맑스주의 스스로도 무수히 인정해온 맑스주의의 취약점이며 푸코가 엄청나게 중요하게 공헌한 부분이다. 그러나 동시에 짚고 넘어갈 점이 있다. 그것은 푸코가 미시권력에 대한 관심을 불러일으키고 이에 대한 계보학적인 연구들을 모범적으로 보여 주었지만, 위의 '권력통일성' 문제에서 지적했듯이, 정작 중요한 문제, 즉 이 미시권력들이 어떻게 국가를 통해 통일성을 획득하느냐는 오히려 맑스주의보다도 설명하지 못하고 있다는 사실이다.

둘째로 미시권력과 국가의 관계에서 쟁점이 되는 것은 '선후관계'이다. 위에서 보았듯이, 푸코도 미시권력의 기제들이 국가의 통제하에 있다는 것을 인정하고 있다. 그러나 맑스주의가 국가에 의한 위로부터의 통제를 강조한다면 푸코는 역사적으로 권력은 '선 미시권력 메커

---

26) Foucault, "The Subject and Power," in Hubert Dreyfus and Paul Rainbow, *Michel Foucault: Beyond Structuralism and Hermeneutics*, Chicago: Univ. of Chicago Press, 1983, 2nd Ed., 224. 국내에 번역된 「주체와 권력」의 경우 이 부분은 생략되어 번역되지 않았다.

니즘, 후 국가로의 포섭'의 과정을 밟아 왔다고 주장하고 있다. 물론 국가에 의한 위로부터의 통제를 일면적으로 주장하는 것도 문제이지만 푸코의 주장 역시 문제가 많다. 즉 푸코는 미시권력이 먼저 만들어지고 이것이 후에 국가에 의해 포섭되어지는 것이라고 주장함으로써 미시권력의 메커니즘을 만들어내는 국가권력의 '창조적 역할', '생산적 역할'을 부정하는 잘못을 저지르고 있다. 또 미시권력이 국가에 포섭되기 전의 자본주의 어느 시점 이전에는 국가의 도움이 없이 다양한 미시권력만으로 자본주의체제가 재생산되었다는 주장을 하고 있는 셈이다.

이 문제와 밀접한 관련이 있는 것이 "권력은 아래로부터 나온다"는 푸코의 그 유명한 테제이다. 그러나 이 문제는 아래에서 다루기로 하고 여기에서는 그만 줄이고자 한다.

4) 위로부터/아래로부터, 단일원천/편재성

"권력은 아래로부터 나온다"는 푸코의 테제는 그 명성과 문학적 표현의 우아함에도 불구하고, 사실 나는 나의 지적 한계, 그것이 서구식 이성중심주의라면 직관과 감수성의 한계, 염화시중의 미소를 척하면 알아들을 수 있는 '도력'의 한계로 그 정확한 의미를 이해할 수 없다. 결국 이는 다양한 미시권력들이 존재하며 이들이 모여서 아래에서 위로 올라가며 권력의 통일성을 사후적으로 이룬다는 이야기인가? 그렇다면 이는 미시권력론을, 그리고 선험적 권력통일성테제 비판을 다르게 표현한 것에 불과하다. 그것이 아니라면 "권력은 아래로부터 나온다"라는 테제만이 가진, 고유한 심오한 뜻은 무엇인가? 별로 없는 것 같다는 것이 나의 판단이다.

"권력은 도처에 있다"는 권력편재론도 마찬가지다. 이 역시 미시권력론, 아래로부터의 테제의 또 다른 표현이지 고유한 의미는 없는 것 같다. 아니, 더 정확히 표현하자면, 미시권력론과, 아래에서 살펴볼, 사회적 관계의 다차원성론(계급환원론에 대비되는)이 결합하여, 나타난 권력론의 가장 급진적 테제가 바로 "권력은 도처에 있다"는 표현일 것이다.

오해를 막기 위해, 명확히 하고 넘어갈 것은 결코 이 같은 주장이 푸코의 이 구절들의 역사적 의미를 과소평가하고자 하는 것이 아니라는 점이다. 특히 "권력은 도처에 있다"는 주장은 맑스주의를 포함해 역사상 가장 급진적인 권력론이라고 나는 생각한다(이와 비슷하게 생각할 수 있는 것은 다소 의미는 다르지만 조지 오웰의 『1984년』 정도일 것이다). 다만 그 주장도 핵심테제들을 간단한 말 속에 집약한 탁월한 표현을 제외하곤 푸코의 다른 주장들, 즉 미시권력론, 사전적 권력통일성테제 비판, 사회적 관계의 다차원성을 결합시킨 것이지 이와는 다른 고유한 주장이 담긴 주장은 아니라는 사실을 지적하고 싶은 것이다.

또 다른 문제는 아래로부터의 권력, 권력편재성테제와 국가와의 관계이다. 도처에 편재하여 아래로부터 권력을 만들어내는 미시권력의 장치들이, 바로 위의 인용처럼 "국가에 의해 포섭되고 유지"된다면, 그리고 "점점 국가의 통제하에 놓"이게 된다면 그것은 '위로부터의 권력론'(도처에 있는 아래로부터의 권력을 위로부터 국가가 통제하는 궁극적인 위로부터의 권력론)이 아닌가?[27] 그렇다면 푸코는 후기에 들어서 초기의 아래로부터의 권력론, 권력편재성테제로부터 점점 국가의 중심성, 위로부터의 권력론으로 변해온 것은 아닌가? 그것이 아니라면 국가통제테제는 아래로부터의 권력론, 권력편재론을 보완하는

---

27) 물론 국가도 그 장치들이 사방에 뻗쳐 있다는 점에서 국가=위로부터의 권력이라고 일반화할 수는 없지만, 푸코의 담론내에서는 그러한 함의를 가진다.

병렬적 테제인가? 이중 어느 것이 맞는 독해인지는 알 수 없다. 그러나 확실한 것은 아래로부터의 권력론과 권력편재론이 미시권력론과 다른 새로운 내용이 별로 없을 뿐 아니라 국가의 중심성테제, 국가의 통제론에 의해 그 위상이 우리가 생각해온 것보다 훨씬 보잘 것 없는 것으로 축소된다는 사실이다.

5) 실체론(소유론) / 명목론(전략관계적 권력론)

"권력은 손에 넣거나 빼앗거나 서로 나눠 갖는 어떤 것", 즉 물 (thing)이 아니라 불평등한 사회적 관계와 "전략적 상황에 부여된 **이름**"일 뿐이라는, 반실체론적이고 명목론적인 권력론은 푸코의 권력론의 또 다른 핵심부분이다. 그러나 이 문제는 제도적 권력론과 밀접히 관련되어 있으며 제도적 권력론처럼 논의하기 쉬운 초보적인 주제이다. 즉, 한마디로 실체론적 권력론은 맑스주의에 관한 한, 해당사항이 없기 때문이다.

제도적 권력론에서 이미 지적했듯이, 맑스주의는 권력을 장악하거나 소유해야 할 제도로서의 국가의 문제로 파악하지 않았다. 오히려 맑스주의는 맑스의 공장전제정 비판 등이 보여주듯이 사회적 관계, 즉 계급관계가 권력관계라고 인식한 관계적(relational) 권력론의 선구자이다. 국가의 문제에 있어서도 장악테제 비판이 보여주듯이 이를 장악해야 할 물(thing)로 보지 않았을 뿐더러 국가권력 통일성테제에도 불구하고 보나파르티즘 분석에서 나타나는 "서로 적대하는 계급들의 힘이 거의 균형을 이루는 시기"[28] 등이 보여주듯이 일찍부터 국가권력의 문제를 사회세력간의 힘의 관계를 중심으로 설명해 왔다. 그람시는 이를 더욱 발전시켜 국가는 지배계급의 국가이지만, 동시에

---

28) Engels, *op. cit.*, 753.

그 한계내에서 "근본집단과 피지배집단의 이익간의 불안정한 평형상태"[29] 라는 관계적 국가론, 관계적 권력론을 이론화했다. 끝으로 풀란차스는 구조주의적인 것으로 비판받았고 스스로도 자기비판을 한 바 있는 초기 저작에서부터 이미 그람시의 이 같은 문제의식을 계승하고 있으며[30] 후기에 이르러서는 아예 국가는 사회세력들간의 "힘의 역관계의 물질적 응집"[31] 이라는 '관계적' 국가론을 체계적으로 정식화하게 된다.

그러나 동시에 짚고 넘어가야 할 것은 맑스주의가 이처럼 실체론적 권력론과는 거리가 멀어도 한참 먼 관계적 권력론의 원조임에도 불구하고, 일부 표현 때문에 맑스주의를 제대로 읽지 않은 이론가들이 맑스주의를 실체론적 권력론으로 오해하도록 만드는 한편 맑스주의내에서도 이 같이 생각하는 경우가 생겨난 측면이 있다는 사실이다. 그것은 문제의 일부 표현이란 다름아니라 "국가권력의 장악", "국가권력의 보유"라는 표현이다.[32] 즉 이 표현들을 통해 국가권력을 장악하고 보유할 수 있는 실체적 그 무엇으로 생각하게 만든 경향이 있다. 그러나 이는 표현의 어려움에 기인한 것으로, 권력은 장악하는 그 무엇이 아니라고 주장해온 푸코 역시 서구의 휴머니즘 비판에서 휴머니즘이 서구 문명에서 "권력에 대한 욕구를 금기시하고 **권력을 장악**(seize)**할 기회**를 배제시켰다"[33] 느니, 자신의 작업은 "권력에 대한 투쟁"인데 이는 대중의 의식을 깨우거나 대중에게 '참된' 욕구를 가르쳐주는 것이 아니라 "권력을 위해 투쟁하는 사람들과 함께 하여" "**권력을 장악하는**(take power) 것"[34] 이라느니 하는 식으로 쓴 바가 있다는 사실을 상기해야 한다.

---

29) Gramsci, *op. cit.*, 182.
30) Poulantzas, *Political Power and Social Classes*.
31) Poulantzas, *State, Power, Socialism*, 129.
32) 사실 나 역시 글의 주에서 다른 마땅한 표현이 없어 이 같은 표현을 사용했다.
33) Foucault, *Language, Counter-Memory, Practice: Selected Essays and Interviews*, Ithaca, NY: Cornell University Press, 1977, 222.

위에서 지적했듯이, 맑스주의가 줄곧 국가장치의 장악이 국가권력의 장악을 의미하지 않는다고 주장해왔다는 점에서, 물론 맑스주의에 있어서 국가권력의 장악, 국가권력의 보유가 국가장치의 장악이나 국가장치의 소유를 의미하지 않는다. 그렇다면, 맑스주의가 국가권력의 장악이나 소유를 통해 의미해온 것이 과연 무엇이냐는 의문이 남는다. 다시 말해, 국가장치의 장악이 아니라면 무엇을 보고 우리는 노동자계급이 국가권력을 장악했다고 이야기할 수 있느냐는 '국가권력의 장악' 여부에 대한 판단기준의 문제이다. 개인적으로 이 문제를 곰곰이 생각해보고 얻은 결론은 이는 결국 생산관계, 계급관계의 근본적인 변혁이라는 것이다. 생산관계의 근본적 변혁이 생겼을 때, 그래서 국가권력의 성격에 근본적인 변화가 생겼을 때, 우리는 비로소 국가권력을 '장악'했다고 이야기할 수 있다는 이야기이다. 그렇다면 지배적인 생산관계의 변혁과 유지라는 문제가 잘못 표현된 것이 바로 국가권력의 장악이나 소유라는 표현일 것이다. 따라서 정확한 표현은 국가권력의 장악은 "국가권력의 변혁"(권력은 장악하는 것이 아니라 권력관계를 변화시키는 것이고 그리하여 권력관계의 성격을 변화시키는 것이니까), 국가권력의 소유는 "국가권력의 재생산"일 것이다. 따라서 앞으로는 이처럼 표현해야 한다.

권력은 "**전략**적 상황에 부여된 이름"일 뿐이라는 주장이 보여주듯이, 푸코의 권력론은 관계적이면서 동시에 권력은 전략이라는 전략적 권력론이다. 이 부분은 고전적 맑스주의에 있어서 생소한 부분이다. 맑스주의 논의들이 대부분 실천적 전략에 대한 논의들임에도 불구하고 고전적 맑스주의 중 기이하게도 권력문제를 전략이라는 문제의식에서 다룬 것은 없는 것 같다. 이 점에서 푸코의 논의는 새로운 것이고 분명히 중요한 이론적 진전이다. 따라서 나는 이 부분이야말로 푸

---

34) *Ibid.*, 208.

코의 권력론 중 가장 독창적이고 가장 높이 평가해야 할 부분이라고 생각한다.

그러나 이를 푸코와 동시대적인 맑스주의 이론가인 풀란차스와 비교하면 상황은 달라진다. 다시 말해, 새로운 것이 아니다. 풀란차스는 푸코의 『성의 역사』와 비슷한 시기에 출간한 후기저작에서 다음과 같이 전략적 국가론, 전략적 권력론을 개진한 바 있기 때문이다. "국가를 힘의 역관계의 물질적 응집으로 위치지우는 데 있어서 우리는 동시에 국가를 권력의 네트워크가 교차하는 **전략적 장과 과정**으로 이해해야 한다…국가라는 **전략적 장 속에서…다양한 전술** 등이 서로 교차하고 갈등하고 특정한 국가장치 안에서 목표물을 발견하면서 궁극적으로…일관된 일반전략의 국가적 수립이 이루어진다(강조는 인용자)."[35]

결국 실체론 비판과 그 대안으로서의 관계적 권력론은 〈경우 1〉이나 〈경우 2-가〉인 또 다른 대표적 사례이다. 다만 전략적 권력론은 고전적 맑스주의가 침묵해온 문제라는 점에서 후기풀란차스 이전의 맑스주의에 관한 한, 〈경우 2-나-2〉라고 할 수 있다.

6) 구조적, 고정적 권력론/상황적, 유동적 권력론

푸코는 "권력은…구조도 아니고…한 사회에서 복잡한 전략적 **상황**

---

35) Poulantzas, *State, Power, Socialism,* 136. 이 책이 『성의 역사 1』보다 2년 뒤에 나온 점, 이 책에서 풀란차스가 『성의 역사』를 언급하면서 비판하고 있는 점을 감안하면 이 같은 전략론적 정식화가 푸코의 영향을 받았을 가능성을 배제할 수 없으나 이 부분에 대해 풀란차스가 직접 푸코를 거명하고 있지 않기 때문에 알 수 없다. 그러나 설사 이 부분이 영향을 받은 것이라고 하더라도 그것과는 별개로 모순된 미시전술, 전략들이 어떻게 해서 일관된 일반전략으로 전화되어 체제재생산을 해왔는가에 대해 푸코는 침묵하고 있는 반면 풀란차스는 국가장치라는 물질성에 내장된 형태결정적 편향과 구조적, 전략적 선택성이라는 개념을 통해 나름대로 설명을 하고 있다는 장점이 있다.

에 부여되는 이름이다"라는 언명을 통해 구조적 권력론을 비판하고 상황적 권력론을 대안으로 제시하고 있다. 이는 권력관계란 고정된 것이 아니라 당사자들이 어떠한 전략을 택하느냐에 달려있다는 문제의식과 연결되어 있다는 점에서 전략적 권력론의 당연한 귀결 내지 또 다른 표현이다. 또 권력관계가 이처럼 전략에 좌우되고 상황적이면 당연히 고정적이지 않고 유동적일 수밖에 없다는 점에서 권력의 유동성테제로도 연결된다("끊임없는 투쟁과 충돌을 거쳐 그것들을 변화시키고 강화하며 역전시키는…", "그 모든 유동성을 출발점으로 하여… 그 유동성들 하나 하나에 기대며…").

물론 구조결정적인 권력론, 권력관계의 고정성테제는 잘못된 것이다. 그러나 맑스가 구조를 강조했는지 몰라도 구조결정론자는 아니었다는 것은 긴 설명이 필요없을 것이다. "모든 단단한 것은 녹아서 허공으로 사라진다"는, 포스트주의자들이 자주 인용하는 『공산당 선언』의 유명한 구절을 인용하지 않더라도, 맑스가 권력관계의 고정성을 주장하지 않았다는 것도 긴 설명이 필요 없을 것이다. 아마도 푸코의 비판에 가장 가까운 것이 있다면, 그것은 소위 '구조주의적 맑스주의', 특히 초기 알튀세르의 영향을 받은 '초기' 풀란차스일 것이다. 그러나 그 역시 "구조적 인과성에 대한 계급투쟁의 우위"를 주장한 후기는 말할 것도 없이 초기에도 구조환원론자는 아니었고 구조와 계급투쟁(즉 전략)의 변증법을 누누이 강조해 왔다. 36)

문제는 오히려 푸코쪽에 있다. 즉 구조결정론적인 권력론이 잘못이지만 권력관계는 단순히 전략적이고, 상황적이고, 유동적인 것이기만 하냐는 문제이다. 발리바르는 이 문제를 다음과 같이 질문한 바 있다. 맑스와 푸코 사이의 "환원할 수 없는 상위점을 특징지우는 것은 **사회적 갈등의 구조**…이다. 상위점은…모순이 기껏해야 그것들의 특

---

36) Poulantzas, *Political Power and Social Classes* 참조.

수한 배치일 뿐인 **세력관계**의 논리와 '세력관계'가 그것의 전략적 계기일 뿐인 **모순**의 논리 사이의 대립에 관한 것이다…'사회적 관계' 개념 또는 세력관계들에 내재적인 구조로서의 모순이라는 개념…맑스주의적 역사유물론을 지지하는 것이 바로 이것이다."[37] 이 문제와 관련해, 푸코류의 순수한 상황론은 구조결정론 못지 않게 잘못이라는 것이 나의 생각이다. 예를 들어, 자본과 노동간의 권력관계는 전략과 세력관계에 좌우되는 측면도 크지만, 구조적 권력관계가 내장되어 있다. 즉 맑스가 이야기한 '이중적 의미의 자유'와 관련해. 생산수단으로부터의 분리 내지 '자유'는 노동자들로 하여금 자신의 노동을 팔지 않고는 생계를 유지할 수 없도록 강제하고 있고 이 같은 생산양식적인 특징은 자본가들에게 구조적 권력을 부여하고 있다. 다시 말해, 특정 국면에서의 노동과 자본간의 권력관계는 상황적이고 양자가 추구하는 전략과 관련된 것이지만 생산수단의 분리에 따라 노동자들로 하여금 노동력을 판매하도록 강제하는 구조적인 권력의 틀 위에서 이루어지는 것일 따름이다.

이를 정치학에서 논의되는 권력론에 연결시켜 설명하자면 푸코의 권력론은 소위 '1차원적 권력'만을 문제삼고 있다고 하겠다. 즉 주어진 경기규칙내에서 결과를 자신에게 유리하게 이끌어낼 수 있는 능력과 관련된 '상황적 권력' 내지 '협상권력(bargaining power)'이라는 1차원적 권력만을 주목하고 있는 것이다. 그러나 권력은 1차원적 권력만이 아니라 보다 근본적인 2차원적 권력과 3차원적 권력, 구체적으로 말해 경기규칙 자체를 만들고 바꾸는 '구조적 권력'과 체계수준의 '체제권력(systemic power)'이 있는 바,[38] 이 중 2차원적 권력과 3차원적 권력은 결코 상황적인 것으로 환원할 수 없다. 예를 들어 임금을 둘러

---

37) Eteinne Balibar, 「푸코와 마르크스」, 『이론』 3호, 1992년 겨울, 304, 307.
38) S. Lukes, *Power: A Radical View*, London: Macmillan, 1974.

싼 노자간의 힘겨루기는 상황적 권력관계이지만 이 같은 측면에만 주목하는 것은 이 같은 힘겨루기가 여의치 않을 경우 경기규칙 자체를 바꾸어 생산시설을 해외로 옮기고 소위 '생산의 세계화'를 추구할 수 있는 자본의 구조적 권력을 간과하고 있는 것이다. 따라서 이 부분 역시 〈경우 2-나-1〉에 가깝다.

7) 외재성, 상부구조 테제/내재성테제

권력의 내재성테제 역시 푸코의 권력론의 매우 중요한 부분이다. 즉 "권력관계는 모든 유형의 관계들과 외재적인 것이 아니라 그것들에 내재"한다는 것이다. 이 같은 내재성테제는 "권력관계는 단순한 금지 또는 갱신의 역할을 지닌 상부구조의 위치에 있는 것이 아니라…생산적 역할을 수행한다"는 상부구조 비판론과 연결되어 있다. 물론 상부구조 부분의 원래의 목적은 권력은 특정한 행동을 못 하도록 금지하고 억압하는 것이라는 '억압가설', '금지가설'의 비판을 통해 권력의 생산적 기능을 강조하기 위한 것이다. 그러나 그렇다고 푸코의 생각이 권력이 상부구조이되 단순히 억압적인 것이 아니라 '생산적'인 상부구조라는 뜻은 아닐 것이다. 따라서 이 부분 역시 내재성테제와 연결시키면 권력을 단순히 국가 등과 관련된 상부구조적 현상이고 경제 등은 권력현상이 아니라고 이해하는 상부구조론의 비판으로 유추하여 해석해 줄 수 있다.

분명히 권력의 내재성테제는 정당하며 권력을 단순히 상부구조적인 현상으로 보는 것은 잘못이다. 그러나 여기에서도 문제는 맑스주의가 외재성테제냐는 것이다. 분명히 맑스의 「『정치경제학비판』 서문」의 유명한 토대, 상부구조의 메타포가 보여주듯이, 맑스주의가 토대, 상부구조라는 위상학적 메타포에 의존해 왔으며 이에 기초해 권력을 국가와 관련된 상부구조적 현상으로 이해해온 국가환원론적 경향이 있는 것은 사실이다. 그리고 그것은 맑스의 『자본』을 단순히 토대에 대한 정치경제학이론으로 독해하고 이에 상응하는 상부구조에 대한 하나의 부문이론(regional theory)으로서의 맑스주의 국가이론을 만들려고 했던 '초기' 풀란차스의 작업에서 절정에 달한다.

그러나 맑스주의가 반드시 권력의 외재성테제를 의미하는 것은 아니다. 맑스의 『자본』은 여러 사람들이 주장해왔듯이 경제에 대한 정치경제학 이론이 아니라 '정치경제학 비판'이며 정치와 경제가 사실은 하나임에도 불구하고 자본주의하에서는 왜 분리된 형태를 띠고 있는가를 밝힌 것이다.[39] 즉 생산관계와 정치, 국가, 권력은 외재적 관계가 아니라 후자가 전자의 내재적 계기라는 것이다. 긴 설명이 필요없이, 맑스의 공장전제정에 대한 비판은 생산관계 그 자체가 지배/종속의 권력현상임을 탁월하게 분석한 바 있고 이는 푸코 자신이 『감시와 처벌』에서 인정하고 있는 바이다.[40] 일부 학자는 바로 이 같은 이유 때문에 맑스주의의 문제는 국가론이 없다는 점이라는 일상적 인식과 달리 (정치와 경제는 하나이기 때문에) 국가론이 없는 것이야말로 맑스주의의 장점이며 『자본』이야말로 최고의 맑스주의 국가(비판)론, 권력(비판)론이라고 주장한 바 있다.[41]

아니 맑스가 결코 권력을 단순히 상부구조적 현상으로 이해했거나 외재성테제를 가정하지 않았다는 것은 고차원적 이론적 연구와 거리가 먼 『공산당선언』에서조차 "자본은 개인(personal)이 아니라 사회적 권력이다"[42]라고 쓰고 있는 것을 보면 쉽게 알 수 있다. 레닌도 권력

---

39) John Holloway & Sol Picciotto, "Introduction," in Holloway & Picciotto, eds., *State and Capital: A Marxist Debate*, Austin: Univ. of Texas Press, 17-19 등 참조.

40) Foucault, *Displine and Punish*, NY: Vintage Books, 1979, 221.

41) Balibar, 「'이행'의 아포리들과 마르크스주의의 모순들」, 윤소영 엮음, 『마르크스주의의 역사』, 민맥, 1991, 282-288.

의 문제인 정치라는 것에서 "가장 중요한 것은 국가권력"의 문제이지만 "모든 계급투쟁은 정치투쟁이다"[43] 라고 주장한 바 있다. 다시 말해, '정치투쟁'만이 아니라 '경제투쟁'도 사실은 정치투쟁이라는 것, 경제도 권력관계라는 것이다. 풀란차스조차도 후기에 이르러서는 자기비판을 통해 토대, 상부구조라는 식의 층위론이 국가의 개입이 없이 경제가 자기재생산을 할 수 있는 자기완결적 공간이고 이에 국가가 사후적으로 개입하는 것과 같은 착각을 주고 있다면서, "국가라는 정치적 장은 항상 생산관계의 구성과 재생산에 현존한다"는 내재성테제를 명시적으로 제시하고 있다.[44] 결국 이 문제 역시 〈경우 1〉에 해당된다.

8) 억압, 금지/생산성

권력은 억압과 금지를 의미하는 것이 아니라 생산적이라는 유명한 테제 역시 멋있는 표현이지만 조금만 생각해보면 너무도 당연한 이야기이고 전혀 새로운 이야기가 아니다. 주류정치학의 표준적인 교과서들도 권력은 "A가 B로 하여금 X라는 행동을 **하도록('못 하도록'이 아니라) 만드는 능력**"이라고 정의하고 있다. 맑스만 생각해도 그렇다. 노동자에 대한 자본의 권력은 이들로 하여금 **일을 하게 만드는** 구조적 강제력이 그 핵심이다. 그 예는 무수히 많다. '객관적 이해'라는 구절 때문에 '본질주의'라는 비판을 듣고 있지만, 초기 풀란차스의 권력의 정의도 다른 계급과의 관계 속에서 "한 사회계급이 자신의 특수한 객관적 이해를 **실현할** 수 있는 능력"[45] 이라는 것이었다. 이 모두가

---

42) Marx, "Manifesto of the Communist Party," in Tucker, ed., *op. cit.*, 485.
43) Lenin, "Liberal And Marxist Conceptions of the Class Struggle," *Collected Works*, vol. 19, Moscow: Progress, 1963, 121-122.
44) Poulantzas, *State, Power, Socialism*, 16-17.

권력의 생산적 측면을 지칭한 것이다. 알튀세르의 유명한 이데올로기의 정의, 46) 즉 "사회적 관계에 대한 상상적 관계"라는 표현 역시 권력의 현실 생산적 능력을 지칭한 것이다.

결국 생산성테제 역시 〈경우 1〉이다. 아니 이 경우는 주류이론도 생산성 테제를 이야기해 왔기 때문에 주류이론에도 해당되지 않는, 일반인들에게나 해당되는 비판이다.

9) 일원성 (계급환원론) / 다원성 (모든 사회적 관계)

내재성테제 부분에서 살펴본 "권력관계는 다른 유형의 관계(경제적 과정, 인식관계, 성적 관계)와 외재적인 것이 아니라 그것들에 내재"한다는 푸코의 언명은 내재성테제 이외에도 권력의 다차원성 내지 다원천성이라는 문제를 제기한다. 즉 계급관계만이 아니라 인식관계, 성적 관계 등 모든 사회적 관계가 권력관계라는 주장이다. 이 문제를 다루기에 앞서 푸코의 원전의 독해문제를 간단히 짚고 넘어갈 필요가 있다.

이는 권력의 다원천성 문제와 위에서 이미 다룬 미시권력, 권력의 편재성 문제간의 관계이다. 이들은 깊이 생각하지 않고 판단하면 같은 문제들인 것처럼 보이고 사실 위의 상부구조 부분처럼 푸코를 있는 그대로 읽으면 그렇게 읽힐 가능성이 적지 않다. 즉 권력의 편재를 설명하면서 "유일한 주권의 원천을 찾지 말아야 한다"는 표현이 나오기 때문에 편재테제가 단일원천성의 대당인 것처럼 읽힐 가능성이 크다. 그러나 그렇지 않다. 미시권력/거대권력의 문제와 일원론 내지 단일원천성(예-계급)/다원론 내지 다원천성은 전혀 다른 것이다. 예를 들

---

45) Poulantzas, *Political Power and Social Classes*, 104.
46) Louis Althusser, *Lenin and Philosophy and Other Essays*, NY: Monthly Review Press, 1971.

어 모든 권력은 계급권력 문제라는 주장은 일원론이지만 그것이 반드시 거대권력론인 것은 아니다. 왜냐하면 그 계급권력이 국가만이 아니라 공장, 삶의 다양한 현장의 미시권력을 통해 재생산되고 편재되어 있다고 주장할 수 있기 때문이다. 따라서 우리는 이 같은 의미의 다원천성을 미시권력이나 권력의 편재테제와 구별해 별도의 테제로 다룰 필요가 있다. [47]

어쨌든 이 문제는 내가 보기에 푸코의 비판 중 맑스주의의 가장 취약한 부분이고 맑스주의가 겸허하게 반성해야 할 문제라고 생각한다. 물론 인간을 단순한 생산관계의 담지자가 아니라 생산관계 이외에도 다양한 "사회적 관계들의 총체"[48]로 정의한 유명한 맑스의 정의는 계급환원론과 거리가 멀고 스탈린주의의 교조적인 교과서[49]들도 사회구성체를 단순히 생산관계의 총체가 아니라 다른 제 사회적 관계까지를 포함한 것으로 정의하고 있었다. 그러나 구체적인 이론적 실천에 있어서 맑스주의가 계급환원론적인 경향을 가져온 것은 부인할 수 없다. 또 바로 위에서 보았듯이 맑스주의가 권력을 단순히 상부구조적 현상이 아니라 경제, 생산관계 등도 그 자체가 권력현상이라는 내재성테제를 주장했지만, 이는 모두 계급과 관련된 것이었지 성적 관계 등에 대해서는 이 같은 인식을 체계적으로 개진하지 않았다.

이 점에서 성적 관계, 인식관계 등이 모두 권력관계라는 주장이 얼마나 푸코의 독창적인 주장인지는, 그 방면의 전문가가 아닌 나로서는 모를 일이지만, 푸코의 비판은 유효하고 맑스주의의 자기비판이 필요하다. 이와 관련, 참고로 이야기하자면, 후기풀란차스 역시 이

---

47) 사실 위에서 나는 편재테제가 이런 의미에서 미시권력론과 권력의 다원천성테제가 결합한 가장 급진적 테제라고 해석한 바 있다.
48) Marx, "Theses on Feuerbach," in Tucker, *op. cit.*, 145. 사실 바로 이 테제는 최근 유행하고 있는 포스트주의의 '주체의 다원주의'와 비슷한 주장이다.
49) A. G. Afnasyev, *Historical Materialism*, NY: International Pub., 1987, 24-25.

같은 문제를 인식하고 "계급사회에서는 계급권력이 권력의 주춧돌"이지만 그렇다고 "계급균열이 권력구성의 유일한 지형이 아니다"는 식으로, 계급중심성을 고수하면서도 계급환원론을 비판하고 성적 관계 등 다른 사회적 관계의 권력문제를 인정한다.[50] 그러나 그러면서도 계급권력이 이들 관계에 횡단하고 이들에 정치적 의미를 부여하며 이처럼 계급문제와 접합되지 못하는 비계급적 권력문제는 정치적 의미를 갖지 못한다는 식의 내용상의 계급환원론을 주장하는 오류를 범하고 있다.[51]

특히 이것은 최근 급속히 문제가 되고 있는 비계급적 사회적 관계들의 문제, '주체의 다원주의', '정체성의 정치', '차이의 정치' 문제[52]와 관련해 맑스주의의 한계를 잘 드러내고 있는 주제이다. 결론적으로 이 문제는 대표적인, 맑스주의가 틀리고 푸코가 맞는 〈경우 2-나-2〉이다.

10) 주체주의/의도적 비주체주의

푸코는 또한 "권력은 의도적이되 비주체주의적"이라는 언명을 통해 소위 "전략가 없는 전략"[53]이라는 개념을 제시한다. 모든 권력은 의도를 가지고 있다는 점에서 '의도적(intentional)'이지만 권력문제를 자신의 의도대로 총괄하는 단일한 지도부는 없다는 점에서, 즉 특정한 전략가의 의도대로 되는 것이 아니라는 점에서 '비주체적(non-subjective)'이라는 것이다. 주체주의, 특히 특정한 주체를 특권화하는 대문자의 주체주의는 비판되어야 한다.

---

50) Poulantzas, *Political Power and Social Classes*, 43-44.
51) *Ibid.*, 43.
52) 이들에 대해서는 이 책에 함께 실려 있는 「정치란 무엇인가」 참조.
53) René Bertramsen, et al., *State, Economy, and Society*, London: Unwin Hyman, 1991, 160.

그러나 이 역시 맑스주의가 주체주의인가는 의문이다. 알튀세르가 주체주의와 이론적 인간주의에 대항해 싸우기 위해 "인간은 구조의 담지자"라고 주장했다가[54] 주체의 문제를 실종시켰다고 신랄한 비판을 받았던 사례가 잘 보여주듯이, 개별적인 이론가에 따라 차이가 있지만 군이 분류를 하자면, 오히려 구조주의에 가까우면 가까웠지 주체주의와는 거리가 멀다는 것이 일반적인 평가이다. 물론 변혁주체로서 프롤레타리아트를 특권화했다는 비판은 있지만 이는 이 문제와는 다소 차원이 다른 문제이다.

사실 푸코의 '의도적 비주체주의', '전략가 없는 전략'이라는 문제의식은 직접적으로 권력론을 지칭한 것은 아니지만, 초기의 "구조주의와의 지나친 불장난"에 대한 자기비판을 하고 역사는 "주체없는 과정"[55]이라고 지적한 '중기' 알튀세르의 언명과 매우 흡사하다. 아니 푸코의 주장은 역사를 훨씬 거슬러 올라가 다음과 같은 엥겔스의 주장과 유사하다고 하겠다. "역사는 많은 개인들의 의지들간의 충돌로부터 최종적 결과가 생겨나는 방식으로 전개된다… (최종적 결과로서의) 역사적 사건은…전체로 볼 때는 무의식적이고 의도가 없이 작동하는 권력관계의 산물로 간주될 수 있을지 모른다. 왜냐하면 개개인의 개별적 의지가 다른 사람들의 의지에 의해 간섭받고 결과적으로 나타나는 것은 누구도 의도하지 않은 그 무엇이기 때문이다…무엇인가를 원하는 개개인의 의지들이 이루어질 수 없지만 총합적 평균, 공통의 결과물로 융합된다는 사실을 볼 때 우리는 이들 의지들이 무의미한 것이라고 결론지어서는 안된다. 정반대로, 이들이 각각 결과에 기여하고 어느 정도 그 결과에 포함되어 있다."[56] 이 주장을 푸코식으로 재구성할 경우,

---

54) Althusser & Balibar, *Reading Capital*, London: Verso, 1970.
55) Althusser, *Essays in Self-Criticism*, London: Verso, 1976, 94-99.
56) "Engels to Joseph Bloch, Sep. 21, 1890," in *Marx-Engels, Selected Correspondence*, Moscow: Progress Pub., 1975, 3rd Ed., 395.

역사와 권력현상은 많은 개인들의 의도가 개입되는 '의도적' 현상이지만 특정 개인의 의도가 그대로 관철되는 것이 아니고 힘의 관계의 벡터에 의해 이들 의도들이 종합된다는 점에서 '대문자의 전략가'는 존재하지 않고("전체로 볼 때는 무의식적이고 의도가 없이 작동…") 비주체주의적이라는 것이다.

따라서 의도적 비주체주의라는 부분도 사실은 맑스주의에 해당되지 않는 〈경우 1〉이다.

11) 권력·저항 분리론/저항의 내재성

이제 우리는 길고 지루한 푸코의 권력론 읽기를 거쳐 마지막 부분, 즉 저항이론 부분에 다다랐다. 권력이 있는 곳에 저항이 있다는 푸코의 주장은 분명히 우아하기 짝이 없고 충격적인 테제이다. 그리고, 내가 아는 한, 이 같은 테제를 푸코 이전에 이야기한 맑스주의자는 없었던 것 같다. 그러나 이 역시 곰곰이 생각해 보면 맑스주의의 이론 전체가 바로 이 테제에 대한 것이 아닌가 싶다. 보다 구체적으로, 맑스주의 권력론의 알파이자 오메가인 착취관계, 생산관계의 분석이라는 것이 결국 그 속에 내장된 저항의 '필연성'과 모순을 규명하는 것이었다고 할 수 있다. 위에서 인용한 맑스와 푸코의 비교에서 발리바르가 맑스주의의 변증법에 대해 "모순들의 종말목적에 대한 가상적 예상"으로서의 목적론적 경향을 자기반성하면서도 사회적 관계들에 "내재적인 구조로서의 모순"이라는 맑스주의의 개념을 옹호하면서 "그 내적 규정들 속에서의 모순들의 현재적 운동의 분석으로서 변증법"의 사고를 화두로 던진 것도 이 같은 맥락에서이다.[57]

문제는 여기에 그치지 않는다. 후기풀란차스가 푸코를 직접 겨냥하

---

57) Balibar, 「푸코와 마르크스」, 307.

여 공격하고 있는 부분이 바로 이 지점이다. 즉 푸코는 권력이 있는 곳에 저항이 있다고 말하고 있지만 이는 "순전히 원칙의 선언"일 뿐 그 저항의 기반을 제시하지 못하고 있음으로써 사실은 권력을 특권화하고 있다고 비판당하고 있다. 풀란차스는 "왜 권력이 있는 곳에 항상 저항이 있어야 하느냐"고, 또 "저항이 어떻게 해서 가능하냐"고 반문하고 있다.[58] 나는 풀란차스의 이 같은 문제제기에 동의한다. 푸코의 말대로 권력이 있는 곳에 저항이 있는 것은 인간은 원래 권력이 있는 곳에는 저항하는 '본성'을 가진 '호모 레지스탕스(저항인)'이기 때문일까? 그렇다면 푸코의 이 생각은 새로운 본질론, 관념론이 아닌가?

반면에 맑스주의의 경우 생산관계, 착취관계에 내재한 '적대의 물질성', '모순의 물질성'에서 저항의 물적 기반을 찾고 있으며, 이와 관련해 푸코가 이야기하는 "'육체들' 자체가 그들의 계급적 독자성 속에서 관계들의 견지에서 사고되어야" 하며 이 점에서 맑스와 푸코 중 "덜 형이상학적인 사람", 즉 "일관된 명목론자"는 맑스라고 발리바르는 '맑스를 위한 변명'을 한 바 있다.[59] 타당한 주장이다.

따라서 저항의 내재성론 역시 내용적으로는 새롭지 않은 〈경우 1〉이다. 이와 관련, 한 가지만 더 지적하자면, 이 문제를 포함한 푸코의 여러 문제들은 그가 **하나의 생산양식으로서의 자본주의**에 대한 문제의식이 거의 없다고 말할 정도로 취약하기 때문이 생겨나고 있는 것이 아닌가 싶다. 그의 분석들은 대부분 뛰어나지만 결국 그것이 어떻게 자본주의의 재생산과 연결되는가에 대한 이론적 장치가 없이 그 나름의 권력문제를 분석한 뒤 연결고리에 대한 설명이 없이 갑자기 자본주의라는 개념을 끌고와 억지춘향격으로 자본주의와 연결시키고 있다는 느낌을 지울 수 없다.

---

58) Poulantzas, *State, Power, Socialism,* 149.
59) Balibar, 「푸코와 마르크스」, 308.

한 예로, 그의 뛰어난 지식권력론 역시 지식이 어떻게 자본주의와 결합하여 자본주의를 재생산하는가에 대해서는 침묵하고 있다. 사실 하나의 생산양식으로서의 자본주의라는 문제의식이 없는 그의 지식권력론은 결국 지식소유 개개인이나 지식소유 집단인 지식인층이 지식을 통해 권력을 행사한다는 주장 이상으로 나아갈 별 이론적 장치가 없어 보인다. 반면에 후기풀란차스의 경우 육체노동과 정신노동의 분리, 구상과 실행의 분리 등 자본주의의 특징과 지식-권력문제를 결합하여 지식이 자본가계급과 국가의 전략과 연결되어 자본주의의 재생산으로 이어진다는 논리를 통해 이 문제를 나름대로 설명을 하고 있다.[60]

12) 단일저항지점 특권화/특권화 부정

마지막으로 푸코는 저항과 관련해, 단 하나의 위대한 저항의 처소는 없으며 권력망 도처에 내재한 도처의 저항들이 중요하다는 '미시저항론'을 피력한다. 물론 맑스주의가 일상적 저항과 일상적 투쟁을 강조하지 않은 것은 아니다. 그러나 미시권력론이 취약했던 것과 마찬가지로 국가, 공장과 같은 거대권력의 처소들을 지나치게 강조하고 미시저항들을, 그리고 미시저항의 처소들을 경시해온 것은 사실이다. 따라서 이에 대한 푸코의 비판은 타당하며 이를 받아들여야 한다.

사실 맑스가『자본』에서 지적한 것처럼 생산이 단순한 경제적 생산이 아니라 생산의 사회적 조건의 생산 문제이다. 다시 말해, 하부구조로부터 교육, 이데올로기, 사회적 규율 등 다양한 '비경제적인' 생산 밖의 생산의 사회적 조건이 충족되지 않으면 경제적 생산은 불가능하다. 이 점에서 '순수한 경제'란 존재하지 않으며 정치, 이데올로기 등

---

60) Poulantzas, *State, Power, Socialism*, part I.

모든 것이 생산관계의 내재적 계기라는 이야기이다. 이 같은 문제의
식은 당연히 이러한 생산의 사회적 조건의 현장인 사회 전체의 다양한
계기들과 현장들이 바로 저항의 장들이고 이들 현장과 계기들을 교란
시키면 자본주의의 재생산은 위협받을 수밖에 없다는 문제의식으로
이어지게 된다. 따라서 네그리처럼[61] 이제 생산현장만을 특권화시킬
것이 아니라 사회를 하나의 확장된 공장으로 보는 '사회라는 공장
(social factory)'이라는 문제의식이 필요하다. 이렇게 될 때 우리는 모
든 사회적 현장을 자본의 재생산을 교란할 수 있는 저항의 장으로 인
식하고 효과적인 저항을 만들어낼 수 있다. 이 점에서 이 부분 역시
푸코가 맞는 〈경우 2-나-2〉이다.

5. 맺는 글

이 글에서는 푸코의 권력이론을 『성의 역사』의 '방법' 부분을 중심
으로 분석적으로 읽어보았다. 결론적으로, 권력에 대한 푸코의 계보
학적인 연구는 모르지만 권력'이론'은 많은 기여와 기존 문제의식의
명료화에도 불구하고 그 공헌이나 독창성이 과장되어 있고 틀린 부분
도 적지 않다는 것이 나의 주장이다. 그리고 그 무엇보다도 **미시권력
이 어떻게 하나의 통일된 전략과 권력으로 전화되어 체제를 재생산
해 왔느냐 하는 결정적인 문제에 대해, 나아가 이에 대칭되게, 미
시저항들을 어떻게 전략적으로 코드화하고 접합시켜 거대한 변혁
의 계기로 삼을 수 있느냐에 대해 침묵하고 있다**는 결정적인 결함을
갖고 있다.

---

61) Antonio Negri, *Marx beyond Marx*, South Hadley, Bergin & Garvey, 1984, 114.

그러나 이 같은 비판과 문제 지적이 그의 공헌이나 위대성을 부인하는 것은 결코 아니다. 다시 한번 강조하지만, 위에서 지적한 문제점이 그의 미시권력론이 그동안 등한시해온 일상성의 민주주의 문제에 관련해, 그의 계보학과 고고학적 방법론, 타자의 철학이 그동안 이성과 진리라는 이름하에 억압되어온 타자의 목소리에 해방의 논리를 제공해주는 중요한 기여를 했다는 사실을 손상하는 것은 아니다. 그리고 맑스주의의 경우도, 푸코를 위시한 포스트주의자들에 의해 제기된 문제, 특히 역사유물론이라는 이름하에 관념론화되어 버린 맑스주의의 문제들을 철저히 자기비판하는 것이 필요하다. 결국 발리바르의 표현처럼 '물질성'과 '역사성'이 유물론의 핵심이라면, 푸코가 육체의 물질성과 역사성을 추적했듯이 사회적 관계의 내적 구조로서의 모순의 물질성과 역사성을 철저히 파헤쳐가는 것이 맑스주의에게 주어진 과제이다.

밥 제숍의 '전략-관계적' 국가론
—맑스주의 국가론의 최후의 보루?

1. 여는 글

　과학주의의 영향 아래 정치학으로부터 추방되었던 국가론은 서구 신좌파의 도움을 받아 복권되어 '국가론의 르네상스'를 구가한 바 있다. 그러나 이 같은 '영화'도 잠시뿐, 국가론은 서구학계에서도 국내학계에서도 더 이상 '인기산업'이 아니다. 국가론은 더 이상 넓게는 현대사회과학, 좁게는 현대정치학의 중심적 관심사라는 지위를 누리지 못하고 있으며 국가론에 관심을 갖고 있는 경우도 이론적 교착상태에서 새로운 획기적인 이론적 돌파가 이루어지지 못하고 있는 실정이다.

　이와 관련, 현존학자 중 가장 '선진적인' 국가론이론가 중의 한 명이라고 할 수 있는 영국의 정치학자 밥 제숍(Bob Jessop)은 이 같은 현대국가론의 역사를 '비극'으로 끝난 70년대의 좌파국가론과 '희극'으로 입증된 80년대의 '국가중심적' 국가론으로 특징지운 바 있다(Jessop 1990a, 2).[1] 이 글의 목적은 이 같은 국가론의 현상태를 극복하고 국가론의 새로운 지평을 열기 위해 밥 제솝이 최근 들어 의욕적으로 체계화시키고 있는 '전략-관계적(strategic relational)' 국가론을 요약, 소개하고 이를 비판적으로 평가해보는 데 있다.[2] 다만 전략-관계적 국가론이 조절이론을 그 구체적인 분석틀로 사용하고 있고, 이와 관련하여 영국 '사회주의경제학자회의(Conference on Socialist Economists, 이하 CSE)' 그룹과의 논쟁을 통해 그 이론을 발전시켜 오고 있으나 이번 국가론 연구프로젝트의 다른 논문[3]과의 중복을 피하기 위해 가능하면 그 부분은 최소화시키고 '전략 관계론'이라는 측면에 초점을 맞추고자 한다.

2. 형성사

제솝의 전략-관계적 국가론의 형성사는 두 가지 측면에서 접근될 수 있다. 하나는 제솝 자신의 이론적 발전과정의 추적이고, 또 다른 하나는 전략-관계적 국가론이 빚지고 있는 다양한 이론적 전통의 추적이다.

제솝의 국가론의 이론적 발전과정은 1) 맑스주의국가론의 '본질주의', '환원주의'에 반대하여 국가를 단순히 제도의 총체로 이해하던 '제도주의 시기'(1977-82), 2) 이에 기초하여 국가를 사회적 관계이자 전략으로 파악하기 시작한 '전략관계론 시기'(1983-1986), 3) 조절이론의 도입에 따라 전략관계론에 구체적인 내용을 채워나가는 '조절이론

---

1) 제솝의 글의 경우 반복적으로 인용되고 있기 때문에 본문글에서는 인용한 책의 발간 연도와 쪽수만 표기하고 출처는 논문 뒤에 참고문헌 형식으로 표기했다.
2) 제솝의 전략-관계적 국가론를 선구적으로 국내에 요약, 소개한 논문으로는 김호기, 「조절이론과 국가이론: 제솝의 전략-관계적 접근」, 『동향과 전망』 19호, 1993년 봄/여름을 들 수 있다.
3) 김세균, 「영국 CSE 이론가들의 국가론」, 한국정치학회, 『현대국가론의 성과와 과제』, 1994.

시기'(1987-)로 나누어진다고 볼 수 있다.4) 한편 제숍 자신은 자신의
국가론을 80년대 초에는 '제도적'이며 '정세적, 관계적(conjunctural,
relational)' 국가론이라고(1982, 259; 1990a, 206), 80년대 중반에는
'전략이론적(strategic theoretical)' 국가론이라고(1985, 343) 각각 명명
하였다.5) 그러나 '전략이론적'보다는 '전략-관계적'이라는 표현이 제
숍의 국가론에 대한 보다 정확한 성격규정이라는 한 제자의 제언6)에
동의, 이후에는 이 같은 명칭을 채택하고 있다(1990a; 1991c). 이와
관련, 짚고 넘어갈 것은 전력관계적 국가론의 이론적 위상, 특히 맑스
주의와의 관계이다. 이에 대해 제숍은 자신의 국가론이 담화이론 등
서구좌파의 '포스트맑스주의'와는 준별되는 맑스주의, 특히 '비판적 맑
스주의'라고 주장하여 왔으나(1990a, 4) 최근에는 이를 담화이론, 조
절이론과 함께 포스트맑스주의적 이론으로 규정함으로써 맑스주의와

---

4) René Bertramsen, et al., *State, Economy and Society*, London: Unwin
Hyman, 1991, 95-96. 마쉬(Marsh)의 경우 제숍의 발전과정을 방법론을 중심으로
1) 결정론의 거부('제도주의기'), 2) '전략적 선택성' 개념의 도입('전략관계론 1
기'), 3) 급진적 체계이론인 루만(Luhmann)의 자동생산(autopoietic) 이론의 수용
('전략관계론 2기'으로 특징지우고 있고 링(Ling 1991)은 1) 풀란차스와 오페를
통해 국가의 통일성이 국가프로젝트에 의해 정치적으로 구성되는 것이라는 인식을
획득하고, 2) 조절이론을 채택, 그 구체적 내용을 채워나가는 한편, 3) 루만의 체
계이론과 라클라우의 담화이론의 도움에 의한 '사회화'효과 개념을 통해 복합분석
에 이르는 '반환원론적인 높은 경로(high road)'를 따라왔다고 보고 있다.
그러나 1990년대 후반 이후 제숍은 최근의 신제도주의 국가론과 비슷한 맥락에서
보다 구체적 수준에서 포드주의국가의 위기와 이에 대한 연구를 해오고 있어 이 시
기를 제4기로 분류하는 것이 가능하다(이 시기의 연구에 대해서는 「보론」 참조).
5) 여기에서 볼 수 있듯이 82년 저서에서 이미 국가에 대한 '관계론적' 시각이 명시
적으로 나타나고 있으므로 위의 시기구분은 상당히 과잉단순화되어 있다. 사실
"현실적인 힘의 균형은 구조적…한계 속에서 사회 세력들이 추구하는 전략들…의
상호작용에 의해 사후적으로 결정된다"(258)는 주장, 그리고 이 같은 전략으로서
의 다양한 헤게모니프로젝트의 구별(244)이 보여주듯이 '전략적' 관점까지도 이미
82년에 나타나고 있다.
6) Bertramsen, "Towards a Strategic-Relational State Theory," *Essex Papers in
Politics and Government*, No. 56(1989).

의 일정한 거리를 유지하고 있다(1991c, xiv-xv).

한편 제솝의 전략-관계적 국가론이 다양한 현대 사회과학의 이론적 성과들을 창조적으로 종합한 '건설적 절충주의'에 입각해 있다는 점에서 이 이론이 빚지고 있는 중요한 이론적 전통들을 살펴볼 필요가 있다. 우선 과학철학에 있어서 이 이론은 경험주의와 기능주의, 방법론적 개인주의와 구조주의 등 여러 사회과학 이론이 안고 있는 문제점을 극복하기 위해 바스카, 세이어 등이 주장해온 '비판적 실재론(critical realism)'을 채택하고 있다.[7] 이에 따라 인과적 설명이란 단순한 실제 결과나 경험적 지표의 제시로는 부족하고 이 같은 결과에 이르는 인과적 메커니즘을 제시해야 한다고 주장된다. 이와 관련, 이 이론이 빚지고 있는 또 다른 방법론은 '구조-행위'의 이분법을 극복하기 위한 기든스의 '구조화(structuration)'이론과 '이중의 해석학(double hermeneutics)'이다.[8] 국가론과 관련된 이론적 전통으로는 우선 '자본논리학파'의 '가치형태'론적 접근을 들 수 있다.[9] 가치형태론이 하나의 형태규정으로서 (자본주의)국가라는 기본적인 인식틀을 제공한다면 정작 이 이론의 골격을 이루는 것은 '관계적' 접근과 '전략적 접근'이다. 이 같은 관계적이고 전략적인 방법론의 중심에 놓여 있는 선구자는 '후기'풀란차스(Poulantzas)이지만 그 이론적 전통은 보다 복잡하다.[10] 관계적 접근은 자본이 물(thing)이 아니라 관계라는 맑스의 분석[11]에 연원하

---

7) Roy Bhaskar, *A Realist Theory of Science*, Sussex: Harvester Press, 1979; Derek Sayer, *Marx´s Method*, NY: Humanities Press, 1979.
8) Antony Giddens, *A Contemporary Critique of Historical Materialism*, London: Macmillan, 1981.
9) John Holloway & Sol Picciotto, *State & Capital: A Marxist Debate*, Austin: Univ. of Texas Press, 1978; Michel Williams, ed., *Value, Social Form and the State*, London: Macmillan, 1988.
10) 사실 제솝은 '후기'풀란차스의 국가론은 이미 '전략-관계적' 국가론으로 보아야 한다고 주장하고 있다(1991d, 102).
11) Karl Marx, *Theories of Surplus Value*, Part Ⅲ, Moscow: Progress, 1863, 274.

며 국가는 지배계급과 피지배계급의 이익간의 "불안정한 평형상태"라
는 그람시[12]를 거쳐 계급과 계급분파간의 세력관계간의 응집으로서의
국가라는 풀란차스[13]의 인식을 발전시킨 것이다. 제숍의 국가론에서
상대적으로 가장 독창적이라고 볼 수 있는 '전략으로서의 국가'라는 사
고 역시 그람시로부터 시작하여 풀란차스[14]에 이미 발전된 것으로서
특히 권력＝전략이라는 푸코의 이론화[15]에 많은 빚을 지고 있다. 푸
코, 데리다, 라클라우/무폐로 이어지는 담론이론도 전략관계론의 한
이론적 구성을 이루고 있다. [16] 이밖에 사회를 구성하는 국가, 경제
관계의 동태적 분석에 있어서는 '구조적 결합(structural coupling)',
'상호진화(co-evolution)' 등 급진적 체계이론('자기생산이론')까지 동
원되고 있다. [17] 마지막으로 이 같은 국가론의 구체적인 내용은 최근
들어 정치경제학의 새로운 패러다임으로 부상하고 있는 조절이론의
이론적 자원들에 크게 의존하고 있다.

3. 전략-관계적 국가론: 요약

제숍의 국가론 '재정식화'의 출발점이 되는 것은 "구체적인 것은 그것

---

12) Antonio Gramsci, *Selections from the Prison Notebooks*, NY: International Publisher, 1971, 182.

13) Nicos Poulantzas, *State Power, Socialism*, London: NLB, 1978, 129.

14) *Ibid.*, 136.

15) Michel Foucault, *History of Sexuality*, vol. 1, NY: Vintage Books, 1980, 94-95.

16) 제숍은 담론이론의 긍정적 측면을 적극 수용하면서도 그 '해체적 측면'에 대해 비판적 입장을 보이고 있는 반면(1990a, 278-306; 1991c) 그의 이론을 추종하는 '제2세대' 전략-관계적 이론가들은 담론이론에 대해 보다 적극적인 지지, 수용자 세를 보인다(Bertramsen, et al., *op. cit.*).

17) Niklaus Luhmann, *The Differentiation of Society*, NY: Columbia Univ. Press, 1982.

이 다양한 규정들의 종합, 즉 잡다한 것들의 결합이기 때문에 구체적이다"는 맑스의 방법론적 지침[18]이다. 따라서 "'현실적-구체적' 현상은 즉자적으로 파악될 수 없으며 '다면적 규정의 복잡한 종합'으로서 사고 속에서 재구성되지 않으면 안"되는 바(1982, 23) "하나의 '현실적-구체적' 대상으로서의 국가는 다수 규정들의 복합적 종합이다"(1982, 137). 그 결과 "국가일반의 통일적이며 수미일관한 국가론을 확립하는 것은 불가능"(1982, 28)하며 계급성과 같이 "단일한 인과원칙에 기초하여 주어진 정세의 특정한 국가를 설명하려는 노력은… 환원주의와 본질주의에 빠지게 된다"(1982, 29)는 비판에 이르게 된다. 비환원론적이고 비본질주의적인 국가론은 "단일한 분석지평에서의 추상으로부터 구체로의 운동과 다양한 분석지평에서 도출되는 규정들의 결합(단순에서 복잡으로의 운동 - 인용자) 양자를" 필요로 하며(1982, 213) "특정 정세의 '우발적 필연성(contingent necessity)'과 그 결과들을 정세의 다양한 결정요인이란 측면에서 설명하려고 노력해야 한다"(1982, 212). 예를 들어, 현대국가가 단순히 계급국가일 뿐 아니라 여성억압의 가부장적 국가이기도 하기 때문에 이는 계급이라는 단일 지평에서 추상에서 구체로의 운동으로 파악하는 것으로는 충분하지 않으며 젠더(gender)라는 또 다른 지평에 대한 분석이 필요하다. 그리고 이 같은 다양한 분석지평의 종합이 추상에서 구체로의 운동과는 분리되는, 단순에서 복잡으로의 운동이다. 이 같은 문제의식은 최근 자연과학에서도 새롭게 부상하고 있는 '복잡성 이론'과 관련해, 현대국가 이해에 있어서 전통적 맑스주의가 범해온 계급환원론을 극복할 수 있는 중요한 이론적 출발점을 제공한다. 여기에서 짚고 가야 할 문제는 우발적 필연성이라는 독특한 개념이다. 얼핏보기에 언어모순처럼 보이는 우발적 필연성

---

18) Marx, "Introduction to Outlines of the Critique of Political Economy," *Colledted Works* 28, Moscow: Progress, 1857, 38.

이란 "다양한 인과적 연쇄들의 상호작용이 특정한 결과를 초래하는 반면(필연성-인용자), 이 같은 인과적 연쇄가 작동하는 방식을 예측할 수 있는 단일이론은 존재하지 않는다(우발성-인용자)"는 것을 지칭한다(1982, 212; 1990a, 12-13).[19] 쉽게 말해 모든 현상은 그 원인이 복잡하기는 하지만 인과적 관계에 의해 발생한다는 점에서 인과론적으로 필연성을 갖지만 이를 계급이론, 페미니즘이론 등 단일이론으로 인식할 수는 없다는 점에서 이론의 입장에서 보면 우발적인 것으로 보인다는 이야기이다. 따라서 과학적인 국가론은 다양한 규정에 대한 '접합(articulation)의 방법', 즉 다양한 규정을 설명할 수 있는 다양한 이론들의 접합의 방법에 의해 이루어져야 한다(1982, 213; 1990a, 11).

이 같은 방법론적 입론에 기초하여 제솝이 대안적으로 제시하는 전략-관계적 국가론은 제솝이 기존의 국가론 중 가장 건설적이라고 생각하는 '국가도출론'을 그 출발점으로 삼는다.[20] 국가도출론에 따르면, 자본주의 생산양식은 생산자가 생산수단으로부터 분리되어 있어 잉여의 수취에 경제외적 강제가 직접적으로 불필요하고 '가치형태(value form)'를 취한다는 고유한 특성에 기초하여 정치와 경제가 생산관계를 구성하는 다른 계기 내지 측면에 불과함에도 불구하고 각각 분리된 공간의 형태를 취하고 있고 국가 역시 '시민사회의 곁과 밖'에 존재하는 형태, 경제로부터 제도적으로 분리된 형태를 취하고 있다는 것이다.[21] 이 같은 이론화는 경제로부터 제도적으로 분리된 실체로서의 국가라는 자본주의국가의 종별적 특성을 그 생산양식적 특성과 관

---

19) 다시 말해, 우연적이란 현실적 인과관계 속에서 그러하다는 것이 아니라 이론체계 속에서 그러하다는 것이다(1982, 136).

20) 제솝에 따르면 그간의 맑스주의 국가론은 '자본이론적' 국가론과 도구주의, 구조주의와 같은 '계급이론적' 국가론으로 대별되는 바 전자는 추상적이고 비역사적인 구조결정론에 빠진 반면 후자는 정세적 상대주의에 빠져 있었고 '자본논리'와 '계급투쟁'이라는 그릇된 이분법에 기초해 있다는 것이다.

21) Holloway & Picciotto, *op. cit.*

련하여 체계적으로 파악하도록 하는 데 도움을 주면서 동시에 맑스의 유명한 「『정치경제학비판』 서문」으로부터 초기 풀란차스와 같은 구조주의적 맑스에 이르기까지 광범위하게 퍼져있던 토대－상부구조론이라는 위상학적 사고를 벗어날 수 있게 해준다. 다시 말해, 후기풀란차스가 자기비판을 통해 밝힌 바 있듯이, 토대－상부구조라는 위상학적인 사고, 이에 기초해 자본주의국가는 토대의 규정을 받지만 상대적 자율성을 갖는다는 전통적인 사고는 경제를 국가의 개입이 없이 자기재생산을 할 수 있는 폐쇄적 공간으로 상정하고 국가가 이 같은 경제에 사후적으로 개입하는 것처럼 사고함으로써 국가가 이미 생산관계 속에 개입하여 내재해 있으며 이 점에서 정치는 생산관계의 내재적 계기의 하나일 뿐이라는 사실을 사고하지 못하게 해왔던 것에 비해 국가도출론은 『자본』의 부제인 '경치경제학비판'이 상징적으로 보여주고 있는 이 같은 맑스의 문제의식을 다시 살려낸 것이다.

그러나 국가도출론의 문제는 "이 같은 국가의 구조적 특성들이 항상 자본가의 이익을 우선시하게 한다고 가정하는 것이다."[22] 다시 말해, 국가도출론이 생산이 단순한 경제적 생산이 아니라 생산의 '사회적 조건의 생산'이기도 하다는 점에서 정치를 생산관계의 내재적 계기로 보고, 나아가 이 같은 생산관계의 생산을 자본 스스로 해결할 수 없기 때문에 국가라는 분리된 제도를 필요로 하게 된다고 본 것까지는 옳으나, 여기에서 한 발자국 더 나가 이 같은 제도적 분리가 국가로 하여금 자본가의 이익을 위해 봉사하는 관념적 총자본으로 기능하도록 만든다고 보는 것에 대해서는 기능주의라고 비판한다. 정반대로, 국가를 관념적 총자본으로 상정하는 국가도출론의 가정과 달리 자본주의국가의 "이 같은 (경제로부터 분리된, 특수화된-인용자) 형태 그 자체

---

22) Bob Jessop, et al., *Thatcherism: A Tales of Two Nations*, Cambridge: Polity, 1988, 160.

가 자본을 위한 이의 기능성을 문제시하게 한다"(1990a, 358; 1985, 351). 보다 구체적으로 이의 "제도적 분리는 명백히 국가의 활동과 자본의 필요간의 탈구(dislocation)를 가능케 한다"(1990a, 206). 따라서 "국가형태가 반드시 자본가의 이익을 선호한다고 가정할 하등의 이유가 없다"[23]는 것이다. 다시 말해, 국가도출론은 국가의 경제로부터의 제도적 분리를 국가가 총자본적으로 기능하는 논거로 이해한 반면, 제숍은 이 같은 분리를 국가의 활동이 자본의 요구로부터 분리될 수 있는 논거로 이해하고 있는 것이다.

이 같은 문제의식에 기초해 제숍은 국가를 그 자체로는 권력을 행사할 수 없는 단순한 '제도의 총화'로 재정의하는 한편, 그 권력은 선험적으로 자본주의적인 것이 아니라 "주어진 정세에서 그것이 자본축적에 필요한 조건들을 창출하고 유지하고 복원시키는 한 자본주의적이고, 그렇지 못하는 한 비자본주의적이다"(1982, 221)라는 입장을 피력한다. 결론적으로, "우리가 가치형태의 복잡한 지맥에 의존하지 않고 자본주의의 역사적 특수성을 이해할 수 없지만 가치형태 그 자체가 자본축적의 경로를 전적으로 결정하지 않"(1990a, 197)으며 "가치형태에 의해 정해진 모형(母型, matrix)내에 자본주의적 발전의 리듬과 경로의 실질적인 편차의 여지가 존재"(1990a, 198)한다는 점에서 "가치형태와 국가형태는 미결정적이며 전략(이라는 개념-인용자)에 의해 보완되어야 하는데 전략은 그것이 없을 경우 형식적 통일성에 머물러 있을 것에 일정한 내용적 일관성을 부여해준다"(1990a, 197).

한편 이 같은 국가형태(경제로부터 분리, 특수화된)는 자본주의국가 분석의 가장 추상적인 규정으로 작동하지만 보다 구체적인 수준에서의 형태로서의 국가(state-as-form) 규정은 대의제도의 형태, 국가개입의 형태, 국가내부조직의 형태라는 3가지 측면으로 구성되어 있

---

23) *Ibid.*

다(1990a, 207). 이 세 측면은 자본의 지배를 매개하는 데 있어서 핵심적이므로 이를 국가의 추상화의 위계성(국가유형, 국가형태, 레짐유형 등)에 따라 구체분석해 나가는 것이 구체적인 자본주의 국가를 분석하는 데 필요하다는 것이다. 쉽게 말해, 예를 들어 대의제도의 형태가 코포라티즘적이냐, 아니면 의회주의적이냐에 따라 동일한 자본주의 국가도 자본의 지배를 매개하는 데에 있어서 그 구체적 정책과 효율성이 다르게 나타날 수밖에 없다는 주장이다.

국가＝전략이라는 '전략적' 이론화 역시 전략-관계적 국가론의 핵심적 내용이다. 이는 권력관계는 "의도적이되 비주관적"이며 특정한 목표가 없이 행사되는 권력은 없다는 의미에서 전략적이라는 푸코의 권력론[24]과 국가는 "교차하는 권력망의 전략적 지형"이라는 '후기'풀란차스의 국가론[25]에 기초하고 있다. 특히 여기에서 중요한 것은 후기 풀란차스의 국가론으로서, 풀란차스는 초기의 자신의 국가론이 가지고 있던 구조기능주의적인 결점, 즉 국가가 어떻게 해서 어떤 정책이 자본에게 바람직한 총자본적인 정책인 줄 알고 이를 행하는가라는 반론에 대해, 이 같은 정책이 선험적으로 만들어지는 것이 아니라 다양한 전략들이 국가라는 전략적 지형을 통과하며 국가 속에 내장된 구조적 선택성에 의해 여과되어 결과적으로 총자본적 정책이 생겨난다는 전략적 지형으로서의 국가라는 개념을 발전시킨 바 있다. 이 같은 전통에 기초해 제솝은 국가는 '전략적 지형', 보다 정확히 표현해 "모든 사회세력과 모든 정치적 프로젝트에 결코 중립적일 수 없는 전략적으로 선택적인 지형"(1990a, 353)이라고 주장한다. 보다 구체적으로, 국가의 특수한 제도적 '형태', 구조, 작동양식이 특정한 유형의 정치적 전략이나 특정사회세력에 더 수용적이며 "국가장치에의 접근기회의

---

24) Foucault, *op. cit.*, 94-95
25) Poulantzas, *op. cit.*, 136.

차별성과 특수한 효과 실현기회의 차별성"(1982, 224) 내지 "형태결정
적(form-determined) 편향"(1990a, 147-148)을 내장하고 있다는 점에
서 전략적으로 선택적이다. 그러나 동시에 이 같은 "편향은 항상 경향
적이고 적절한 전략에 의해 잠식당할 수도 강화될 수도 있"으며 따라
서 "국가구조와 운영절차에 대해 정해진 전략적으로 선택적인 한계내
에서 국가권력의 결과물은 정치적 행동에 참여하는 세력들간의 변화
하는 역관계에 의해서도 결정된다"(1990a, 353). 이 같은 측면에 주목
하는 것이 '관계', 보다 정확히 말해 '사회적 관계의 응집'으로서의 국
가라는 '관계적' 국가론이다. 이를 분석의 순서를 바꾸어 이야기하자
면, 국가는 그 속에 다양한 사회세력간의 힘의 역관계가 각인된다는
점에서 사회적 관계의 응집이지만, 이 같은 사회적 관계는 기계적으
로 그대로 반영되는 것이 아니라 이들이 추구하는 다양한 전략들이 국
가의 형태 속에 내장된 편향과 선택성에 의해 조건지어지고 왜곡되는
사회적 관계라는 점에서 '전략-관계적'이다.

　이 같은 전략적 선택성 개념은 구조주의 냄새가 나는 '구조적 선택
성'26)을 넘어서 이 같은 선택성의 '관계적 성격'을 부각시킨다는 장점
이 있으며(1990a, 260) 구조주의적 맑스주의의 '구조적 인과성'을 넘어
설 수 있는 개념틀로서의 '전략적 인과성'(1985, 128)이라는 개념을 부
각시킨다. 이밖에 전략-관계적 국가론은 자본논리와 계급논리간의 간
극을 메우는 데 필요한 '전략'이라는 '중범위개념'(1985, 344)을 통해
국가의 형태규정을 전략적 선택성이란 측면에서 분석하고 힘의 관계
의 응집을 전략적 '계산주체'로 연결시킴으로써 '자본이론적' 접근의 추
상적 구조결정론과 '계급이론적' 접근의 정세적 상대주의, 행위결정론
이라는 이분법을 벗어나게 해준다는 것이다(1985, 359).27) 즉 이 같

---

26) Claus Offe, "Structural Problems of the Capitalist State," in K. von Beyme,
ed., *German Political Studies*, London: Russell Sage, 1974; Poulantzas, *op. cit.*
27) 여기에서 전략이라는 개념은 주의주의적이고 주체주의적이라는 비판이 제기

은 국가론은 가치형태와 국가형태의 다양한 계기들에 의해 부여되는 구조들과 이 같은 구조적 한계 안에서 취해지는 전략들간의 "구조와 전략의 변증법"(1985, 344; 1990a, 205) 내지 "구조적 제약들과 정치적 결정들의 결합"의 변증법28)을 추적해냄으로써 과학적인 국가론을 가능케 한다는 것이다.

다만 여기에서 주목할 것은 전략은 항상 복수이며 단일한 총체적 전략은 존재하지 않는다는 것이다(1985, 355-357; 1990a, 264-265). 즉 "사회적 관계에 있어서 거시적 필연성은 존재하지 않"으며 항상 대안적 전략들이 존재한다. 이 점에서 전략관계적인 국가론을 제시했지만 미시적 전략들이 국가라는 전략적 지형을 통과하면서 사후적으로 거시적 필연성이 확보된다고 본 풀란차스와 제숩은 일단 이론적으로 결별을 하고 진일보하고 있다. 이렇게 할 경우 부딪치는 문제는 제숩의 주장처럼 국가가 하나의 특수화된 제도적 총화에 불과하고, 게다가 거시적 필연성도 단일한 총체적 전략도 존재하지 않는다면, 그럼에도 불구하고 국가는 어떻게 해서 그 내적 통일성을 확보할 수 있으며 자본주의사회는 어떻게 해서 사회적 통일성을 확보할 수 있느냐는 것이다. 즉 자본주의적 국가체계와 자본주의사회구성체의 재생산을 어떻게 (비환원론적, 비기능주의적, 비구조주의적이며) 전략-관계적으로 설명할 것이냐는 문제이다. 이를 설명하기 위해 도입되는 개념 중의 하나가 '국가효과(state effect)'의 원천으로서의 '국가프로젝트

될 수 있으나 이 개념이 의도만이 아니라 동원자원, 실현조건 등을 포괄한 개념이기 때문에 그렇지 않다는 것이다. 또 이는 역사가 "주체 없는 과정(process without subject)"이라는 알튀세르의 주장(Louis Althusser, *Essays in Self-Criticism*, London: Verso, 1976, 94-99), 권력관계가 "전략가 없는 전략들(strategies without strategists)"이라는 푸코의 개념화(Bertramsen, et al., *op. cit.*, 160)와 비슷한 맥락에서 국가가 "계산주체 없는 전략적 계산(strategic calculation without calculating subjects)"(1985, 128)이라는 것을 의미한다.
28) Jessop et al., *op. cit.*, 164.

(state project)'이다. 우선 고정된 실체로서의 '사회'의 실정성에 대한 포스트맑스주의의 비판[29]과 같은 맥락에서 제솝은 '고정된 실체로서의 국가'에 대한 근본적인 의문이 제기하는 바, 다양한 국가장치의 통일성은 "선험적으로 주어지는 것이 아니고 정치적으로 구성"되는 것이라는 주장이다(1982, 222). 다시 말해, "하나의 통일된 국가의 존재의 내재적 불가능성" 때문에 다양한 국가장치에 통일성을 부과하기 위한 구체적인 국가프로젝트에 의해서만이 국가는 '실질적인 장치적 통일성(apparatus unity)'을 갖게 된다(1990a, 9, 353).[30] 그러나 국가의 장치적 통일성만으로는 불충분하다. 왜냐하면 "이 같은 통일성이 민족-민중적(national-popular) 프로젝트와 결합할 때에만 국가와 그 운영자들이 자본가의 이익의 정치적 담지자(traeger)가 될 수 있"음에도 (1990a, 8) 불구하고 "국가운영자들 자신이 국가의 총체적인 정치적 기능을 무시하고 자신들의 좁은 정치적 기능을 중심으로 국가의 통일성을 구성할 수도 있기" 때문이다. 쉽게 말해, 국가운영자들이 자신의 이익만 추구할 수도 있다는 이야기이다. 어쨌든 국가프로젝트는 이뿐만이 아니라 국가의 장치적 통일성을 민족민중적 프로젝트에 결합시킴으로써 "제도적 통일성과 계급적 통일성"을 결합시켜 주는 역할도 수행한다. 헤게모니프로젝트와 밀접히 관련되어 있으나 이로 환원될 수는 없는 독자적인 프로젝트라고 할 수 있는 국가프로젝트는 특정한 역사블록과 헤게모니프로젝트의 틀내에서 "환상적 공통체(illusory community)"를 구성해내는 담론에 대한 국가의 프로젝트(1990a, 346) 내지 특정한 역사블록과 헤게모니프로젝트의 틀내에서 사회적 "요구

---

29) Ernesto Laclau & Chantal Mouffe, *Hegemony & Socialist Strategy*, London: Verso, 1985.
30) 물론 이 같은 프로젝트도 경쟁하는 복수의 프로젝트이다(1990a, 9). '국가프로젝트'는 제솝이 사용하는 또 다른 개념인 '국가전략'이라는 개념(1988, 159)과는 구별되어야 한다. 전자는 '국가형성'에 관한 것이라면 후자는 국가의 경제개입패턴에 관한 것이다(Bertramsen, et al., *op. cit.*, 113).

를 수렴하고, 변형시키고, 우선 순위를 정하며 타협의 불안정한 평형 상태를 유지하기 위해 필요한 물질적 양보의 흐름을 조정하는 특수한 대중통합양식"과 "물질적 타협, 상징적 보상, 억압의 혼합"에 대한 국가의 프로젝트(1990a, 207) 내지 전략이다.[31] 이 같은 국가프로젝트에 의해 국가의 장치적 통일성이 헤게모니프로젝트와 접합되어 그 실질적인 통일된 내용을 갖게 되며 헤게모니프로젝트의 내용이 국가장치 속에 각인된다. 이 점에서 국가의 '전략적 선택성'이라는 개념이 사회세력의 역관계와 이들이 추구하는 다양한 전략에 대해 국가가 미치는 차별적 영향을 지시한다면, "국가프로젝트라는 개념은 전략형성의 장이자 동시에 대상으로서의 국가의 성격을 부각시킨다"(1990a, 9). 그러나 이 같은 장치적 통일성과 환상적 공동체는 완전한 것도, 고정된 것도, 필연적인 것도 아니고 "항상 잠정적이며 불안정하고 경향적"일 뿐이다(1985, 350).

국가형태는 가치형태의 보다 넓은 맥락 속에서, 구체적인 국가는 보다 넓은 사회적 맥락에서, 위치지어져 분석되어야 하기 때문에, 자본축적과 사회구성체의 재생산에 대한 과학적 인식은 국가론에 있어

---

31) 이는 다소 애매한 부분이다. 김호기는 국가프로젝트를 단순히 국가장치의 내적 통일성이라는 형식적 측면에 국한시키고 그 내용(계급적 통일성)을 채워주는 것은 헤게모니프로젝트인 것으로 독해하고 있다(김호기, 앞의 글, 243). 이처럼 해석할 수 있는 여지도 많으나 위의 인용처럼 그것이 국가프로젝트가 아니라 헤게모니프로젝트라면 "특정한 역사블록과 헤게모니프로젝트 안에서…환상적 공동체를 규정하는 (국가의) 담론"이라는 것이 국가프로젝트가 아니라 헤게모니프로젝트가 되므로 '특정한 헤게모니프로젝트 안의 헤게모니프로젝트'가 헤게모니프로젝트(국가프로젝트가 아니라)라는 기이한 사태가 발생한다. 따라서 국가프로젝트를 좀더 넓게 해석하는 것이 올바른 해석이 아닌가 싶다. 이밖에 김호기는 국가프로젝트가 "물질적 양보와 상징적 보상을 통해 다양한 국가기구간의 갈등을 억제", 통일성을 제공한다고 해석하고 있으나 물질적 보상 등이 겨냥하는 것은 다양한 국가기구들이 아니라 "다양한 사회세력들"이라는 것이 제숍의 주장이다(1990a, 207). 따라서 이 경우도 국가프로젝트의 효과는 단순히 국가기구의 통일성 부여가 아니라 헤게모니프로젝트를 매개하여 사회 전체에 환상적 공동체를 구성시키는 것이 된다.

서 필수적이다. 이에 대한 비환원론적, 비기능주의적, 비구조주의적인 '전략-관계적' 사고를 제공해 주는 것이 바로 제숩이 자신의 전략-관계적 국가론에 접합시키려고 하는 조절이론이다.[32] 특히 조절이론이 방법론적으로 전략-관계적 국가론과 매우 유사한 입장에 서있다는 점,[33] 조절에 있어서 국가가 차지하는 역할의 중요성에도 불구하고 조절이론이 체계적인 국가론을 개진하고 있지 못하다는 점 등은 이 두 이론간의 상호보완적인 접목을 가능하게 할 뿐 아니라 필수적인 것으로 만든다는 것이다.

조절이론에 따르면, 국가와 마찬가지로 자본은 "형태결정적 사회적 관계"로서, 선험적으로 정해진 '자본의 법칙'은 존재하지 않으며, 자본축적은 "가치형태에 의해 규정되는 틀내에서 계급적 세력들이 상호작용하는 가운데 이들간의 변화하는 힘의 역관계의 복잡한 결과물" (1990a, 197)이다. 이와 관련, 조절이론은 구조주의적 맑스주의의 추상적이고 구조기능주의적인 '재생산'이라는 개념을 대체한 '조절'이라는 개념을 통해 "자본주의의 사회적 전화의 조건, 리듬, 형태"를 설명하려는 시도,[34] 다시 말해 "자본주의적 관계 그 자체가 지속적인 자

---

32) 물론 조절이론은 단일한 학파가 아니다. 그러나 여기에서는 제숩이 별로 의존하고 있지 않는 그레노블(Glenoble) GRREC학파는 일단 논외로 하였다. 이 같은 비주류조절이론에 대해서는 Danmiel Cataife, "Fordism and the French Regulation School," *Monthly Review*(May 1989) 참조. 한편 조절이론과 국가론을 접목시키려고 시도한 것은 제숩만이 아니다. 국가도출론자였던 히르쉬(Hirsch)는 오히려 제숩보다 앞서 이 같은 접합을 시도하였다. 그러나 '사회화', '헤게모니구조', '역사블록'이라는 개념을 사용한 히르쉬의 시도는 이 같은 조절에 있어서 국가의 역할을 과잉평가함으로써 정치주의적 편향에 빠져 있다는 것이다(1991a, 76).
33) 이 같은 문제의식에서 대표적인 조절이론가인 아글리에타는 일찍이 전통적인 맑스주의 국가론이 국가를 "기능적 목적이나 도구적 역할"에 의해서만 파악해 왔다고 비판하면서 "구조주의의 다양한 함정들을 극복하기 위해서는" 그람시의 헤게모니개념에 기초한 새로운 (전략-관계적) 국가론이 필요하다고 지적한 바 있다 (Michel Aglietta, *A Theory of Capitalist Regulation*, London: NLB, 1979, 27-29).
34) *Ibid.*, 15.

본축적을 의심스럽게 만드는 적대와 위기를 불가피하게 생산해냄에도 불구하고 어떻게 해서 살아남아 왔는가"(1990a, 308)를 설명하려는 시도이다. 여기에서 조절, 즉 조절메커니즘은 특정한 제도적 형태, 사회적 규범, 전략적 행위의 패턴(1990a, 308) 내지 "사회적 요소들을 개인행동에 체현시키는 내면화된 규범이나 사회적 절차"[35]를 의미한다.

이 같은 문제의식에서 제숍은 자본주의사회의 구체적인 발전유형을 '축적체제(regime of accumulation)', '발전양식(mode of development)', '조절양식(mode of regulation)'이라는 중범위개념으로 설명하려는 조절이론의 이론화를 수용한다. 다시 말해, 자본주의의 자본축적과 자본주의사회의 발전과정은 자본의 법칙으로 설명될 수 있는 것이 아니라 가치형태 위에서 이루어지는 구체적인 축적체제, 발전양식, 조절양식, 그리고 '축적전략'(아래 참조)에 의해 설명될 수밖에 없다는 비환원론적인 주장이다. 여기에서 축적체제와 발전모델은 추상성을 달리하는 개념으로서 전자는 보다 추상적 차원에서 생산과 소비의 특수한 패턴을 추상화한 개념인 반면 후자는 보다 구체적인 개별 사회구성체 차원에서 이 같은 패턴과 국제분업에서의 역할을 추상화시킨 개념이다. 반면에 조절양식은 "특정한 축적체제내에서 사회적 관계의 변화하는 역관계에 조응하여 전형적인 행동양식들의 적합성(compatibility)을 확보하는 제도적 형태, 네트워크, 규범의 총체"(1989, 262)를 의미한다. 이와 관련, 제숍은 앞에서 소개한 국가전략이라는 개념 이외에도 '축적전략(accumulation strategy)', '헤게모니프로젝트(hegemony project)'라는 개념을 통해 축적체제와 축적전략, 헤게모니구조와 헤게모니프로젝트간의 '구조와 전략의 변증법'을 추적하고자 시도한다.[36]

---

35) Alain Lipietz, *Mirages and Miracles*, London: Verso, 1987, 14.
36) 다만 헤게모니프로젝트라는 개념의 경우 제숍이 조절이론을 만나기 이전인 초기에도 이미 사용하고 있었던 개념이다(1982, 244).

우선, 축적전략은 "다양한 경제외적 전제조건들을 갖춘 특정한 경제'성장모델'"(1990a, 198), 보다 구체적으로 "특정한 경제성장모델과 이와 연관된 제도들의 사회적 틀('조절양식'), 이의 안정적인 재생산을 위한 일련의 정책"37)을 지칭한다. 38) 이 같은 모델이 성공하기 위해서는 이 전략이 특정자본분파의 헤게모니하에 산업자본, 상업자본, 독점자본, 중소자본 등 다양한 자본분파들을 통일하고 자본순환의 다양한 계기들을 통일시켜줄 수 있어야 한다. 또 여기에서 '경제적 헤게모니'는 헤게모니적 자본분파가 자신의 '경제적 조합주의적' 이익을 희생하고 다른 자본분파들, 나아가 피지배계급들의 경제적 조합주의적 이익을 일정정도 충족시켜 주고 특정 축적전략에 대한 '일반적 동의'를 얻어냄으로써 이를 자본순환 속에 통합시키는 것에 기초한다. 즉 자본순환의 통일성과 자본운동의 재생산은 자본의 법칙에 의해 선험적으로 이루어지는 것이 아니라 축적전략에 의해 이루어지며, 자본일반의 이익 내지 '총자본적 이익' 역시 선험적으로 주어지는 것이 아니라 이처럼 "특정한 축적전략 속에서 특정한 축적전략을 통해 접합"되는 것이다(1990a, 203). 그러나 경제적 헤게모니가 다양한 자본분파들간에 경쟁과 갈등을 제거한다거나 대안적 축적전략들을 제거한다는 것을 의미하지는 않는다. 동시에 축적전략이라는 것이 "단순히 자의적, 합리적, 의지적인 것이 아니다"(1990a, 200). 이는 자본순환의 지배적 형태, 자본의 국제화의 지배적 형태, 국제적 조건, 국내외적 세력들간의 역관계 등을 고려해야 한다.

한편 축적전략과 "부분적으로 중첩되어 있고 이와 상호조건 지우는 관계이지만 동일한 것은 아닌 것"이 헤게모니프로젝트이다(1990a, 208). 39) 축적전략이 국내외적인 경제적 팽창에 직접적으로 관련된 것

---

37) Jessop, et al., *op. cit.*, 158
38) 그 대표적인 예는 포드주의, 수출주도전략, 수입대체전략 등을 들 수 있다.
39) 이 헤게모니프로젝트는 '일국민(one nation)' 헤게모니프로젝트와 '이국민(two

이라면 헤게모니프로젝트는 주로 다양한 비경제적인 목표들과 관련된 것으로서 "사회적 지지기반 대중들에게 경제적 양보를 제공하면서 축적전략에 있어서 지배적 부문들의 장기적인 이익을 실현시키는 정치적, 지적, 도덕적 지도력의 '민족-민중적 프로그램'"을 지칭한다.[40] 제솝에 따르면 한 사회는 그 사회의 다양한 제도들간의 제도적 통합('체제통합')과 사회적 응집('사회통합')을 통해 재생산되는 바, 이 같은 사회적 통합은 헤게모니프로젝트의 '사회화(societalization)'효과에 의해 가능해진다(1990a, 4).[41] 즉 조절은 단순한 경제적 재생산뿐만이 아니라 이에 필요한 다양한 사회적 조건들, 즉 '축적의 사회적 구조들(social structures of accumulation)'의 조절을 필요로 하는 바, 헤게모니프로젝트와 사회화는 이와 관련이 있다. 여기에서 다시 주목할 점은 헤게모니 역시 선험적 내지 구조적으로 주어지는 것이 아니라 이 같은 헤게모니프로젝트의 효과 내지 결과라는 것이다. 즉 특정계급의 헤게모니는 헤게모니계급의 장기적 이익을 전진시켜 주면서 이를 위해 특정한 피지배계급 등의 경제적 조합주의적 이익을 실현시켜 주는 과정에서 "일반이익으로 나타나는 구체적인 행동의 민족민중적 프로그램하에 지지를 동원"하는 헤게모니프로젝트의 산물이다(1990a, 208). 뿐만 아니라 헤게모니프로젝트가 민족-민중적 프로그램과 연관된다는 것은 이에 있어서 '비계급적' 사회세력의 중요성에 주목하는 것이며 동시에 "특정 헤게모니프로젝트의 계급적 성격은 그 요소들의 선험적 계급적 성격…에 달려 있는 것이 아니라 특정한 정세에서 그 프

---

nations)' 헤게모니프로젝트로 대별된다.

40) Jessop, et al., *op. cit.*, 162.

41) 사회화란 가족, 노동의 조직화, 소비규범 등 사회제도의 형태들을 창출하고 보장하여 사회적 통합을 이루어내는 과정을 의미하며 흔히 이야기하는 '사회'라는 것은 이 같은 사회화의 효과라는 것이다. 한편 제솝은 이와 관련, '사회프로젝트(societal project)'라는 개념도 사용하고 있는데(1990a, 4) 사회프로젝트와 헤게모니프로젝트와의 관계는 모호하다.

로젝트를 추구하는 효과에 달려 있다"(1990a, 217)는 것을 의미한다.[42] 그러나 헤게모니프로젝트 역시 축적전략과 마찬가지로 "자의적, 합리적, 의지적"인 것은 아니다. 성공적인 헤게모니프로젝트는 1) 국가의 형태규정과 관련된 전략적 선택성이라는 구조적 결정과의 조응 여부, 2) 피지배세력의 일정한 이익을 실현시켜줌으로써 민족민중적 프로그램에 집결시킬 수 있는 '전략적 능력', 3) 피지배계급에게 물질적 양보를 제공해줄 수 있는 물적 기초와 관련되어 있다(1990a, 210). 바로 이 점에서 헤게모니프로젝트는 축적과정에 의해 조건지어지고 그 제약을 받는다.

마지막으로, 특정한 축적전략, 특정한 계급관계와 사회적 형태의 총화, 특정한 헤게모니구조와 전략 등을 하나로 묶어 통일성을 부여하는 것이 그람시의 '역사적 블록(historic bloc)' 개념이다. 즉 역사적 블록은 "다양한 제도적 질서의 진화적인 구조적 결합과 (이들 간에) 일정한 조응성을 부여하기 위한 다양한 프로젝트"에 연원한 "비필연적(non-necessary)이고 사회적으로 구성되고 담화적으로 재생산되는 상대적 통일성"을 그 특징으로 하며(1990a, 366) 자본주의적 사회구성체의 역사적 재생산의 비밀이다. 그러나 이 같은 통일성은 다시 한번 "항상 잠정적이고, 불안정하고, 경향적"일 뿐이다. 이에 따라 자본주의의 "재생산 역시 항상 불안정하고 부분적이다."[43] 따라서 결국 역사는 "자연적 필연성도 제멋대로의 우연성도 아니다. 그것은 그들 자신

---

42) 최근 쟁점이 되고 있는 계급관계와 성관계 등 계급관계로 환원할 수 없는 비계급적인 사회관계의 문제에 대해 제솝은 자본주의국가가 "주로 계급국가이지만" "국가의 계급적 성격은 다양한 유형의 비계급적 관계에 의해 과잉결정"된다고 주장, 계급의 중심성을 고수하던 입장으로부터(1982, 247) 계급관계에 중심을 둔 '자본주의적 사회화'가 다른 사회화들보다 중심적이라고 가정할 이유가 없고 맑스주의는 이 같은 전제 위에서 자본주의적 사회화를 중심으로 연구를 하며(1991a, 7), 이와 비계급적 사회관계들간의 관계는 '접합'의 방법에 의해 연구되어야 한다(1991a, 13-15)는 입장으로 후퇴하고 있다.
43) Bertramsen, et al., *op. cit.*, 71.

의 역사를 만드는—그러나 그들 자신이 스스로 선택하지도, 완전히 이해할 수도, 마스터하기를 바랄 수도 없는 환경 속에서 만들어 가는—사회세력들의 복잡하고, 모순적이고, 불안정하며, 미완성의, 잠정적인 산물이다."44) 이 점에서 "미래는 만들어지지만 예측될 수는 없다."45) 사후적 설명만이 있을 뿐이다.

이해를 돕기 위해 지금까지의 논의를 다소 과잉단순화의 위험에도 불구하고 도식화시켜 정리하자면 다음과 같다(그림 1 참조).46)

다만 몇 가지 서술적 내용들을 첨가하자면, 이 같은 이론화에 따라 제숍은 각 범주에 대해 다양한 유형을 제시하는 바, 국가형태의 중요한 구성부분이 대의형태의 경우 앞에서 소개한 의회주의, 코포라티즘, 후진국에서 볼 수 있는 후견인주의 등이 그 대표적인 예이다. 이 밖에 국가가 경제에 개입하는 개입양식에 대한 개입형태, 대통령제, 내각제, 관료제의 응집성 등 국가의 내부조직 형태 역시 국가형태의 중요한 구성부분이다. 축적체제와 축적전략의 경우, 이미 조절이론에서 많이 연구가 된 것들로서, 장시간 저임금, 절대적 잉여가치의 수취에 의존하는 초기자본주의의 '유혈의 포드주의', 기계화에 따른 대량생산, 생산성 향상에 따른 이윤증가와 임금상승을 연계하고 이를 통해 대량소비를 유도하여 대량생산과 대량소비를 연계하는 상대적 잉여가치수취 의존의 포드주의, 그리고 포드주의 위기 이후 나타난 유연축적의 포스트포드주의가 그 대표적인 예이며 발전모델은 전후 독일의 발전모형인 '모델 도이치'처럼 개별국가들의 독특한 발전모델이

---

44) Jessop et al., *op. cit.*, 13.
45) *Ibid.*, 12.
46) 이 같은 도식화에는 버트램센(Bertramsen, et al., *op. cit.*, 121)과 김호기(김호기, 앞의 글, 247)를 참조하였다. 그러나 전자는 경제를 '구조'로, 정치는 '행위'로 분류하는 문제점을 가지고 있고 후자는 구조/전략 중 어느 것(국가, 경제)은 구조만을, 헤게모니는 전략만을 도식화하고 있다는 문제점이 있어 이들을 변형시켰다.

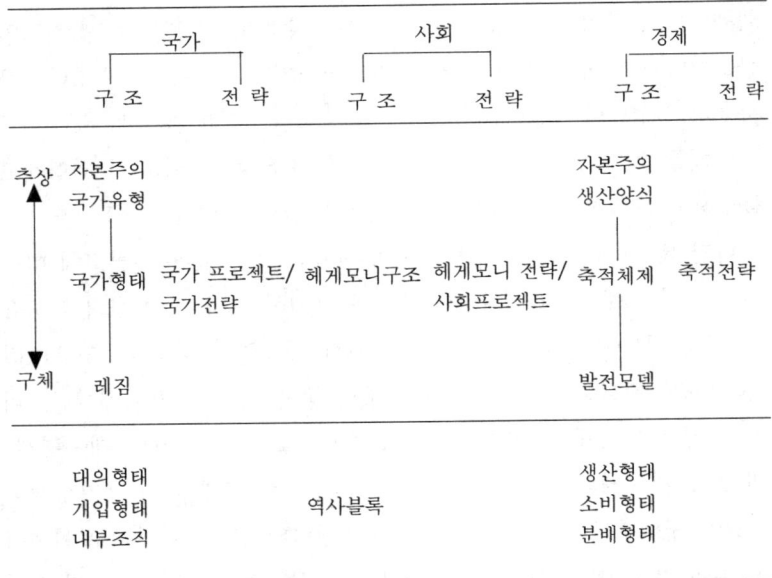

그림 1. 전략관계론적국가론

* 전략의 추상성수준은 구조보다 낮다는 것이지 그것이 국가형태 수준과 일치한다는 의미는 아니다.
** 국가, 사회, 경제구분에 상응하도록 헤게모니구조와 역사블록을 사회 속에 배열시킨 것은 다소 과잉단순화이다.

다. 한편, 헤게모니프로젝트는 그람시의 개념들을 제숍이 체계화한 것으로서, 가장 헤게모니적인 것이 전후 '복지국가'와 같이 전국민을 통합시키는 '1국민 헤게모니프로젝트'이고 그 다음이 대처리즘처럼 국민을 열심히 일하는 국민과 게으른 복지수혜자로 나누어 후자를 배제하고 전자의 지지를 얻어내는 '2국민 헤게모니프로젝트', 지배계급이 헤게모니에까지 이르지 못한 채 개혁을 통해 피지배계급의 반발을 선제공격하여 무마하는 '수동혁명', 그리고 적나라한 계급대립인 '기동전'으로 분류될 수 있다는 것이다. 결국 제숍은 이 같은 다양한 전략과 구조의 유형화를 통해 과거의 추상적인 맑스주의의 자본주의국가론을 보다 구체적 수준에서 다양한 자본주의국가들을 구체적으로 분석할 수 있는 틀을 제공하고 있다.

한편 제솝의 뒤를 이은 '제2세대' 전략-관계적 국가론에 대해 간단히 짚고 넘어갈 필요가 있다. '제2세대' 이론가들의 경우 보다 '급진화' 되어 제솝이 유보조항을 달고 있는 담화이론을 적극 수용, 전략-관계적 국가론과 담화이론, 조절이론을 하나의 틀로 묶어내려 한다.47) 이들에 따르면 제솝의 국가론은 많은 이론적 공헌에도 불구하고 사회를 경제, 국가, 이데올로기라는 층위들로 파악하는 구조주의적 맑스주의의 유제, 구조와 전략의 병렬, 담화이론와 해체주의에 대한 비판적 관점 등 문제점도 많다는 것이다.48) 이 같은 전제에 기초하여 이들은 정치적인 것(the political), 경제적인 것(the economic), 사회적인 것(the social) 간의 경계의 개방성과 (상호침투에 의한) '급진적인 모호화(radical blurring)'테제49)와 정치의 재정의에 의한 '정치의 우위성(primacy of politics)'테제(맑스주의의 '경제우위론'을 대체하는)를 주장한다. 보다 구체적으로 사회구성이란 국가, 경제, 사회라는 계기들이 정치적으로 구성되어 접합되어 있는 '개방적인 상대적 총체성'인 바50) 여기에서 상대적 총체성이란 이들간의 경계가 모호한 비통일적 제도적 질서를 의미하며 개방적이라는 것은 그 상대적 총체성이 이의 봉합을 저지하는 '구성적 외부(constitutive outside)'에 의해 계속해서

---

47) Bertramsen, et al., *op. cit.*
48) 제솝은 담화이론에서 여러 이론적 자원을 선별적으로 채용하면서도 담화이론을 사회적 모델에 적용시키는 데에 비판적인 페리 앤더슨의 입장(Perry Anderson, *In the Tracks of Historical Materialism*, London: Verso, 1983, 32-55)에 동조, 사회적 제도의 지속성과 사회적 경험을 과소평가하는 이의 해체적 경향에 대해서는 '텅빈 현실주의(empty realism)'라는 이유로 비판적 거리를 유지하고 있다(1990a, ch. 10; 1991c).
49) Bertramsen, et al., *op. cit.*, 18.
50) *Ibid.*, 6.

전복되고 있다는 것을 의미한다.[51] 여기에서 정치는 "사회적 관계들을 구성하고 전복시키는 특정한 일련의 실천들"[52]로 재정의되며 사회적 관계의 구성/전복이 이 같은 정치에 의해 규정된다는 의미에서 정치에 '우위성'을 부여해야 한다는 것이다.[53] 뿐만 아니라 다양한 요소들(elements)을 계기(moments)화시켜 일정한 규칙성을 부여하는 이 같은 담화의 실천들[54]은 "의미의 거의 무한한 유희"[55]라는 해체주의로 나아간다.

4. 비판적 평가

제솝을 중심으로 한 전략-관계적 국가론은 현대 사회과학의 거의 모든 '첨단이론'들을 하나의 이론틀내에 접합시킴으로써 '비환원론적'인 국가론을 향한 '높은 경로'를 추구해온 중요한 연구성과라는 데에는 의문의 여지가 없다. 그리고 이 같은 이론구성 자체와 그 구성자원들의 복합성은 이에 대한 평가 역시 쉽지 않게 만든다. 이는 최소한으로 보더라도 이를 구성하고 있는 다양한 이론적 자원들에 대한 평가와 이들 이론적 자원들이 내적 모순이 없이 하나의 일관된 틀을 이루고 있느냐 하는, 이들 자원들간의 내적 정합성의 평가를 필요로 한다. 그 결과 예를 들어 이 이론을 "이해하지 않고는 누구도 국가론의 발전에 뒤쳐지지 않았다고 주장할 수 없다"고 할 정도로 이의 '높은 경로'를 매우 높이 평가하는 한 비평가의 경우도 그 이론적 자원 중 담화이론과

---

51) *Ibid.*, 18.
52) *Ibid.*, 6.
53) *Ibid.*, 197.
54) 조절도 이 같은 실천의 하나일 뿐이다(*ibid.*, 81).
55) *Ibid.*, 55.

자기생산이론에 대해서만은 정치학의 "전(前) 마키아벨리적 수준"과 탈코트 파슨즈류의 구조기능주의적인 체계이론(system theory)으로의 후퇴라는 비판을 가하고 있다.56) 전략-관계적 국가론이 의존하고 있는 개별 이론적 자원들 하나 하나에 대한 평가로부터 그 내적 정합성에 대한 평가 등 이에 대한 심도 있는 총체적 평가는 필자의 능력 밖의 일이고 다만 이 글에서는 우선 제솝의 전략-관계적 이론에 대해 제기된 다양한 기존의 비판적 평가들을 요약, 소개하고 그 위에서 나름대로의 비판적 평가를 가하고자 한다.

우선 과학철학이란 측면에 있어서 제솝은 '비판적 실재론'과 '이중적 해석학' 등을 채용하고 있으나 이는 '이론과 실천의 통일'이 아니라 이 양자간의 분열에 뿌리를 둔 이론/메타이론의 분열에 기초한 그릇된 이론화라는 비판이다.57) 그 결과 그에게 있어 메타이론은 단순한 '방법론', 후자는 '실증주의'를 의미하게 되며 '해석학'이 '인과관계론(causalism)'으로부터, '방법론'이 '사회학'으로부터, '구조/전략의 변증법'에서 '구조'가 '전략'으로부터 분리되어 이원화되는 것이다.58) 따라서 구조와 행위의 변증법에서 변증법은 '상호관계(interrelation)'(그 결과 궁극적으로 인과적 관계)가 아니라 '매개'의 관계, 내적 관계가 아니라 외적 관계가 되고 만다.59) 제솝은 철학에 대해서는 사회학으로, 사회학에 대해서는 철학으로 비판하는 교차비판(play off against each other)으로 문제를 회피하고 있고 '결정적 추상(determinate abstraction)'이라는 것은 사라지게 된다는 것이다.60) 이밖에 제솝의 '접합의

---

56) Tim Ling, "Review of Bob Jessop's 'State Theory'," *Capital & Class* 44(Summer 1991), 134.

57) Richard Gunn, "Marxism, Metatheory and Critique," in W. Bonefeld & J. Holloway, eds., *Post-Fordism & Social Form*, London: Macmillan Press, 1991, 199.

58) *Ibid.*, 198.

59) *Ibid.*, 203-204.

방법'이라는 것이 현실적인 것과 구체적인 것은 무한한 경험적 요인들에 의해 매개되기 때문에 우연적이고 비결정적이라고 보는 것이며 이는 결국 '실증주의'와 '상대주의'로 귀결되고 만다는 비판도 제기되고 있다. 61) 또 이는 막스 베버의 방법론과 같이 '관계적 전체(relational whole)'를 다양한 이론적 요소들로 파편화시키고 이식시키는 방법에 기초해 있어 '방법론적 반합리주의'와 '역사주의', '방법론적 절충주의'로 나아가고 만다는 것이다. 62) 이와 관련, 제솝은 "케이크는 담화로 구성해놓고 케이크를 먹는 것은 맑스주의식으로 하기를 바란다"는 비판63)을 귀담아 들을 만하다. 또한 일본의 한 맑스주의 이론가는 제솝의 전략-관계적 국가론이 철학적으로 막스 베버의 영향을 받아 인간인식의 상대성을 강조하는 '신칸트주의'와 일종의 '주관적 관념론'이라고 비판하고 있다. 64) 전략이라는 개념 역시 사실상 뒷문으로 헤겔류의 관념적 주체를 다시 등장시키는 '관념론'이며 '방법론적 개인주의'와 밀접한 관계가 있다는 비판도 제기되고 있다. 65)

이밖에 제기되고 있는 비판들은 조절이론일반과 특수하게는 제솝의 전략-관계적 방법론에 관한 것이다. 가장 일반적으로 제기되고 있는 비판은 조절이론이 (맑스주의적) 정치경제학'비판'이 아니라 '서술적 사회학주의(descriptive sociologism)' 내지 "경제학에 대한 사회학적 비판", 66) "현상의 현상학", 67) 한발 더 나아가서는 "자유주의적 제도주

60) *Ibid.*, 206.
61) Kosmos Psychopedis, "Crisis of Theory in the Contemporary Social Sciences," in Bonefeld & Holloway, eds., *op. cit.*, 190. 접합의 방법에 따르면 새로운 현상이 일어나면 이를 현실의 운동으로 분리시켜 추상적 이론구조에 외적으로 사후적으로 재연결시켜야 한다는 결론에 이른다(*ibid.*, 188-189).
62) *Ibid.*, 181-182, 190.
63) Ling, *op. cit.*, 134.
64) 山口富男, 「'ヅエッソプ' 理論の基本的性格」, 編輯部編, 『ネオ. マルクス主義』, 東京: 新日本出版社, 1989, 199-200.
65) Psychopedis, *op. cit.*, 189.

의 경제학"[68] 에 불과하다는 비판이다. 즉 조절이론과 제솝이 경제가 중립적인 것이 아니고 사회적 관계자체 속에 정치, 이데올로기의 계기들이 내재해 있다는 것을 인정하면서도 이를 분석하기 위해 맑스주의적인 정치경제학비판으로 나아가는 것이 아니라 분석방법이 결여되고 엄밀한 개념도 결여된 채 사회적 서술로 대치하고 있다는 것이다. 그 결과는 이론이 아니라 단순한 '이론적 서술'이다. 이는 불가피하게 이론을 포드주의, 포스트포드주의와 같은 '형식적 분류학'으로 대체하게 된다는 비판이다. [69]

특히, CSE그룹의 경우, 조절이론과 제솝이 '구조주의적 맑스주의'의 비판으로부터 출발하고 있음에도 불구하고 구조와 계급투쟁을 탈구, 분리시킴으로써 궁극적으로는 구조주의적 맑스주의와 마찬가지로 목적론, 기능주의, 구조주의에 빠지고 만다고 비판한다. [70] 예를 들어 제솝의 전략-관계적 국가론이 사회를 경제, 국가, 이데올로기라는 층위들의 결합체로 파악하는 구조주의적 맑스주의를 비판하면서도 헤게모니프로젝트와 축적전략을 인위적으로 분리시킴으로써 부문이론을 재생산해내고 있다. [71] 구조와 전략의 변증법 역시 구조와 투쟁의 분리, 즉 '구조와 투쟁의 이분법과 이원론'을 전제로 한 것으로서 구조주의와 기능주의의 또 다른 얼굴인 자발주의와 정치주의를 배태시키는가 하면[72] 앞으로는 기능주의를 비판하면서도 "뒷문으로 세련된 기능

---

66) Simon Clarke, "Overaccumulation, Class Struggle and the Regulation Approach," in Bonefeld & Holloway, eds., *op. cit.*, 112.
67) 신현준, 「조절이론: 최후의 보루? 혹은 막다른 골목?」, 『현실과 과학』 10호, 1991, 399.
68) John B. Foster, "the Fetish of Fordism," *Monthly Review*(March 1988), 31.
69) Bonefeld, "The Reformulation of State Theory," in Bonefeld & Holloway, eds., *op. cit.*, 48; Psychopedis, "Crisis of Theory in the Contemporary Social Sciences," in Bonefeld & Holloway, eds., *op. cit.*, 189.
70) Clarke, *op. cit.*; Bonefeld, *op. cit.*
71) Bonefeld, *op. cit.*, 46-47.

주의"[73]를 숨겨 들여오고 있다는 것이다

이 같은 비판들에 대해 제솝은 상당부분들은 이들 비판들이 단순한 오해 내지 전략-관계적 국가론에 대한 무지에 기인한 것이라고 반박하는 한편 또 일부 주장에 대해서는 반비판을 통해 자기옹호를 하고 있다(1990a, 262-267; 1991a; 1991b). 어쨌든 이 같은 논쟁을 전제로 하여 전략-관계적 국가론의 문제점들을 몇 가지만 비판적으로 검토해보고자 한다. 우선 비환원론적, 비목적론적, 비기능주의적인 맑스주의 국가론를 구성해보려는 전략관계론적 국가론의 노력은 분명 값진 것이다. 사실 국가론을 비롯해 맑스주의의 핵심이론들과 핵심개념들은 유물론이라는 이름하에 '유물론의 관념론화'에 빠지고 말았다. 이같은 맑스주의의 문제점을 고려할 때 맑스주의는 '물질성'과 '역사성'을 중심으로 새롭게 태어나지 않으면 안된다.[74] 이 점에서 국가장치의 통일성, 자본운동의 통일성, 관념적 총자본으로서의 국가, 헤게모니등 국가론에 동원되어온 핵심 개념들 속에 내재한 관념론적 사고를 폭로하고 이들을 구체적인 프로젝트의 결과로 설명하려고 한 그의 노력은 높이 살만 하다. 특히 학문적 유행 속에서 어렵게 복원된 국가론이 포스트주의의 유행과 미시권력론의 대두에 따라 관심 밖으로 멀어지고 있는 현실을 고려할 때, 이들의 문제제기를 비판적으로 수용하면서도 국가의 중심성을 고수하고 제솝 자신의 표현대로 "남들이 담화분석이라는 '포스트맑스주의적' 샛길을 배회하고 있을 동안 세련된 맑스주의 패러다임 속에서 가능한 경로를 탐험해온"(1990a, 4) 점은 아무리 칭찬해도 지나친 것이 아니다. 이밖에 구조/행위의 이분법을 '구조와 전략의 변증법'을 통해 극복하려 한 점, 축적전략, 헤게모니프로젝

---

72) Psychopedis, *op. cit.*; Bonefeld, *op. cit.*
73) Holloway, *op. cit.*, 173.
74) 이에 대해서는 Etienne Balibar, 「푸코와 마르크스」, 『이론』 3호, 1992년 겨울 참조.

트 등 다양한 중범위 개념과 이들 개념의 여러 유형들을 개발하여 추상성의 사다리를 타고 체계적인 '구체분석'으로 나아가는 이론틀을 마련한 점 등, 그 공헌이 지대하다고 할 수 있다. 특히 풀란차스의 경우 전략관계적 국가론의 초석을 놓았다고는 하지만, 헤게모니프로젝트에 대비되는 축적전략에 대한 의식이 거의 전무했다는 점, 나아가 헤게모니전략의 경우도 그같은 추상적 개념은 가지고 있었으나 1국민전략, 2국민전략 등 그 구체적인 유형에 대해서는 논의를 전개하지 않았다는 점을 감안하면, 전략관계론의 '전략'을 국가프로젝트, 축적전략, 헤게모니프로젝트로 체계화시키고 그 유형들을 개발한 것은 제솝의 독창적인 공이다. 그러나 위에서 보았듯이 이에 대한 비판과 문제점들도 만만치 않다. 따라서 이와 관련하여 몇 가지만 살펴보고자 한다.

'전략'이란 개념의 도입을 통한 '구조-행위'라는 이분법의 극복만 해도 그렇다. 위에서 보았듯이 제솝은 전략의 선택의 폭이 무제한적인 것이 아니며 또 전략이 단순한 의도와 목표만을 의미하는 것이 아니라 그 실현의 물질적 조건까지도 의미하는 것이므로 전략관계론이 자발주의가 아니라고 해명한다(1985, 358). 예를 들어 "축적전략은 항상 국가개입의 특수한 형태, 세력관계, 경제의 조직적 형태를 전제로 하고 있다".[75] 그래도 문제는 남는다. 이와 관련, "전략의 효율성은 기존구조에 내재적인 행동여백(margin of manoeuvre)에의 해당전략 적응 여부에 달려 있다"는 주장(1985, 359; 1990, 205)을 주목할 필요가 있다. 문제는 여기에서 그 '행동의 여지'가 얼마나 되느냐는 것이다. 이는 그 구체적 내용에 따라 구조결정론일 수도, 자발주의일 수도 있는 문제로서 이에 대한 명시적인 분석이 없는 제솝의 분석이 비판자에 따라 때로는 구조결정론으로, 때로는 자발주의로 평가받는 것은 당연한 일이다. 구조와 제도화가 "가능한 행동의 범위를 촉진시키면서 동

---

75) Jessop, et al., *op. cit.*, 158.

시에 제약시키는 이중의 역할을 가지고 있다"는 주장 역시[76] 매한가지이다. 왜냐하면 문제는 '촉진기능'과 '제약기능'의 비중이 어떠하냐는 문제일 것이며 이에 따라 구조결정론도, 자발주의도 될 수 있다. 이와 관련, 사실 제숍의 열렬한 추종자들인 '제2세대' 전략-관계적 국가론자들까지도 전략이라는 개념이 "구조와 행위간의 관계와 관련된 문제들을 정말로 극복"한 것인가 하는 의문을 스스로 제기하고 있다는 점에 주목할 필요가 있다.[77]

이처럼 두 개의 대립쌍을 그 관계의 구체적이고 실질적인 내용을 밝히지 않은 채 그저 형식적으로 병렬하거나 형식적인 관계만을 열거함으로써 문제를 해결한 것 같은 느낌을 주는 것이 전략-관계적 국가론의 한 특징인 것 같다. 조절개념이 재생산과 이행, "재생산과 단절"을 동시에 사고하도록 해준다는 것만 해도 그러하다.[78] 과연 조절이론과 전략-관계적 국가론은 재생산과 이행을 동시에 사고할 수 있게 해주는가? 그렇지 않은 것 같다. 재생산 속에서 이행의 계기를 파악하는 것이 아니라 재생산만이 특권화된다. 위기와 '단절'을 이야기하지만, 이는 어디까지나 포디즘과 같은 축적체제 수준에서의 위기와 단절일 뿐 생산양식 수준(자본주의)에서의 위기, 단절은 아니며 재생산/단절은 사실상 생산양식 수준(자본주의)의 재생산과 이와는 추상화수준이 낮은 단절(자본주의의 하위유형인 특정한 축적체제의 단절)의 병렬일 뿐이다.[79] 이 같은 맹점으로 인해, 사실 이 이론에 있어서 계급투쟁은 사실상 이행의 동력이 아니라 사회적 타협을 만들어내고 조절양식의 '발견'을 가능케 함으로써 재생산을 가능케 하는 기제로 전락

---

76) Bertramsen, et al., *op. cit.*, 31.
77) *Ibid.*, 198.
78) *Ibid.*, 70.
79) 이는 조절이론에 주어지는 비판, 즉 계급타협주의라는 비판과 무관하지 않은 것 같다(아래 참조).

하고 말고 이 이론을 통해 '진정한 이행', 즉 탈자본주의를 사고하는 것은 불가능해진다(아래 참조).

　사회적 관계로서의 국가라는 문제의식 역시 비판의 대상이 될 수 있다. 이는 분명 다양한 사회적 역관계와 국가성격간의 관계를 부각시킴으로써 구체적인 역사적 국가에 대한 구체분석에 기여한다. 그러나 이 또한 문제가 없지 않다. 국가＝사회적 관계라는 주장은 사실 새로운 주장이 아니라 국가는 사회적 세력간의 힘의 벡터라는 다원주의론의 주장으로 돌아온 것으로 볼 수 있다. 이 점에서 일각에서는 제숍의 국가론이 "일종의 계급균형론적 국가론"이라는 평가까지 제기되고 있는 실정이다.[80] 이 같은 비판으로부터 전략-관계론적 국가론을 구해 주는 것은 위에서 보았듯이 그 전략적 선택성, 즉 자본주의국가가 '중립적 도구'가 아니라 "이를 자본가들의 영향에 더 개방적이 되도록 만드는 내장된, 형태결정적 편향(in-built, form-determined bias)"을 가지고 있다는 주장(1990a, 147-148)이다. 여기에서 문제는 이 같은 편향의 강도와 폭이다. 물론 이 같은 편향의 정도는 구체적인 국가형태와 레짐에 따라 다를 수밖에 없다. 그래도 문제는 남는다. 이 같은 편향의 정도가 그 다양한 변형에도 불구하고 일정한 규칙성 내지 '구조적 한계'를 갖고 있느냐 아니면 철저하게 '우연적' 내지 '정세적'인 것이냐는 문제이다. 자본주의국가에 대한 전통적 맑스주의국가론과 다른 신좌파국가론에 대한 제숍의 비판, 또 자본주의국가가 특별히 자본주의적이어야 할 이유가 없다는 주장(1982, 22), "국가의 구조적 특징들이 자본주의적 이해관계들을 반드시 선호한다고 가정"할 이유가 없다[81] 등을 보면 전략-관계적 국가론은 이에 대해 어떤 구조적 한계를 인정하지 않는 것 같다. 이는 자본주의국가를 사회적 관계의 응집으로 파

---

80) 山口富男, 앞의 글, 215.
81) Jessop, et al., *op. cit.*, 160.

악하면서도 이를 '자본가계급의 권력'이라는 규정과 모순되는 것이 아니라 이 같은 규정과 추상성을 달리하는 낮은 추상성 수준에서의 국가의 의미로 이해했던 그람시나 '후기'풀란차스와는 다른 입장이다.[82]

이 같은 주장은 우선 「고타강령비판」에서 맑스가 그 형태의 다양성에도 불구하고 그 '본질적 특징'에 기초해 자본주의국가 일반을 추상화한 것이 '타당한 추상화'이며(1982, 29), 그 복합성에도 불구하고 가장 추상적 규정은 '자본주의적 생산관계'라는 자신의 주장(1982, 30)과 모순된다. 뿐만 아니라 자본주의국가가 자본주의적이어야 할 이유가 없다는 주장은 그 하위규정이 보다 추상적 규정으로서의 이 같은 자본주의적 성격을 바꾸어 놓을 수 있는 수 있다는 이야기로서 전략-관계적 국가론의 추상성의 사다리가 '허구의 추상성의 위계성'임을 의미한다. 이와 관련, 이해가 잘 되지 않는 것은 제솝이 '자본주의국가'가 자본주의적이어야 할 하등의 이유가 없다고 주장하면서도 '자본주의국가'라는 명칭을 고수한다는 점이다. 물론, 이에 대해 자본주의적 국가라는 명칭은 그 사회적 내용이 아니라 단순한 형태적 특징(제도적 분리)만을 지칭하는 것이라고 밝히고 있으나 형태적 특징에 기초해 '자본주의적'이라는 명칭을 부여하는 것은 부적합하다고 할 수 있다. 결론적으로, 전략-관계적 국가론은 자본주의국가의 사회관계적 측면을 지나치게 절대화시켜 그 사회적 성격을 '절대적으로 상대화, 역사화'시키고 있다.[83]

전략-관계적 국가론이 전통적 맑스주의로부터 구조주의적 맑스에 이르는 다양한 조류에 대해 지적하는 '경제결정론' 문제도 짚고 넘어갈 필요가 있다. 이와 관련, 제솝은 조절이론이 그 역편향으로 정치주의라는 비판에 대해 이 같은 비판이 중요한 조절이론 국가론자인 히르쉬

---

82) 손호철, 『전환기의 한국정치』, 창작과비평사, 1993, 374-378.
83) 이는 위에서 다른 비판가들이 제솝의 방법론과 관련해 지적한 상대주의, 역사주의와 연관이 있는 것 같다.

에게는 타당한 비판이지만 자신에게는 적용될 수 없다고 반박한 바 있다(1991a, 76). 그러나 정치주의라는 비판이 제솝의 전략-관계적에도 적용될 수 있다. 즉, 전략-관계적 국가론은 "현대사회는 복잡하고 분화되어 있어 어떠한 하위체제도 최종심급에서 구조적으로 규정적일 수 없으며" 상호의존적이라는 '상호작용론(interactionism)'을 취하고 있기는 하다(1990a, 365).[84] 그러나 이어 "이들 (하위체계) 간의 상호의존을 운영하는 데 최종심급에서 책임이 있는 것은 국가"라고 주장함으로써(1990a, 365) 사실상 알튀세르의 '최종심급에서 경제결정론'을 전도시킨 '최종심급에서의 정치결정론'[85]으로 귀결되고 있다.

이밖에 '제2세대' 전략-관계적 국가론자들이 공공연하게 '정치우위론'을 주장하고 있는 것에 주목할 필요가 있다. 정치가 사회적 관계들을 구성하고 전복시키기 때문에 정치가 우위성을 갖는다는 이들의 테제는 그럴 듯하게 들리지만 그렇지 않다. 다시 문제는 제도화의 수용/전복이라는 것이 어떻게 결정되느냐는 것인데 이것이 정치라고 하는 특정한 '실천(구성/전복의 실천)' 그 자체에 의해 결정된다면 이는 '자발주의' 내지 '행위우위론'에 다름 아니며 그것이 아니라 구성/전복의 실천 자체가 또 다른 제3의 변수에 의해 결정되는 것이라면 정치의 우위성테제는 허구에 불과하다. (사실 이들의 재정의에 따르면 정치는 '담화' 그 자체에 다름 아니며 정치우위성테제란 담화우위론, 담화결정론에 다름 아니다. 뿐만 아니라 정치를 사회적 관계의 구성, 전복의 실천으로 재정의할 경우 인간의 실천 중 정치가 아닌 것이 없게 되는 개념의 과잉확장을 가져다준다.) 이와 관련, 구성/전복, 제도화/정치화에 대한 이들의 예증이 시사적이다. 이들은 과거의 경우, 여성의 가사노동이 제도화되어 있었으나 이것이 2차대전 후 전복되고 정치화되

---

84) 이 같은 '맑스주의적 상호작용론'의 선구적 연구는 Bettell Ollman, *Alienation*, Cambridge: Cambridge Univ. Press, 1976 참조.
85) 보다 정확히 표현한다면, '최종심급에서의 국가결정론'일 것이다.

어 여성의 고용참여가 제도화되었다가 다시 최근 들어 보수주의적 담론에 의해 이것이 정치화되고 있다는 것을 그 대표적인 예로 들고 있다. 그러나 기이하기 짝이 없는 것은 이들이 전후 여성의 고용참여의 제도화를 "노동력공급 부족을 야기시킨 경제성장"의 결과로, 그리고 제도화된 여성의 고용참여가 최근 재정치화되고 있는 것은 경제위기에 따른 "높은 수준의 실업의 재부상" 때문으로 분석하고 있는 것이다. 86) 즉 이들은 '최종심급에서의 경제결정론'을 포함하여 모든 '경제결정론'을 비판하며 '정치우위론'을 표명하고 있음에도 불구하고 아이러니컬하게도 자신들은 이들 문제들을 경제성장과 실업의 재부상이라는 조야하기 짝이 없는 '경제적 요인'에 의해 설명하고 있다. 물론 맑스주의의 경제결정론은 문제가 많지만, 문제를 맑스주의의 기준으로도 조야하기 짝이 없는 경제적 요인으로 설명할 것이라면, 왜 그처럼 복잡하고 어려운 이야기를 하면서 최종심급에서의 경제결정론을 비롯한 모든 경제결정론을 비판하고 있느냐는 것이다.

여러 변명과 반비판에도 불구하고 전략-관계적 국가론과 조절이론이 '서술적 사회학주의'라는 비판은 피할 수 없을 것 같다. 이와 관련, 다른 비판들이 언급하지 않은 개념적 모호성의 한 예를 든다면, 포디즘을 들 수 있다. 일상적으로 포디즘은 축적체제로 이해되고 있는데 제솝은 "축적전략으로서의 포디즘"(1990a, 201)이라는 표현이 보여주듯이 이는 축적전략으로 개념화되기도 한다. 따라서 '축적체제와 축적전략의 변증법'이란 '포디즘과 포디즘의 변증법'이라는 기이한 상황에 도달하고 만다. 보다 근본적인 문제는 개념적 모호성을 넘어서 여러 이론가들이 비판했듯이 경제주의비판이 '정치경제학비판'[87]이 아니라

---

86) Bertramsen, et al., *op. cit.*, 32-33.
87) 이 같은 문제의식에 철저한 이론가들은 맑스주의의 '최고의 국가론'은 정치경제학비판 그 자체이며 맑스주의 국가론 내지 정치이론의 공백을 메우는 것이 아니라고 주장한다.

사회학주의로 나아가고 있다는 점이다. 분석은 경험적인 현상기술(그것도 사후적인)에 머무르고 소비규준의 변화, 생산편성의 변화 등은 그 원인이 해명되지 않은 채 단지 변화의 결과만이 분석의 전제를 이루게 된다. 게다가 사후적 설명이라는 것이 결국 '기능주의적'이다. 조절이론이 기능주의적이라면, "사후적 기능주의"라는 핵심조절이론가의 '변명 아닌 변명'[88]이 이 같은 한계를 잘 대변해주고 있다. 다시 말해, 기능주의를 벗어나야 한다는 제솝의 주장은 맞고 이를 위한 노력은 높이 평가해야 하지만, 결과적으로 제솝의 전략관계론적 국가론역시 그것이 설명력을 갖는 부분(즉 과거에 대한 사후적 해석)에 있어서는 결국 사후적 기능주의일 따름이다.

이와 관련, 주목할만한 것은 현재 서구의 국가들이 포스트주의의 '케인즈적 복지국가'로부터 포스트포드주의의 '슘페터적 근로국가'(Schumpeterian Workfare State)로 '경향적으로' 전환하고 있으며 (민주공화제가 자본주의의 '가능한 최상의 정치적 외피'라는 레닌의 분석을 원용) 이 근로국가는 '포스트포드주의의 가능한 최상의 정치적 외피'라는 제솝의 주장이다(1993). 이는 여러 면에서 전략-관계적 국가론이 그토록 비판해온 기능주의, 자본이론적 환원주의, 구조주의의 냄새가 강하게 풍기는 주장이다. 문제는 정작 이 같은 비판의 '예상문제집'에 대한 그의 답변이다. 즉, 제솝은 자신의 이 같은 주장에 기능주의라는 비판이 제기될 것을 예상하며, 고추상성 수준에서의 국가분석은 "불가피하게 기능주의적이고, 자본이론적이며 구조적인 경향을 갖게 되어 있"고 다만 "그 같은 설명이 보다 구체적이고 복잡한 것이 될 때"는 이야기가 달라질 수 있다고 해명하고 있다(1993, 35). 이 같은 주장은 고추상성에서는 자본의 '경향적 법칙들'이 유효하고 구조적 규정이 지배적이며 다만 보다 구체적 수준에서 '행위' 등 다른 변수들이 작동하고 있다는

---

88) Lipietz, *op. cit.*, 16.

주장, 즉 인과적 규정성에 있어서 '구조'와 '행위'의 규정성이 서로 추상성을 달리 하는 규정성임을 의미한다. 그리고 이는 정확히 그람시와 후기풀란차스가 취했던 입장이다. 다시 말해, 이들은 전략관계적 국가론을 주장하면서도 고추상성의 자본주의국가의 자본주의적 규정성을, 다시 말해 자본주의국가는 그 전략관계적 다양성에도 불구하고 근본적으로는 자본가계급의 권력이라는 국가권력의 통일성을 부정하지 않았다. 따라서 이 문제는 제숍의 전략-관계적 국가론의 이론적 위상을 근본적으로 재검토할 필요성을 제기한다. 왜냐하면, 제숍의 슘페터적 근로국가론은 고추상성 수준에서는 자본주의국가의 (경향적) '기능성'을 상정하는 것이 타당하다는 것, 기존의 맑스주의국가론들(제숍이 기능주의적이며, 자본이론 환원적이고 구조주의적이라고 비판해온)이 고추상성수준에서는 적절한 이론화이며, 다만 문제는 이들 이론들이 구체분석에 이를 수 있는 분석도구들을 갖지 못한 것이라는 것, 따라서 전략-관계론적 국가론은 이들 이론에 대한 대안적 모델이 아니라 다만 이를 중범위수준에서 보완하기 위한 보완적 이론화에 불과하다는 것을 의미하기 때문이다. 이는 전략-관계적 국가론이 단순히 보완적 모델이 아니라는 제숍의 주장(1990a, 262)과 전면으로 모순된다.

이와 관련, 짚고 넘어가야 할 또 다른 문제는 조절이론과 전략-관계적 국가론의 강점이자 이의 이론적 잠재력이 돋보이는 분야라고 할 수 있는 '구체·복합분석'의 문제이다. 한 역사학자의 실증분석은 조절이론의 강점인 '구체복합' 분석이라는 것이 사실은 역사적 사실들과 전혀 정합하지 않음을 실증적으로 입증해 보여줌으로써 충격을 주고 있다. 예를 들어, 조절이론은 사회민주주의적 계급타협이 대량생산과 대량소비의 연계를 통해 전후 자본주의의 부흥을 가능케 했다고 설명하고 있으나 역사적 사실은 그 부흥이 노동자계급의 높은 소비수준의 제도화가 아니라 막대한 군비지출에 기인하며 그 결과로서의 경제부흥이 역으로 계급타협을 가능케 했다는 것이다.[89] 이 같은 문제점과 함께 주목해야 할 것은 조절이론의 '구체복합' 분석이 추상화수준의 혼선에 기초한 자의적인 역사해석이라는 비판이다. 즉, 이 연구는 조절이론이 다양한 '발전모델' 내지 조절양식의 차이에 연유한 것으로 분석하고 있는 많은 현상들은 사실은 발전모델이나 조절양식의 차이가 아니라 '사회적 소유관계' 내지 생산양식의 차이에 기인한 것이라는 것을 보여줌으로써 조절양식과 같은 개념들의 유용성에 대해 근본적인 문제를 제기하고 있다.[90] 마지막으로, 현재의 위기에 대한 조절이론의 진단이 잘못된 것이기 때문에 새로운 계급대타협과 이에 기초한 새로운 조절양식의 창출이 필요하다는 처방은 듣지 않을 것이고 새로운 정치적 흥정 제안 역시 살아남을 수 없다는 지적도 주목할 필요가 있다.[91] 이는 위에서 지적한 '정치적 패배주의'와 관련하여 새로운 대타협 모색이라는 '패배주의의 수용'마저도 별 득을 가져다주지 못할 것이라는 것을 함의하는 중요한 경고이다.

이는 전략-관계적 국가론과 조절이론의 정치적 함의문제로 자연스럽게 넘어갈 수 있게 해준다. 이들 이론은 계급투쟁이 가치형태'내'에서 상대적 이득에 관한 것만이 아니라 가치형태 그 자체에 대한 투쟁, 국가'내'에서의 투쟁만이 아니라 국가형태 그 자체에 대한 투쟁이라는 것을 인정하면서도(1991b, 154) 가치형태나 국가형태, 그 자체에 대한 투쟁보다는 이들 '내'에서의 투쟁이 특권화되며 화폐형태, 임금형태, 산업관계체계 등 사회적 형태의 복수성을 이유로 사실상 생산관

---

89) Brenner, et al., *op. cit.*, 91-96.
90) *Ibid.*, 105-111.
91) *Ibid.*, 116. 이와 관련, 포스터 역시 현재의 위기의 원인을 자본이 너무 약하고 노동이 너무 강해진 결과 파악하는 조절이론의 진단에 비판을 가하고 있다 (Foster, *op. cit.*, 28-31).

계보다는 소비관계에 초점이 맞추어진다.92) 이 점이 바로 조절이론의 숨겨진 매력은 "패배주의를 보다 편안하게 만들어"준다는 것이라는 비판93)을 불러일으키고 있다 하겠다.94) 또한 국가의 인식에 있어서 추상화수준을 무시하고 사회적 역관계라는 측면을 절대화시켜 자본주의국가가 특별히 자본주의적이어야 할 이유가 없다고 파악하는 것 역시 국가'내' 투쟁의 특권화와 국가형태 자체에 대한 투쟁의 경시에 기여하고 있다. 정치적 함의와 관련하여, 앞에서 지적했듯이 이들 이론이 사실상 계급투쟁을 이행의 동력이 아니라 계급적 타협양식의 발견을 통한 조절과 재생산의 계기로 파악하는 것 역시 주목할 필요가 있다. 재생산의 특권화(이에 따른 이행의 사실상의 포기)와 밀접한 관계가 있는 문제로서, 마지막으로, 그러나 어쩌면 가장 중요한 문제는, 전략관계적 국가론에 정작 '전략'이 없다는 사실이다. 이와 관련, 주목할 것은 기이한 '비대칭'이다. 즉, 국가 프로젝트, 헤게모니프로젝트, 축적전략 등 '자본의 전략'에 대해서는 풍부한 분석이 가해지고 거의 모든 논의가 이에 집중되고 있는 반면, 정작 중요한 저항전략에 대해서는 침묵하고 있다는 점이다. 유일하게 저항전략에 대한 제솝의 논의는 제도정치내에서의 투쟁을 통한 국가내의 민주화와 시민사회내의 다양한 진지전에 대한 직접민주주의 투쟁의 병행 필요성에 대한 풀란차스의 주장을 인용하는 것이 고작(1990a)이며, 포스트포드주의에 대해서도 새로운 대타협의 필요성을 지적하는 것으로 그치고 있다. '(저

---

92) 조절이론이 계급투쟁을 '분배투쟁'으로 환원시키고 있다는 김계환, 임일섭의 비판(김계환·임일섭, 「1970년대 프랑스 정치경제학연구의 몇 가지 경향에 관하여」, 『이론』3호, 1992년 겨울, 248-249)은 이와 관련된 것이다.

93) Eliona Pelaez, et al., "Learning to Bow: Post-Fordism & Technical Determination," in Bonefeld & Holloway, eds., op. cit., 140.

94) 포드주의에 있어서 그람시가 주목한 것이 이에 의해 노동자들이 '얻는 것'이 아니라 이로 인해 '잃어버리는 것'이었다면 조절이론은 그 역이라는 지적(Foster, op. cit., 25)에 주목할 필요가 있다.

항) 전략 없는 전략관계이론', 제숍의 전략관계론이 안고 있는 근본적인 비극이다.

5. 마치며

국가도출론자 등 여러 이론가들이 보여주었듯이 맑스의 『자본』은 또 다른 정치경제학 이론서가 아니라 생산관계에 대한 분석서이며 정치란 토대 위에 세워진 독자적인 충위가 아니라 생산관계의 내재적 계기에 불과하다. 따라서 맑스주의에 국가론이 부재한다는 일반적인 비판과 달리 맑스주의의 진정한 특징, 진정한 강점은 국가론이 없다는 점이라는 주장, 즉 정치경제학비판이 바로 국가론(국가론 비판)이며 별도의 국가론을 만드는 것은 정치와 경제가 분리되어 있다고 생각하는 부르주아 사회과학의 함정에 빠지는 것이라는 주장은 분명히 맞다. 그러나 동시에 이 같은 원론적 비판을 넘어서 구체적인 자본주의국가의 분석과 비판을 위해서는 이 같은 사실에도 불구하고 우리는 불가피하게 그 나름대로 맑스주의적인 국가론을 만들어 나갈 수밖에 없다는 딜레마에 빠지고 만다.

이 같은 맑스주의적인 국가론을 만들어가는 작업과 관련해, 또 맑스주의의 탈관념화와 재유물론화 움직임과 관련해, 제숍의 전략관계적 국가론은 가장 첨단의 이론적 작업으로서 많은 이론적 공헌을 하고 있으며 새로운 가능성을 시사하고 있다. 그러나 위에서 지적한 여러 문제점들을 생각할 때 그 한계 또한 무시할 수 없을 정도로 심각한 것도 사실이다. 이러한 이론적 잠재력과 한계를 어떻게 발전시키고 극복해 가느냐에 따라 전략관계적 국가론은 '맑스국가론의 최후의 보루'가 될 수도, 그것이 아니라 '탈맑스로의 출구'로 작용할 수도 있을 것이다.

■ 보론

전략-관계적 국가론, 그 이후

위의 본문에서는 현대국가론 이론가 중 가장 주목받고 있으며 맑스주의적 국가론을 현대화하려고 노력해온 밥 제솝의 국가론을 비판적으로 검토해 보았다. 그러나 원래 위의 본문이 쓰여진 뒤 상당 시간이 흐르면서 제솝의 국가론은 상당한 변화를 계속해 오고 있다. 즉 제솝은 1990년대 후반 들어 그의 이론적 여정에 있어서 제3기라고 할 수 있는 전략관계적 국가론을 넘어서 새로운 단계(제4기)로 들어서 거버넌스(governance)와 투명성(transparance)을 중심으로 새로운 국가론, 95) 즉 '체계(system)-네트워크적 국가론'을 개진해 오고 있다. 96) 다시 말해, 전략관계적 국가론이 맑스주의적 국가론과 포스트주의적 국가론의 경계에서 맑스주의적 국가론의 설명력을 극대화하기 위해 위험한 줄다리기를 타고 있었다면 제4기에 들어서는 맑스주의와는 거리가 먼 엉뚱한 방향으로 나아가고 있다.

이는 제솝의 이론적 진화과정을 보면 어느 정도 예상된 일이라고 할 수 있지만 새로운 진화의 내용은 그의 이전의 이론적 작업과 별 연속성이 없고 왜 그가 그러한 방향으로 나아가게 됐는가를 이해할 수 있게 해주는 이론적 발전의 내적 필연성도 발견하기 어려운, 고개를 갸우뚱하게 하는 방향이다. 이 점에서 제4기에 들어가기 전에 제솝이 남

---

95) 이와 관련된 제솝의 대표적인 저작들은 "The Governance of Complexity and the Complexity of Governance," in A. Amin, et al., eds., *Beyond Market and Hierarchy*, London: Edward Elger, 1997; "The Rise of Governance and the Risks of Failure," *International Social Science Review*, no. 155(1998); "The Dynamics of Partnership and Governance Failure," in Gerry Stocker, ed., *The New Politics Local Governance in Britain*, London: Oxford Univ. Press, 1999.

96) 정철수, 「'후기' 제솝의 '슘페터적 근로국가'에 대한 연구: '전략 관계 접근'과 '체계-네트워크 접근'의 관계를 중심으로」, 서강대학교 석사학위 논문, 2000.

긴 전략관계적 국가론을 논외로 한다면 이제 기대할 수 있는 마지막 맑스주의적 국가론은 *Capital & Class*라는 잡지를 주도해 오고 있는 영국의 Conference on Socialist Economics(CSE) 그룹의 국가론이다. 97)

제솝과 CSE그룹의 맑스주의 국가론의 현대화가 공통의 출발점으로 삼는 것은 위의 본문에서 소개한 독일의 '국가도출론' 내지 '자본논리' 학파라고 불리우는 이론적 전통98) 이다. 즉 이들은 모두 전통적인 토대-상부구조론을 비판하고 국가와 정치를 생산관계의 내재적 계기로 보면서 왜 내재적 계기인 정치가 분리된 형태를 취하고 있는가 하는 형태비판을 기본적 문제의식으로 하고 있는 국가도출론에서 출발하지만 전혀 다른 길을 가게 된다. 구체적으로 제솝은 국가도출론의 문제의식에서 출발하지만 여기에 그람시와 풀란차스의 전략관계적 문제의식을 접합시키고 그 내용을 풍부하게 함으로써 과거의 추상적인 맑스주의 국가론이 설명하고 분석할 수 없었던 구체적인 자본주의국가들을 설명하고 분석할 수 있는 '현실분석 이론', 즉 '실증이론(empirical theory)'으로서의 맑스주의 국가론을 발전시키고자 했다. 반면에 CSE 그룹은 국가도출론의 문제의식에 보다 충실하게 매달려 구체적인 현실분석 이론으로서의 맑스주의 국가론을 발전시킨 것이 아니라 정치와 경제를 분리된 것으로 보는 국가도출론의 국가론 비판, 국가형태 비판을 계속 밀고 나오면서(이런 문제의식에 따르면 독립된 이론으로서 국가론은 없어야 한다) 네그리류의 아우토미아이론을 결합시켜 '열린 맑스주의(open Marxism)'99) 라는 흐름을 만들어 오고 있다. 다시 말해 전자가 구체적인 서술과 분석을 위한 중범위이론을 찾아 '정치사회학'으로 나아갔다면, 후자는 정치경제학 비판의 문제의식을 고수해 온 것이다.

---

97) 90년대 초반까지의 CSE그룹의 국가론의 성과에 대해서는 김세균, 앞의 글 참조.
98) Holloway & Picciotto, *op. cit.*
99) Bonefeld, ed., *Open Marxism*, London: Routledge, 1990, 1992, 1995.

분명, 이중 맑스주의의 문제의식에 충실한 것은 CSE그룹이다. 그러나 국가형태 비판의 문제의식이 정당한 것이라고 하더라도 문제는 단순한 국가형태 비판, 국가론 비판을 넘어서 구체적인 자본주의국가를 분석하고 설명할 수 있는 이론적 틀, 즉 '현실분석 모델'로서의 맑스주의 국가론의 필요성은 여전히 남는다는 사실이다. 바로 이 점에서 제4기 들어 본격화한 제솝의 변신에도 불구하고 그람스, 풀란차스의 전통을 이어 그가 추구한 전략-관계적 국가론은 여전히 의미를 가지며 더욱 발전시켜 나갈 필요가 있는 중요한 이론적 자원이다.

참고문헌

Jessop, Bob(1982), *The Capitalist State*, NY: New York Univ. Press.

Jessop, Bob(1983), "Capitalism and Democracy: the Best Possible Political Shell," in David Held, et al., eds., *States and Societies*, NY: New York Univ. Press.

Jessop, Bob(1985), *Nicos Poulantzas*, NY: St. Martin's Press.

Jessop, Bob(1989), "Conservative Regime & the Transition to Post-Fordism: The Cases of Great Britain and West Germany," in M. Gottdiener, et al., eds., *Capitalist Development and Crisis*, London: Macmillan Press.

Jessop, Bob(1990a), *State Theory: Putting the Capitalist State in its Place*, Cambridge: Polity Press.

Jessop, Bob(1990b), "Regulation Theory in Retrospect and Prospect," *Economy & Society* 19:2.

Jessop, Bob(1991a), "Regulation Theory, Post-Fordism and the State," in W. Bonefeld & J. Holloway, eds., *Post-Fordism & Social Form*, London: Macmillan Press.

Jessop, Bob(1991b), "Polar Bear and Class Struggle," in W. Bonefeld & J.

Holloway, eds., *Post-Fordism & Social Form.*

Jessop, Bob(1991c), "Foreword: On Articulate Articulation," in R. Bertramsen, et al., *State, Economy and Society*, London: Unwin Hyman.

Jessop, Bob(1991d), "On the Originality, Legacy and Actuality of Nicos Poulantzas," *Studies in Political Econmy* 32(Spring).

Jessop, Bob(1993), "Towards a Schumpeterian Workfare State?: Preliminary Remarks on Post-Fordist Political Economy," *Studies in Political Econmy* 40(Spring).

Jessop, Bob(1994), "The Transition to Post-fordism and Schumpeterian Workfare State," in R. Burrows, et al., eds., *Towards A Schumpeterian Workfare State?* London: Routledge.

'다원민주주의적' 정치질서와 정당

1. 여는 글

자유민주주의로 불리우는 '다원주의', 보다 정확히 표현하자면 '다원민주주의(pluralist democracy)' 내지 '다두정(polyarchy)'은 현대 선진 자본주의사회의 정치질서를 대표하는 중요한 정치질서로서 이에 대한 이해없이 현대정치에 대한 이해는 불가능하다. 특히 이 같은 정치질서는 '대중정당'이라고 불리우는 독특한 역사적인 정치조직체간의 경쟁을 그 기본틀로 하고 있다는 점이 독특한 특징 중의 하나이다.

이와 관련, 주목할 만한 것은 후쿠야마의 『역사의 종언』[1]이 웅변적으로 보여주듯이 현존사회주의의 몰락은 이 같은 '다원민주주의'를 특권화시켜 주고 있다는 사실이다. 제3세계, 구'국가사회주의'권 국가 등 북한, 중국, 쿠바와 같은 극소수의 잔존'국가사회주의' 국가들을 제외한다면 이제 지구상의 모든 국가들이 비록 현실정치는 그렇지 못하더라도 '다원민주주의'를 달성해야 할 목표로 삼고 있다. 이 같은 다원

---

1) Francis Fukuyama, *The End of History and Last Man*, NY: ICM, 1992.

민주주의의 특권화에 따라 다원민주주의의 기본단위를 구성하는 대중정당이 계급정당이나 '전위정당'을 제치고 특권화되고 있는 것은 충분히 예측할 수 있는 자연스러운 현상이다. 그러나 다원민주주의가 정치질서 분야에서 누리기 시작한 '확고한 헤게모니'와는 대조적으로 대중정당 나아가 정당이라는 정치조직의 형태 자체는 현대사회의 변화 속에서 다양한 측면에서 도전을 받고 있는 것도 부인할 수 없는 현실이다.

이 글의 목적은 이 같은 문제의식에 기초하여 다원민주주의적 정치질서의 특징을 고찰하고 다원민주주의적 정치질서 속에서의 정당의 역할과 작동을 비판적으로 고찰해 보는 데 있다.

2. 다원민주주의란 무엇인가?

다원주의는 현대 사회과학에 있어서 자주 거론되고 있는 중요하고도 일상적인 개념이다. 그러나 이는 이 개념이 사용되는 맥락과 추상화 수준 등에 따라 그 의미가 극히 다양하고, 따라서 이 같은 맥락과 추상화 수준 등을 정확히 인식하지 않을 때는 많은 혼란을 야기시킬 수 있는 골치아픈 개념이기도 하다. 예를 들어 이 개념은 철학적 방법론에 있어서는 인과관계의 설명에 있어서 하나의 원인으로 환원시키는 '일원주의(monism)'에 대칭되는 개념으로서,[2] 최근의 '포스트주의' 논쟁에서는 '사회적 관계의 담지자'로서의 인간이 계급으로 표상화되는 생산관계뿐만이 아니라 성, 지역, 인종 등 다양한 측면으로 구성된다는 '주체의 다원성'을 지칭하는 개념으로서,[3] 정치질서로서의 다원

---

2) James Scanlan, *Marxism in the USSR*, Ithaca: Cornell Univ. Press, 1985, 220-223 등 참조.
3) Chantal Mouffe, "Hegemony & New Political Subject," in C. Nelson, ed.,

주의와는 엄청난 거리가 있다.

주제를 '다원주의일반'이 아닌 '다원민주주의'로 국한시킨다 하더라도 기본적으로 문제는 마찬가지이다. 우선 이는 그 차원에 있어서 1) 규범으로서의 다원민주주의와 2) 현실분석모델 내지 '실증적 이론(empirical theory)'으로서의 다원민주주의를 엄격히 구별해야 한다. 규범으로서의 다원민주주의란 현실이 다원민주주의라는 것이 아니라 오히려 현실이 그러하지 않기 때문에 이를 추구해야 한다는 규범적 처방으로서 그 실현가능성 여부 등을 논외로 할 경우 기본적으로 '진보성'을 갖는다. 이 같은 대표적인 예로는 파시즘, 스탈린주의의 '일원주의'에 대항하여 사회적 다양성을 주장한 라스키(Laski) 등을 들 수 있고 스탈린주의를 극복하기 위해 다당제의 도입 등을 주장한 페레스트로이카의 '사회주의적 다원주의론'도 그 한 예라 할 수 있다.[4] 즉 이는 현존 사회주의 사회가 다원민주주의적이라는 주장이 아니라 그렇지 못하기 때문에 이를 추구해 나가야 한다는 처방이다. 또 이 같은 규범적 다원민주주의론의 한 변형으로서, '지배전략'으로서의 다원민주주의를 주창한 미국의 '건국의 아버지들(Founding Fathers)'의 「연방주의교서("The Federalist Papers")」를 짚고 넘어갈 필요가 있다. 이 같은 다원민주주의론의 경우 다른 규범적 다원민주주의론이 사회적 다원성을 통해 민주주의를 함양시키는 것을 그 목적으로 하는 것과는 대조적으로 사회구성원의 절대다수를 구성하는 무산자들을 지역, 인종, 종교 등으로 분리시키고 '다원화'시켜 하나의 세력으로 결집하지 못하게 함으로써 유산지배세력의 기득권을 영속화시키는 것을 공공연한 목적으로 삼는 지배세력의 지배전략적 처방이다.[5]

Marxism and the Interpretation of Culture, London: Macmillan, 1988, 89-104.
4) Harold Laski, *A Grammer of Politics,* New Haven, 1925; 코솔라코프 외, 「사회주의적 다원주의논쟁—모스크바 원탁회의」, 송주명 편역, 『페레스트로이카—이론, 실천, 논쟁』, 새날, 1990 등 참조.

이 같은 규범적 다원민주주의론과 대조되는 것이 이 글의 주제가 될 현실분석모형으로서의 다원민주주의이다. 이 이론은 분석대상인 현실정치질서가 실질적으로 다원민주주의적이라는 주장으로서 현대자본주의의 정치질서를 설명하는 가장 중심적인 정치이론이 바로 이 같은 다원민주주의론이다. 60년대 미국의 정치권력구조를 둘러싼 다원주의-엘리트이론 논쟁이 잘 보여주듯이 이 같은 의미의 다원민주주의론은 현대 자본주의정치 질서가 실질적으로 다원민주주의적이라고 주장함으로써[6] 규범적 다원민주주의론의 '진보성'과는 달리 현존질서를 정당화해주는 '보수적' 기능을 수행한다고 할 수 있다.

현실분석모델로서의 다원민주주의라는 것 역시 오해의 여지가 없는 자명한 것은 결코 아니다. 오히려 이는 '다원적'이라는 것이 의미하는 추상화수준에 따라 두 가지의 전혀 다른 것을 의미한다.[7] 그 하나는 60년대 논쟁 당시 다원주의론('초기다원주의')이 의미했던 것이자 아직도 다원민주주의론이 일상적으로 의미하는 것으로서 정치권력이 소수 자본가계급 등에 집중되어 있는 것이 아니라 다양한 사회세력에 다원적으로 분산되어 있다는, '강한 의미'의 다원민주주의론, 즉 '정치권력의 다원민주주의론'이다.[8] 반면 다른 한 의미는 '다원적'의 의미가

---

5) A. Hamilton, et al., "The Federalist Papers," in P. Nivola, et al., eds., *Classic Readings In American Politics*, NY: St. Martin's Press, 1986, 29-56.
6) Robert Dahl, *Who Governs?*, New Haven: Yale Univ. Press, 1961. 물론 잘 알려져 있듯이 달은 후기에 들어 자기비판을 통해 입장변화를 겪는 바 이 같은 '초기'다원주의와 '후기'다원주의에 대한 요약소개로는 김구섭, 『정치권력과 민주주의』, 박영사, 1991.
7) 이에 대한 보다 구체적인 내용은 손호철, 「민주주의의 이론적 문제」, 손호철, 『전환기의 한국정치』, 창작과비평사, 1993, 392-395 참조.
8) 이 같은 국가권력 '분산'소유'론과 이를 비판하는 맑스주의의 '국가권력통일성체제'는 모두 권력을 '소유대상'으로 본다는 점에서 권력을 하나의 관계로 이해하는 푸코류의 '관계적(relational) 권력론'의 입장에서는 비판의 대상이 될 수도 있다 (M. Foucault. *The History of Sexuality*, vol. 1, NY: Vintage Books, 1980, 81-91). 이를 맑스주의와 관련, 분석해보자면 물론 맑스주의가 '국가권력의 장악,

추상성이 낮은 '약한 의미'의 다원민주주의론으로서 정치권력이 다원적으로 분산되어 있다는 것이 아니라 다만 다당제 등 정치조직이 다원적이라는 '정치조직의 다원주의론'이다. 그러나 대부분의 다원민주주의론의 경우 이 같은 두 수준의 구별이 없이 현대 자본주의사회 = 다당제(정치조직의 다원주의) = 다원민주주의(정치권력의 다원주의), 사회주의 = 일당제 = 정치권력의 독재라는 논리적 비약에 기초한 그릇된 공식을 도출하고 있다. 그러나 현대 자본주의사회가 정치조직의 다원민주주의에 기초해 있지만 이들 사회에서 정치권력이 사회세력에 정치권력의 다원주의론이 의미하는 식으로 다원적으로 분산되어 있다고는 볼 수 없다는 점에서 이 글에서의 다원민주주의는 정치조직의 다원민주주의를 의미한다. 이와 관련, 60년대 논쟁에서 정치권력의 다원민주주의론을 주장한 바 있는 대표적인 다원민주주의자 로버트 달 (Dahl) 역시 현대자본주의사회의 불평등성에 눈을 뜬 뒤 이 같은 입장에서 후퇴하여 다원민주주의의 다원주의를 "조직상의 다원주의 (organizational pluralism), 즉 한 국가의 영역 안에 상대적으로 자율적인 조직들이 복수적으로 존재함을 지칭"[9] 하는 것, 즉 '(정치)조직의 다원주의'[10] 를 의미하는 것으로 국한시키고 있다는 점에 주목할 필요가 있다.

이해를 돕기 위해 지금까지의 논의를 체계적으로 정리하면 다음의 〈그림 1〉과 같다.

소유' 등의 표현들을 통해 이 같은 오해를 불러일으킬 수 있도록 해온 것은 사실이나 국가'장치'의 장악을 국가'권력'의 문제와 혼동하지 않았을 뿐더러 권력의 문제를 생산'관계'에 기초지우고 있다는 점에서 맑스주의의 권력론 역시 근본적으로는 관계적 권력론이라고 할 수 있다.

9) Dahl, *Dilemmas of Pluralist Democracy*, New Haven: Yale Univ. Press, 1982 (『다원민주주의의 딜레마』, 신윤환 역, 푸른산, 1992, 26).

10) 물론 달이 여기에서 의미하는 '조직'의 다원주의는 '정치조직'의 다원주의만을 의미하는 것이 아니라 보다 넓은 의미이나 이 글에서는 이 글의 주제인 정당문제와 관련하여 정치조직의 문제로 논의를 국한시키고자 한다.

그림 1. 다원민주의론의 제 유형

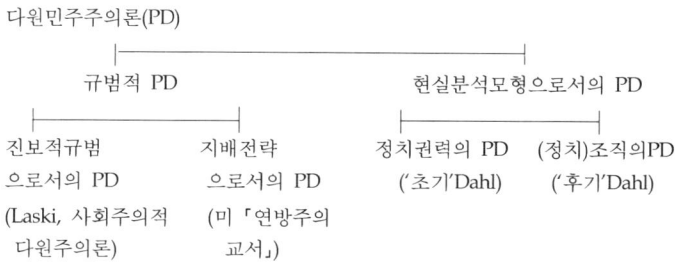

다원민주주의론(PD)

규범적 PD

현실분석모형으로서의 PD

진보적규범
으로서의 PD
(Laski, 사회주의적
다원주의론)

지배전략
으로서의 PD
(미「연방주의
교서」)

정치권력의 PD
('초기'Dahl)

(정치)조직의PD
('후기'Dahl)

이제까지 이 글은 다원민주주의가 무엇인가를 '다원주의'를 중심으로 살펴보았다. 그러나 "조직상의 다원주의를 표명하는 모든 나라가 반드시 민주적이라고 생각하는 것이 잘못"[11] 이며 "다원주의 체계들이라고 해서 모두가 민주적이 아니"[12] 기 때문에 다원민주주의에 대한 과학적 이해는 민주주의란 무엇이냐는 문제를 동반한다. 이는 많은 논쟁이 필요한 문제이며 민주주의의 정의 자체가 '개념의 헤게모니'를 둘러싼 중요한 정치적 쟁점이다. 다만 이 글에서는 현대선진자본주의의 현실 정치질서에 맞도록 이를 공적 경쟁과 정치참여권리의 포괄성, 가치선호 형성, 표현기회의 (형식적) 평등, 강제력이 아닌 헤게모니에 의한 지배 등 '절차적' 측면에 초점을 맞추어 개념화하고자 한다.[13] 따라서 다원민주주의는 "상대적으로 자율적인 정치조직의 복수성에 기초하여 공적 경쟁, 정치참여권리의 포괄성, 가치선호형성 및 표현기회의 (형식적) 평등을 보장함으로써 강제력이 아닌 헤게모니에 의한 지배를 관철시키는 정치질서"로 정의될 수 있다.

---

11) Dahl, *Dilemmas of Pluralist Democracy*, 81.

12) *Ibid.*, 51.

13) 이에 대해서는 Robert Dahl, *Polyarchy: Participation & Opposition*, New Haven: Yale Univ. Press, 1971, 1-9와 김세균, 「자유민주주의란 무엇인가」, 『사회평론』, 1991년 6월호 등 참조.

마지막으로 반드시 짚고 넘어가야 할 문제는 다원민주주의와 자본주의간의 관계에 관한 문제이다. 여러 학자들이 지적했듯이 분명 역사적으로 모든 자본주의사회가 다원민주주의는 아니라고 하더라도 역사적으로 현존했던 다원민주주의사회는 모두 자본주의사회였음은 부인할 수 없다. 14) 그러나 정치조직 나아가 조직일반의 다원민주주의가 전통적으로 자본주의와 사회주의를 구별시켜온 소유형태와 관계가 있는 것이 아니라 의사결정의 중앙집권성/분권성 여부에 크게 좌우되는 것이라는 점에서 다원민주주의가 자본주의에 고유한 것이 아니며 '다원민주주의적 사회주의'가 불가능한 것이 아니라는 점을 명심할 필요가 있다. 15)

3. 다원민주주의적 정치질서와 정당
―자본주의의 사례를 중심으로

1) 다원민주주의적 정치질서와 정당

이 글은 앞장의 결론 부분에서 다원민주주의적 정치질서가 자본주의에 고유한 것이 아님을 지적한 바 있다. 그러나 이 장에서는 다원민주주의에서의 정당의 기능과 역할을 일반이론적 수준보다는 자본주의사회의 사례를 중심으로 하여 논의해보고자 한다.

흔히들 정당의 기능을 '이익집약(interest aggregation)' 기능이라고

---

14) Charles Lindblom, *Politics & Markets*, New York: Basic Books, 1977, 161.
15) Dahl, *Dilemmas of Pluralist Democracy*, 제6장 참조. 특히 달은 사회주의를 중앙집권적 통제경제체제로 이해한 소련의 맑스주의와 달리 맑스는 이를 고도로 분권적이라고, 따라서 다원민주주의적이라고 생각했다고 주장하고 있다(141).

이야기한다. 16) 즉 다양한 사회세력들의 모순된 사회적 이익들을 집약시켜 국가가 정책에 반영하도록 매개하는 이익집약, 다시 말해 '시민'들 내지 '시민사회'와 국가간의 연계(linkage) 기능17)이 정당의 주된 기능이라는 것이다. 그러나 어떠한 사회이건 사회 속의 다양한 이해관계를 집약하는 이 같은 이익집약 메커니즘이 존재해 왔다면 왜 하필 현대 자본주의사회에서는 그것이 정당, 특히 대중정당의 형태를 띠며 정치질서 역시 이 같은 정당간의 경쟁을 주축으로 한 다원민주주의적 형태를 띠게 되느냐는 의문에 부딪친다.

물론 이는 여러 학자들이 이미 지적한 바 있듯이 의회 및 선거제도의 등장, 나아가 참정권의 확대라는 근대적 정치제도의 출현과 밀접한 관련이 있다. 18) 그러나 이 문제를 보다 근본적으로 파헤치기 위해서는 하나의 독특한 역사적인 '생산양식'으로서의 자본주의에 대한 이해를 필요로 한다.

하나의 생산양식으로서의 자본주의가 갖는 고유한 특성은 '소유관계'와 '점유(possession) 관계'의 일치성(homology) 이다. 19) 이와 달리 노예제 사회, 봉건제 사회 등 전자본주의적 생산양식의 경우 소유관계와 점유관계가 불일치하고 있다. 즉 이들 사회에 있어서 소유관계라는 측면에서는 생산수단이 노예주나 영주와 같은 법적 소유주에 속해 있지만 점유관계라는 측면에서 볼 때는 생산자와 생산수단이 분리되어 있지 않고 결합되어 있음으로써 생산자 자신이 생산수단과 노동

---

16) Gabriel Almond & G. Bingham Powell, *Comparative Politics*, Boston: Little, Brown, 1978, 201.

17) 이 같은 개념화의 선구자는 V. O. Key, *Public Opinion and American Democracy*, NY: Knopf, 1964.

18) Maurice Duverger, *Political Parties*, Cambridge: University Printing House, 1964, 3rd Ed., xxiii-xxx.

19) 이에 대해서는 N. Poulantzas, *Political Power & Social Classes*, London: Verso, 1971, 27-30.

과정에 대한 통제권을 갖게 마련이다. 따라서 최종생산물은 일차적으로 직접생산자의 손에 들어 있고, 그 결과 생산과정과 경제적 과정에 의해 자연스럽게 잉여의 수취가 일어나지 않고 이의 수취에 경제외적 강제가 필요하다. 이 같은 특징이 가져다주는 결과는 '정치'와 '경제'의 비분리 내지 '혼합'이다. 그러나 자본주의의 경우 생산자들이 생산수단으로 분리됨에 따라 소유권뿐만이 아니라 생산수단과 노동과정의 통제권, 즉 점유권 역시 자본가계급에게 귀속된다. 이처럼 소유관계와 점유관계가 일치함에 따라 잉여가치를 포함한 최종생산물은 생산수단의 소유자인 자본가계급에 귀속되고 그 결과 전자본주의사회들과 달리 잉여의 수취는 자연스럽게 경제적 과정, 즉 생산과정에서 이루어져 잉여의 수취에 경제외적 강제를 직접적으로 필요로 하지 않게 된다. 이 같은 자본주의의 고유한 특징은 자본주의사회의 또 다른 특징인 '정치와 경제의 상대적 분리'를 가능케 한다.[20]

이 같은 '정치와 경제의 상대적 분리'는 자본주의의 대표적인 정치체제인 다원적 민주주의를 이해하기 위한 가장 근본적인 인식의 출발점이다. 이 같은 분리는 정치영역에서의 민주주의, 즉 '정치적 민주주의'가 이루어진다 해도 그것이 잉여의 수취라는 경제영역에서의 현상에 직접적인 위협을 제공하지 않기 때문에 자본주의사회가 기본적으로 '계급사회'임에도 불구하고 전자본주의사회와는 달리 정치적 민주주의를 허용하는 것을 가능케 한다.[21] 다시 말해 이처럼 정치와 경제

20) 그렇다고 자본주의사회에서는 정치의 개입이 없는 '순수한' 경제가 가능하다는 이야기는 아니다. 분명 국가의 개입이 없는 경제는 불가능하고 '자유방임'자본주의는 하나의 신화에 불과하다(Poulantzas, *State, Power, Socialism*, London: Verso, 1978, 11-27; E. Balibar, "Class Struggle to Classless Struggle?", in E. Balibar & I. Wallerstein, *Race, Nation, Class*, London: Verso, 1991, 172 등). 그럼에도 불구하고 여기에서 상대적 분리란 정치와 경제가 분리된 형태를 띠고 있다는 '형태적인 분리'를 의미한다.

21) 물론 보통선거권의 제도화 등 이를 전면화시킨 것은 이 같은 생산양식적 특징 그 자체가 아니라 계급투쟁과 밑으로부터의 압력이다(손호철, 「자유민주주의와

가 분리되어 있음으로 인해 정치영역에서의 (형식적인) 평등과 민주주의는 공장문 앞에 오면 멈추게 되어 있다. 엥겔스가 "역사적으로 존재했던 대부분의 국가들에 있어서 시민들의 권리는 그들의 부에 비례함으로써 직접적으로 국가가 무산계급에 대해 유산자를 보호하기 위한 유산자계급의 기구임을 보여주고 있다…그러나 이 같은 재산의 차별을 정치적으로 인정하는 것은 결코 본질적이 아니다. 이와는 반대로 그것은 국가발전의 저단계임을 보여주는 것이다. 국가의 최고형태, 즉 (자본주의국가의) 민주공화제는…공식적으로 재산의 차별을 인정하지 않는다. 여기에서는 부는 그 권력을 간접적으로, 그러나 그만큼 더욱 더 확실하게 행사한다"[22]고 주장한 것은 바로 이 같은 현상을 지칭한 것이다. 결국 이 같은 분리가 가능케 한 정치적 민주주의는 다른 정당론자들이 주목한 의회제도, 선거제도, 참정권 확대의 밑거름이 되어 다원민주주의적 정치체제와 다원정당제를 현대자본주의사회의 특징으로 자리잡게 한 근본적인 뿌리이다.[23]

이와 밀접히 관련된 자본주의의 독특한 특징은 정치와 경제의 분리에 따라 사회가, 특히 정치적·법적 영역에 있어서, 계급의 구성원으로서가 아니라 동등한 권리와 의무를 갖는 '시민'이나 '개인'으로 구성된다는 점이다. 따라서 자본주의국가는 계급국가임에도 불구하고 외형적으로는 계급국가가 아니라 '국민·인민적(national-popular)' 국가의 형태를 띠게 되며 법도 과거와 같은 '신분법'이 아니라 '보편법'의 형태를 취하게 된다.[24] 이는 개별화된 '시민들' 내지 '개인들'의 의지

선거」, 손호철, 앞의 책).

22) F. Engels, "The Origins of Family, Private Property, and the State," in Robert Tucker, ed,, The Marx-Engels Reader, NY: W.W. Norton & Co., 1978, 2nd Ed., 754.

23) 물론 이 같은 분리에 기초한 참정권, 다당제 등은 단순히 이 같은 분리로부터 자동적으로 도출되는 것이 아니라 계급투쟁 등 대중투쟁의 산물이다.

24) 이에 대해서는 Poulantzas, Political Power & Social Classes, 134.

를 총합하여 '민의'라는 이름하에 '집단의지'화시켜 국가정책 속에 반영시킴으로써 궁극적으로 '국민·인민적' 의지화시킬 수 있는 제도적 장치들과 기제들을 필요로 한다. 그것이 바로 정당이라고 할 수 있다.

그람시가 정당은 "이미 인지되기 시작했고 어느 정도는 행동으로써 자신을 표현하기 시작한 집단의지(collective will)가 구체적 형태를 취하도록" 하는 '현대군주(modern prince)'라고 지적한 것은 이 같은 맥락에서이다. 25) 다시 말해 그람시에 따르면 정당은 편협한 '경제적 조합주의적(economic-corporate)' 이해관계를 넘어선 "국민·인민적 집단의지(national-popular collective will) 형성"의 "조직소이자 동시에 이의 능동적, 활동적 표현"26)이라는 것이다.

한편 이와 관련, 이 같은 정당의 역할을 자본주의의 재생산이라는 관점에서 살펴보는 것이 필요하다. 자본주의사회에서 생산은 '생산'이라면 으레 연상하는 단순한 물질적 생산만이 아니라 '생산의 사회적 조건의 생산'까지를 포함한다. 27) 이 점에서 '체제의 재생산'이라는 문제가 부각된다. 그러나 정치와 경제의 분리, 정치적 민주주의 등은 이 같은 재생산의 '선험적인 보증'을 불가능하게 한다. 이는 여러가지 함의를 갖는다. 우선 자본주의의 '정상적인' 재생산에 필수적인 자본가계급의 헤게모니는 선험적으로 주어지는 것은 아니다. 물론 헤게모니라는 것은 일각에서 이해하듯이 단순한 도덕적·이데올로기적·정치적인 '상부구조적'인 현상만은 아니며 경제적인 것이기도 하다. 28) 따라서 자본주의사회에서의 자본가계급의 헤게모니의 뿌리는 생산수단의 독점에 따른 투자결정의 사실상의 독점이라는 경제적인 측면에 기

---

25) Antonio Gramsci, *Selections from the Prison Notebooks*, New York: International Publishers, 1971, 129.
26) *ibid.*, 133.
27) 이 같은 문제의식이 맑스의 『자본』의 문제의식이다.
28) Gramsci, *op. cit.*, 161 참조.

인한다. 즉 자본이 투자를 기피하는 경우 경제활동은 위축되고 사회 전체의 소비수준은 떨어질 수밖에 없는 바, 자본의 이해관계는 사회 전체의 이해관계로 표상되고 이 같은 사실이 자본의 헤게모니의 궁극적인 뿌리가 되는 것이다.[29] 그러나 이 같은 경제적 헤게모니가 자동적으로 이데올로기·정치적 헤게모니로 전환되는 것은 아니라고 할 때 이의 '조직화'는 중대한 과제이다. 결국 이 같은 조직화란 그 원리로서의 '헤게모니프로젝트(hegemony project)'[30]를 의미한다. 즉 헤게모니란 선험적 내지 구조적으로 주어지는 것이 아니라 헤게모니프로젝트의 산물이자 효과이다.[31] 뿐만 아니라 자본이 하나의 단일한 실체가 아니라 다양한 자본분파들과 개별자본들로 구성되어 있다는 점을 고려할 때 다양한 '대안적 헤게모니프로젝트들'의 존재를 시사한다. 이 같은 대안적 프로젝트의 형성과 이들간의 경쟁을 통한 궁극적으로 실행에 옮겨질 헤게모니프로젝트의 형성에 핵심적인 것이 바로 정당이다. 이와 관련하여 풀란차스의 다음과 같은 분석은 예리하게 문제의 핵심을 파헤치고 있다.

행정부는 그 본성상 정당처럼 헤게모니를 조직해낼 수 없다. 진정한 정당체제의 유기적 기능은 권력블록내의 힘의 역관계를 대규모의 부작용이 없이 조직해낼 수 있도록 해준다. 따라서 블록내의 다양한 분파들간의 갈등이 규제될 수 있다. 힘의 관계의 변화가 정부정책에 유연하게 물흐르듯이 표상될 수 있도록 해준다. 블록의 일반적 정치이익을 응집시키는 장기정책을 수립할 수 있도록 해준다. 한마디로 다양한 분파들의 자율적인 대의화(representation)를 통해 헤게모니가 조직될 수 있도록 해준다.[32]

---

29) 이에 대해서는 Adam Przeworski, "Material Bases of Consent," in Przeworski, *Capitailism & Social Democracy*, Cambridge: Cambridge Univ. Press, 1980 참조.
30) 이 개념에 대해서는 Bob Jessop, *The Capitalist State*, NY: NYU, 1982, 244.
31) Jessop, *State Theory*, Cambridge: Polity Press, 1990, 208.
32) Poulantzas, *State, Power, Socialism*, 245.

풀란차스의 이 분석은 권력블록내의 다양한 분파내에서의 헤게모니의 조직화를 주로 다루고 있지만 이는 피지배계급 대중에 대한 헤게모니의 조직화에 대해서도 동일하게 적용될 수 있다. 이 점에서 국가를 하나의 '전략의 장'(strategic site)으로 본 풀란차스의 '전략(관계적) 국가론'[33]을 원용한다면 정당 역시 하나의 '전략적 장'이라고 할 수 있다. 결국 다른 정책적 프로그램을 가진 정당간의 경쟁은 이 같은 거시적 맥락 속에서 이해되어야 한다.

이를 부연 설명하자면 이 같은 헤게모니의 조직화, 나아가 궁극적으로는 이를 통한 체제의 재생산을 위해서는 국가가 지배계급, 피지배계급 등 다양한 사회세력간의 힘의 역관계를 정확히 인지하여 피지배대중과 다양한 사회세력들에게 필요한 만큼의 양보를 하고 이들의 '경제적 조합주의적' 이익을 충족시켜주는 것이 필요하다. 그러나 문제는 자본주의사회에 있어서 이들 사회세력들은 기본적으로 '개인' 내지 '시민'들로 원자화되어 있다는 점이다. 이 같은 사실과 관련하여, 사회 속에 분자화되어 있고 조직화되어 있지 않음으로써 '계량예측'이 불가능한 사회세력간의 역관계를 조직화시켜 어느 정도 '계량예측' 가능하도록 만들어주는 중요한 기제가 정당이기도 하다. 한마디로 '시민사회'의 사회적 역관계가 '객관적'으로 국가 속에 반영될 수 있도록 해주는 것이 정당의 중요한 역할이다.[34] 이와 관련, 주목해야 할 점은 풀란차스가 지적한 국가장치와 비교할 때 정당이 갖는 유연성과 탄력성이다. 예를 들어 객관적인 사회적 역관계보다 '우경적'인 정권에 의해 국가성격이 우경화되어 있을 경우 국가정책과 객관적 역관계간의 긴장이 생겨나고 궁극적으로 헤게모니의 조직화와 체제재생산에 문제

---

33) *Ibid.*
34) 최근 들어 이 같은 정당제도 등을 '정치사회'라는 독자적인 영역으로 추상화시켜 부각시키려는 노력(최장집, 『한국민주주의이론』, 한길사, 1993 등)은 그 문제점에도 불구하고 이 같은 측면에 대한 문제의식의 발로이다.

가 발생하게 마련이고 이는 보다 '좌파적' 프로그램을 가진 정당의 집권에 의해 객관적인 사회적 역관계가 반영되는 방향으로 자기정정을 이루어내 체제재생산의 위기를 해소하도록 하는 효과를 창출하는 것이다. 다소 '극좌적'이기는 하지만 자본주의사회에서 정당과 선거제도라는 것이 대중의 정치상태의 바로미터로서 부르주아를 위한 '조기경보장치'로 기능할 뿐이라는 주장은 정당의 기능 중 이 같은 측면을 지칭한 것이라고 하겠다. 35)

자본주의사회에 있어서 정당은 자본주의체제 재생산의 중요한 기제이자 헤게모니와 전략형성의 장이며 동시에 사회적 역관계가 반영되는 계급투쟁의 장이기도 하다. 극단적으로 표현하자면 계급투쟁 없이 정당은 없다. 36) 이를 자본주의의 고유한 특징인 노동의 상품화와 관련하여 생각해보는 것도 중요하다. 자본주의사회에서 노동력은 다른 상품들과 마찬가지로 상품화된다. 그러나 노동력이라는 상품은 다른 상품들처럼 생산되지 않는다고 하는 독특한 특징을 갖고 있다. 즉 이의 재생산을 위한 조건은 자본주의적 상품이 생산되는 과정 외부에 자리잡고 있다. 대신 노동력을 최저가격에 구매하고자 하는 자본가들에 대항하여 노동자들은 자신들의 노동력을 재생산할 수 있는 조건을 유지하기 위해 투쟁한다. 아이러니칼하게도 이들의 "그러한 투쟁이 없이는 그 재생산을 보장할 수는 없다."37) 이와 동일한 논리로 정당은 계급투쟁의 장이자 이를 통해 재생산의 기제로 작동하는 것이다.

계급투쟁과 정당과의 관계에 있어서 주목해야 하는 점은 정당이 '시

---

35) Albert Szymanski, *The Capitalist State and the Politics of Class*, Cambridge: Winthrop Pub., 1978, 122-123.

36) 이와 관련, 알튀세르는 "정당의 존재가 계급투쟁을 배제하지 않을 뿐 아니라 오히려 이에 근거한다"고 지적한 바 있다(L. Althusser, "Notes on Ideological State Apparatuses," *Economy & Society*, vol. 12, no. 4[Nov. 1983]).

37) John Urry, *The Anatomy of Capitalist Societies*, London: Macmillan Press, 1981(이기홍 역, 『경제, 시민사회, 그리고 국가』, 한울, 1994, 140).

민사회'의 사회적 역관계의 '전동벨트(transmission belt)'만은 아니라
는 점이다. 오히려 정당은 계급투쟁을 '특정한 방식으로 조직화' 내지
'구조화'시킨다. 다원민주주의적 정치질서 속에서 여러 정당간에 이루
어지는 경쟁과 관련하여 민주주의는 '불확실성의 제도화'라는 주장이
최근 들어 주목을 받고 있다.38) 이 주장처럼 민주주의라는 '게임'의
결과가 어느 정도는 구조화되어 있기는 하지만(자본주의 질서 그 자
체에 위협이 되지 않도록 한다는 한에서라는 구조적 한계내에서의 의
미에서) 미리 확정되어 있는 것이 아니라 참가자들의 전략 등에 의해
어느 정도는 열려진 불확실한 것이고 이 같은 불확실성이 모두로 하여
금 이 게임에 참여, 그 결과를 자신들에게 유리하게 만들도록 한다는
의미에서 모두를 민주주의 게임에 참여토록 하는 기반을 제공한다는
점은 사실이다. 그러나 이 같은 측면의 부각이 은폐하고 있는 것은 다
원민주주의라는 게임이 계급투쟁을 '특정한 방식으로 조직화'한다는
사실이다. 즉 다원민주주의는 정해진 특정한 경기규칙을 수용하고 이
를 준수하는 투쟁의 조직화만을 허용함으로써 계급투쟁을 '특정한 방
식으로 조직화'시키는 것이다. 이 과정에서 중요한 기능을 담당하는
것이 바로 정당이다. 정당은 특정한 계급 내지 계급들과 사회세력들
의 이해를 증진시키기 위해 이들을 조직화하여 다원민주주의의 주어
진 경기규칙내에 들어가 다른 정당들과 경쟁을 벌이는 과정에서 '불확
실성의 게임' 속에서 지지세력의 이해를 실현시키도록 도와주지만 동
시에 이들의 투쟁을 일정한 '게임의 규칙'에 묶어 놓음으로써 특정한

---

38) 그 대표적인 예는 Przeworski, *Democracy and Market*, Cambridge:
Cambridge Univ. Press, 1991. 게임이론에 기초한 이 같은 이론화는 '초기' 쉐보르
스키에서 나타났던 불확실성의 제도화 뒤에 은폐된 구조적 제약(불확실성의 범위
의 제약성)이라는 문제의식이 사장되고 민주주의가 계급중립적이고 그 결과가 무
제한으로 불확실하게 열려있다는 느낌을 주는 그릇된 방향으로 나아가고 있다. 또
한 이 같은 민주주의에 대한 '최소주의적' 정의는 1980년대 이후의 제3세계 민주화
연구들이 보여주듯이 민주주의의 '희화화'를 초래하는 경향이 있다.

방식, 즉 '제도정치권의 정당정치'의 방향으로 구조화시키는 것이다. 이는 후에 지적할 현대정당의 '대중통합기구화'와 밀접한 관련이 있으며 세칭 현대정당의 위기의 한 근원이 되기도 한다(아래 참조).

　이 같은 문제는 우리로 하여금 자연스럽게 다원민주주의적 정치질서에서 왜 하필 그 주된 정치적 행위자가 '대중정당'인가 하는 문제로 넘어가게 한다. 물론 자본주의사회에 있어서 정당은 항상 대중정당형태를 띠어온 것은 아니다. 오히려 초기에는 '간부정당(cadre party)'의 형태가 주종을 이루었고[39] 그리고 현재에 있어서도 '계급정당'에 대립되는 의미의 대중정당화 정도는 나라에 따라 차이가 있다. 그러나 최소한 다원민주주의적 정치질서의 최소조건이라고 할 수 있는 보통선거권이 보편화된 이후의 자본주의사회에서의 대표적인 정당형태는 대중정당이며 스웨덴 등 계급정치가 상대적으로 활성화되어 있는 나라에서조차 '순수한' 의미의 계급정당은 존재하지 않으며 기껏해야 '대중적 계급정당' 내지 '계급적 대중정당'이 주된 정당형태이다. 그렇다면 문제는 자본주의의 다원민주주의적 정치질서하에서는 왜 하필 정당형태가 대중정당이라는 형태냐 하는 의문이다. 자본의 입장에서는 이를 쉽게 설명할 수 있다. 두 가지 이유에서 이는 자명하다. 첫째, 자본가계급의 수적 열세를 고려할 때 자본가계급을 기초로 한 계급정당의 형태로는 수의 게임에서 도저히 승리가 불가능하기 때문이다. 둘째, 자본주의체제를 순조롭게 유지하는 가장 중요한 비결 중의 하나는 사회의 조직원리가 계급이 아닌 것처럼 보이게 하는 것이라는 점을 고려할 때 자본가계급이 정치적 조직원리로서 계급구성원이 아닌 개인 내지 시민으로 구성되는 대중정당을 선호할 것은 자명하다. 그러나 문제는 왜 피지배계급 역시 대중정당의 형태를 취하고 있느냐는 것이다. 이를 이해하는 데는 소위 '선거사회주의의 딜레마'[40] 라는 것이 유용하다.

---

39) 간부정당 등 정당의 형태들과 특징에 대해서는 Duverger, *op. cit.*

사실 서구정당사를 보면 초기 노동자계급운동은 노동자계급의 계급정당의 형태를 띠고 있었고 '대중'이라는 것, 나아가 '대중정당'이라는 것에 대해 적대적인 태도를 취했었다. 1863년 파리선거에서의 최초의 노동자후보가 그러했고 사회민주주의의 고전인 1875년 고타강령, 초기 스웨덴 사회민주당 강령이 그러했다. 41) 그러나 이는 노동자계급정당으로는 유권자의 1/3 이상의 득표가 불가능하다는 세칭 '1/3의 벽'에 부딪쳤다. '선거'라는 게임에 들어간 노동자계급정당은 근본적인 딜레마에 빠지게 된 것이다. '계급정당'의 위상을 지키면서 만년 소수당으로 남을 것인가 '선거게임'에서 승리하기 위해서 '계급정당'을 버리고 '대중정당화'할 것인가의 딜레마이다. 결국 노동자계급정당들은 후자의 길을 택했고 선거에서 승리, 집권을 하기도 하였다. 그 결과 노동자계급 등 피지배세력의 이익을 관철시키는 정책이 제도화되고 그만큼 이들의 영향력도 커졌다. 그러나 동시에 이는 노동자계급 등의 계급투쟁을 앞에서 지적했듯이 '특정한 방식으로 제도화'시키는 결과를 가져다주었고, 뿐만 아니라 유권자들을 계급의 구성원으로서가 아니라 '개인' 내지 '시민'으로 호명(interpellate), 동원함으로써 '정치의 탈계급화'와 '주체의 탈계급화'를 가져다주었다. 결국 노동자계급정당의 대중정당화와 이에 기초한 승리과정은 "동시에 계급으로서의 노동자계급의 해체과정", 42) 다시 말해 '자기파괴과정'에 다름 아니었다.

대중정당이라는 형태는 또 다른 이유, 즉 자본주의의 존재양식과도 관련이 있다. 자본주의사회가 기본적으로 계급사회이고 사회적 관계에 있어서 생산관계가 '중심적'이지만43) 이 같은 사실에도 불구하고

---

40) 이에 대해서는 Przeworski & John Sprague, *Paper Stones: A History of Electoral Socialism*, Chicago: Univ. of Chicago Press, 1986.

41) Arthur Rosenberg, *Democracy & Socialism*, Boston: Beacon Press, 1965, 165와 Herbert Tingsten, *The Swedish Social Democrats*, Totowa: Bedminister Press, 1973, 357.

42) Przeworski & Sprague, *op. cit.*, 54.

'순수한 계급관계'란 존재하지 않는다. 다시 말해 순수한 '계급'은 존재하지 않는다. 오히려 계급관계는 현실 속에서 불가피하게 성적 분할, 지역적 분할 등 다양한 비계급적 사회관계와의 중첩결정의 관계 속에서 표상될 수밖에 없다.44) 뿐만 아니라 노동자계급 역시 이 같은 비계급적 사회관계의 중첩결정 이외에도 노동과정의 구체성에 의해 분할될 수밖에 없다. 그 결과가 흔히 '대중'이라는 존재양태이다.45) 이것이 정당이 대중정당의 형태를 띠게 되는 또 다른 이유이다. 따라서 현대자본주의사회연구에 있어서 정당문제를 계급문제로 환원시키려는 '본질주의'와 그 역으로 정당의 존재양식이 '비계급적'이라고 해서 이를 계급문제와 무관한 것으로 치부하는 '현상주의'라는 양 편향을 경계해야 한다.

이 같은 논의들은 물론 극히 추상적이고 원칙적인 것들이다. 따라서 자본주의사회의 다원민주주의적 정치질서와 정당의 보다 구체적인 동학과 특징, 이 양자간의 보다 구체적인 관계를 이해하기 위해서는

---

43) 셰칭 포스트맑스주의의 '주체의 다원주의'의 경우 사회적 관계를 생산관계로 환원시키는 '계급환원론'에 반대하여 역으로 이의 중심성까지도 부정하고 있으나 (Mouffe, *op. cit.*) 이는 계급환원론만큼이나 문제가 많다 하겠다.

44) 에티엔 발리바르, 「'사회주의'와 마르크스주의」, 윤소영 엮음, 『마르크스주의의 역사』, 민맥, 1991, 286.

45) 엥겔스로부터 발리바르에 이르는 맑스주의에 있어서 계급과 '대중'의 관계에 대한 논의를 정리한 글로는 서관모, 「마르크스주의 계급이론의 현재성」(『이론』 창간호, 1992년 여름)과 서관모, 「적대와 이데올로기: 역사유물론의 전화」(『이론』 8호, 1994년 봄). 이밖에 그간의 맑스주의이론이 주로 자본주의사회가 개인들을 계급의 구성원이 아니라 '개인' 내지 '시민'으로 '호명'함으로써 '주체형성'과정에 있어서 주체의 탈계급화를 유도하고 있다고 주장해온 데 반해 영국의 〈사회주의자경제학자회의〉(CSE) 의 홀로웨이는 '개인화' 이외에도 주체형성과 관련된 자본주의국가의 또 다른 일상적인 실천, 즉 다양한 비계급적 범주로 분류, 호명하는 '비계급적 집단화'를 주목할 필요가 있다고 밝히고 있는 바(John Holloway, "The State and Everyday Struggle," in Simon Clarke, ed., *The State Debate*, NY: St. Martin's Press, 1991, 242-250) 이는 '대중'이라는 존재양식의 이해에 있어서 극히 중요한 연구과제이다.

이에 살을 붙이고 구체화시키는 작업이 필요하다. 이는 다원민주주의적 정치질서도 시기와 나라에 따라 다양한 하위유형들이 존재하고 이같은 정치질서하의 정당과 '정당체제(party system)'[46] 역시 시기와 나라에 따라 차이가 있기 때문이다. 즉 정당체제는 구체적인 '정치현장(political scene)'과 관련된 추상성이 낮은 수준의 레짐 유형(regime type)과 연관을 갖는 구체분석의 문제이다.[47] 그리고 이 같은 구체분석의 문제는 본 논문의 주제 밖의 일이다. 다만 한두 가지만 첨언하자면 이 같은 연구는 계급구조와 계급동맹, 사회적 역관계의 구체적 국가별, 시기별 차이에 따라 나타나는 정당제도의 차이, 그리고 정당제도, 정당체제의 차이가 유발시키는 재생산기능과 계급투쟁기능의 차이에 대해 주목할 필요가 있다. 또 다원주의적 정치질서와 특정한 정당체제가 구체적으로 계급정치의 구조화/탈구조화, 조직화/탈조직화에 미치는 차별적 기능들에 대한 관심이 촉구된다. 예를 들어 양당체제는 경쟁하는 양당간의 이념적 수렴을 유발시켜 대중정당화를 가속화시키고 정치의 탈계급화를 유도하는 경향이 있는 반면 다당제는 이와 달리 계급정당의 정체성을 상대적으로 유지시켜 주고 정치의 계급화를 지탱, 강화시켜주는 경향이 있다.[48]

2) '정당의 위기'?

1970년대 이후 서구에 있어서 흔히들 거론되고 있는 중요한 정치현상 중의 하나는 '정당의 위기', '정당정치의 위기'이다.

---

46) 이 개념에 대해서는 Giovanni Sartori, *Parties and Party Systems*, NY: Cambridge Univ. Press, 1976 참조.
47) 이에 대한 선구적인 연구로는 Poulantzas, "Forms of Regime, Political Parties," in *Political Power & Social Classes*, 317-321.
48) 손호철, 「자유민주주의와 선거」, 손호철, 앞의 책, 329-331 참조.

물론 최근 세계사에 있어서 가장 극적인 정당의 위기는 당＝프롤레타리아트 전위, 당＝진리라는 당 물신화에 의해 프롤레타리아트독재라는 이름하에 행해진 현존사회주의 사회들, 즉 이 글의 주제인 다원민주주의적 정치질서와는 거리가 먼 사회들에 있어서의 당독재의 몰락이 보여준 '전위당의 위기'이다.49) 그러나 이 같은 사실이 다원민주주의적인 서구 자본주의사회에서 정당, 즉 그 주된 형태인 대중정당은 문제점이 없고 위기에 처해 있지 않다는 것은 아니다.

우선 현대 서구사회에서의 정당의 위기는 가장 현상적인 차원에서는 유권자들의 정치적 무관심의 증대에 따른 선거참가율의 감소, 나아가 정당소속 당원들의 감소 등의 가시적인 측면에서 인식되고 분석되어 왔다. 특히 미국에서 시작된 이 같은 현상50)은 이후 정당정치, 특히 계급적 정당정치의 전통이 강한 서구사회에도 확산되어 풀란차스가 '미국화의 위험'51)이라고 경고한 현상을 야기시켜 왔다. 예를 들어 한 연구에 따르면 최근 들어 19개 서구국가의 192개 주요정당 중 23%가 사라지고 22%가 통합, 분당 등 대대적인 구조변화를 겪은 것으로 나타나고 있다.52) 뿐만 아니라 이 같은 위기는 양당제로부터, 다당제, 일당우위제 등 정당체제 전반에 걸쳐 광범위하게 일어나고 있다는 것이다.53)

---

49) 이 같은 문제의 이면에 내재한 맑스주의 당이론의 모순과 문제점에 대해서는 E. Balibar, "Etat, parti, idéologie," dans Balibar, et al., *Marx et sa critique de la politique*, Paris: Maspero, 1979, 107-167(발리바르, 「국가, 당, 이데올로기」, 윤소영, 『에띠엔 발리바르의 정치경제(학) 비판』, 한울, 1987, 179-223).

50) 이에 대해서는 Walter Burnham, *The Current Crisis in American Politics*, NY: Oxford Univ. Press, 1982.

51) Poulantzas, "La crises des partis," *le Monde Diplomatique*, 26 Sept. 1979; Jessop, *Nicos Poulantzas*, NY: St. Martin's Press, 1985, 290에서 재인용.

52) Richard Rose & Thomas T. Mackie, "Do Parties Persist or Fail?", in K. Lawson & P. Merkl, eds., *When Parties Fail*, Princeton: Princeton Univ. Press, 1988, 543-546.

53) Merkl, "The Challengers and the Party Systems," in *ibid.*, 565-582.

왜 이 같은 현상이 일어나는가? 첫째, 이 같은 현상은 위에서 지적했듯이 이들 사회에서의 정당들이 실용주의적 대중정당화되어 온 것과 밀접한 관련이 있다. 즉 실용주의 대중정당화에 따라 정당간의 뚜렷한 이념적 차이를 실종시킴으로써 정당의 중요성, 이에 대한 관심을 축소시키는 결과를 야기했다. 둘째, 대중매체의 발달이다. 이에 따라 '대중매체의 정치', 특히 'TV정치'가 발달하면서 과거 정당이 누리던 정치인들과 유권자들간의 매개기능의 독점이라는 것이 무너지고 말았다. 대중매체를 통해 정치인들과 유권자들간의 '직거래'가 가능해지고 이 같은 직거래의 비중이 커지면서 정당의 중요성은 쇠퇴해갈 수밖에 없게 되었다. 셋째, 산업구조 등의 변화이다. 즉 산업구조 등의 변화로 유권자들의 계급, 계층적 구성이 바뀌고 이들의 이해관계 역시 바뀌었음에도 불구하고 기존의 정당들은 전통적인 정강과 정체성에 머물러 있어 양자간의 괴리가 생겨나 정당의 위기로 나타나고 있다는 주장이다. 한마디로 정당이 그 고유한 기능인 '시민사회'와 국가간의 '연계'기능을 제대로 수행하는 데 실패한 '정당 실패(party failure)'가 그 원인이라는 것이다.[54] 이 같은 분석들이 정당의 위기에 대한 중요한 시사점을 주고 있는 것은 사실이다. 그러나 정당의 위기를 이해하기 위해서는 보다 근본적인 문제들에 대한 인식이 필요하다.

이는 현대 자본주의의 특징인 경제 및 사회에 대한 국가개입의 증대, 이와 관련된 정당의 '대중통합기구화' 내지 '의사(疑似)국가장치화'와 연관이 있다고 할 수 있다. 물론 알튀세르처럼 "정당이 특수한 이데올로기적 국가장치, 즉 지배계급의 정치적 이데올로기를 실현시키는 정치적인 이데올로기적 국가장치(political ISA)의 한 구성부분에 불과"[55] 하다고 볼 경우 이는 현대자본주의의 새로운 현상은 아니며

---

54) Kay Lawson, "When Party Fails," in *ibid.*, 17.
55) Althusser, *op. cit.*

이와는 다르지만 그람시 역시 일찍이 "현대사회에서 정당은…국가(기계적으로 이해되는 정부가 아니라 통합국가(integral state)-원 저자) 속으로 통합되어 발전할 것이다"[56]고 전망한 바 있다. 어쨌든 정당의 위기론자들이 주목하는 것은 정당이 과거처럼 사회세력의 이익을 국가 속에 연계시키고 전달하는 '시민사회의 전동벨트'이기를 멈추고 오히려 최근 들어 "국가권력의 전동벨트로 기능해 왔다"[57]는 점이다. 특히 이 같은 분석들에서 주목할 만한 것은 이 같은 변화가 현대자본주의의 발전과 밀접한 관련이 있다는 사실이다.

이 문제를 가장 심도있게 분석하고 있는 조절이론[58]의 경우 이를 사회의 '포드주의적 재구조화'와 관련시켜 다음과 같이 설명하고 있다.

증가하는 사회의 자본화, 그에 따른 사회분열, 전통적인 노동자공동체의 파괴, 노동자계급내의 분화와 분열, '신중산계급'의 발생, 그리고 강요된 동원 때문에 정당은 정치적 계급이해를 위한 조직들에서 관료적인 대중통합기구로 변화되었다. 노동자정당이나 부르주아정당과 같은 전통적 정당과 달리 이들 새로운 정당들은 사회관계로부터 명백하게 분리되는 것으로 특징지어지며…구성원들의 활동이 감소하고…관료정치화가 증대하는 것으로 특징지어진다…그런데 이는 역으로 구성원들로부터 더욱 소외당하는 원인이 된다…정당체제상의 이 같은 변화는 세계시장에서 경쟁이 증가함으로 인해 사회경제적인 개혁과정이 행정적 수단에 의해 수행되어야 한다는 사실에 근거하고 있다. 대부분의 선진자본주의국가들에서 국가정치의 목표는 국민경제를 위하여 세계시장의 경쟁에서 이익을 획득하는 것이다…그래서 근대 '대중통합정당'들의 기능변화는 확실해진 것 같다. 그

---

56) Gramsci, *op. cit.*, 267.
57) Poulantzas, *Political Power & Social Classes*, 300.
58) 정치학과 관련이 깊은 국가론적 시각에서의 조절이론의 소개로는 정국헌, 「조절이론에서의 국가이해」, 한국정치학회, 『현대국가론의 성과와 과제』(월례발표회 논문집 IV, 1994). 이를 둘러싼 논쟁과 비판적 평가로는 김세균, 「영국 CSE 이론가들의 국가이론」과 손호철, 「'전략관계적' 국가론의 비판적 고찰」(같은 책).

것들은 정책결정기구들과 다양하면서도 대립적인 이익집단들을 중재하고 접합시키는 등 전통적인 의미로는 기능하지 않는다. 오히려 그것들은 국가관료들과 그들의 조치에 의해 영향을 받는 국민들 사이를 조절하는 대행자로서 작동한다. 세계시장에의 의존상태를 안정화시키기 위해 대중통합정당들은 사람들의 요구와 관심을 여과하고 그 통로로 기능함으로써 명백한 제약요인들과 그것 때문에 영향받는 사람들을 중재하여 그들이 체제적 조건에 적응할 수 있도록 만든다…그들은 점점 더 사회조직 속으로 침투해 들어가는 행정적 조절기구의 구성부분이다(실제로 정당은 사회의 국가화의 주요형태이다).[59]

이 같은 비판이 잘 보여주듯이, 최근의 정당의 위기는 현대자본주의의 변화 속에서 집권정당이나 부르주아정당뿐만이 아니라 사회민주주의정당이나 유로코뮤니즘정당 등 '좌파정당'까지도 "사실상 프롤레타리아 대중을 부르주아국가 속에 통합시키는, 달리 말하면 부르주아계급지배에 대항하는 대중투쟁을 촉발시키고 전면적으로 발전시키기보다 그러한 투쟁을 순치시키고 투표행위로 축소시키는 사실상의 부르주아계급지배의 이데올로기적 국가장치로 전환된 것"과 관련되어 있다.[60]

풀란차스는 이 같은 맥락을 공유하면서도 정당의 위기를 분석할 수 있는 또 다른 요인을 부각시킨다. 즉 독점자본주의의 심화에 따른 재생산과정에의 국가개입의 증대, 나아가 1970년대 이후 가시화된 현대자본주의의 위기는 '권위주의적 국가주의(authoritarian statism)'라고 그가 지칭한 국가성격의 변화를 유발시키는 바 이것이 정당의 위기로 이어진다는 것이다. 독점자본주의의 발달과 국가개입의 증대는 '국가ㅡ

---

59) Joachim Hirsch, "The Fordist Security State and New Social Movements," *Kapitalistate*, no. 10/11 (1983), 82-83 (요하힘 히르쉬, 「포드주의적 보장국가와 신사회운동」, 한국정치연구회 정치이론분과 엮음, 『국가와 시민사회』, 녹두, 1993, 108-109).
60) 김세균, 「국가, 대중, 그리고 마르크스적 정치」, 『이론』 창간호, 1992년 여름.

관료-행정부'와 '정당체제'간의 변화를 야기시킨다는 것이다. 즉 "행정부가 권력블록과의 관계 속에서 국가를 조직화하고 지시해 나가는 역할을 독점하게 되고" 입법부와 정당은 그 역할이 축소될 뿐 아니라 엄청난 변화를 겪게 된다.61) "행정부는 국민적 대의(national representation) 과정으로부터 멀어지"고 지배대중정당은 국가에 통합된 '국가정당(state party)'이 된다.

　마지막으로 이 같은 사회영역 전반에 대한 자본의 재생산과정에의 흡수통합(단순한 생산현장인 공장을 넘어서 사회전체를 공장화하여 '사회공장(social factory)'62) 화시키는)과 국가개입의 증대는 과거 '정치화'되지 않았던 사회영역들을 '정치화'시켜 환경운동, 커뮤니티운동, 여권운동, 반핵운동 등 새로운 대중투쟁의 정치화를 야기시켰다. 흔히 '신사회운동'이라고 불리우는 이 같은 새로운 '비제도정치권적'인 대중투쟁의 폭발63)에도 불구하고 대의제적 관료정치제도권 속에 관료화되어 있고 국가장치화되어 버린 정당들은 이를 흡수하지 못함으로써 정당의 위기를 자초하게 되었다.64)

　이 같은 현대 자본주의사회에서 현상화되어 나온 정당의 위기라는 문제를 넘어서 일반이론적 수준에서 정당이라는 '당형태(party form)' 자체에 대해서까지도 근본적인 의문이 제기되고 있다. 바로 위에서 지적했듯이 68혁명, 그리고 70년대 서구 자본주의사회에서의 대중운동의 고양에도 불구하고 공산당 등 전통적인 당형태가 이를 활성화시

61) Poulantzas, *State, Power, Socialism*, 222.
62) Antonio Negri, *Marx Beyond Marx*, South Hadley, Bergin & Garvey, 1984.
63) 신사회운동론의 시각에서의 이 같은 운동에 대한 해석은 Claus Offe, "New Social Movements: Challenging the Boundaries of Institutional Politics," *Social Research*, vol. 52(1986), 817-868.
64) Poulantzas, "L'etat, les mouvements sociaux, le parti," *Dialectiques*, no. 28(1979) (Poulantzas, 「政黨の危機」, Poulantzas, 『資本の國家』, 東京, ユニテ, 1983, 189-194).

키기는커녕 오히려 운동의 질곡으로 작동한 상황에 대한 자기반성[65]에서 시작된 이 같은 문제제기는 현존 사회주의사회에서의 당독재를 포함하여 당형태에 내재해 있는 근본적인 억압성과 한계 등 당형태 자체에 대한 문제제기로 발전하였다. 즉 당은 국가와 마찬가지로 조직인 한, 아무리 혁명적인 당도 그 나름의 억압적 국가장치, 이데올로기적 국가장치를 가지며 "당 자체내에서, 당 지도자와 당 활동가간의 차이 속에서 부르주아 국가의 구조가 재생산"된다는 것, 당은 "부르주아적인 정치기구의 모델에 따라 구성된 것"이라는 주장이다.[66] 나아가 새로운 대안적 좌파이론으로 주목을 받고 있는 자율주의(autonomia) 운동과 '분자혁명'론의 경우,[67] 당형태에 비판적 문제의식을 더욱 발본적으로 발전시켜 나가 「공산당 선언」이후 변혁운동을 지배해온 중앙집권적인 전위당 모델 중심의, 즉 당 형태 중심의 운동은 68혁명 이후 죽었으며, 이제 정당이 아니라 다양한 주변적인 소수자들을 중심으로 한 자율적인 '분자적' 운동, 이들 운동간의 '접속'과 증식을 통해 새로운 사회상을 구성해 나가야 한다고 주장하고 있다.

이 같은 위기론에 대한 평가는 양면적일 수밖에 없다. 우선 정당의 위기는 부정할 수 없는 심각한 현실이라는 점에서 이를 정확히 인식하고 그동안 다원민주주의적 질서 나아가 현대 정치 속에서 이익집약,

---

65) Althusser, "What Must Change in the Party?", *New Left Review*, no. 109(April/May 1978).

66) Althusser, 「오늘날의 맑스주의」, 「로싸나 로쎈다의 질문과 알튀세르의 대답」, 루이 알튀세르, 『마침내 맑스주의의 위기가』, 백의, 1992, 20과 49; Etienne Balibar, "The Vacillation of Ideology," in Nelson, et al., eds., *op. cit.*, 188-191; 윤소영, 「알튀세르를 다시 읽으며 '마르크스주의의 위기'를 생각한다」, 『이론』 창간호, 1992년 여름, 56-57.

67) Antonio Negri & F. Guattari, 『분자혁명』, 윤수종 역, 푸른숲, 1998; George Katsiaficas, *The Subversion of Politics*, New York: Humanities Press, 1997(윤수종 역,『정치의 전복: 1968년 이후의 자율운동』, 이후, 2000); 윤수종, 「이탈리아의 아우토미아 운동」, 『이론』 14호, 1996년 봄; 윤수종, 「맑스주의의 확장과 소수자운동」, 『진보평론』 창간호, 1999년 가을.

그리고 저항과 변혁의 지휘본부이자 대안적 권력의 중심으로서 정당에 대해 부여했던 특권적 지위를 벗어나는 것이 필요하다. 특히 변혁운동과 관련된 전위당, 나아가 당형태 그 자체에 대한 비판은 소련, 동구의 경험, 서구의 좌파정당들이 노정한 문제점 등을 고려할 때, 타당하기 짝이 없는 주장으로서 이에 대한 발본적인 재검토가 필요하다. 결국 변혁정당의 체제내화, 변혁정당도 조직인 이상 그 속에 내재된 관료주의화와 억압성의 위험, 나아가 권력은 장악하는 것이 아니라 그 관계(권력관계)를 변혁시키는 것[68]임에도 모든 정당 중심의 변혁모형 속에 내재해 있었던 변혁정당을 통한 '권력장악' 모델의 문제점 등을 고려할 때 과연 당 중심의 변혁이라는 것이 아직도 유효한 변혁모형일 수 있는가 하는 근본적인 회의가 생긴다.

그러나 동시에 의문이 적지 않은 것도 사실이다. 우선 자본주의 재생산이라는 측면에서 볼 때, 이 같은 위기에도 불구하고 자본주의의 다원민주주의적 질서를 유지하는 데 있어서 정당을 대신할 만한 대안적 이익집약체계 내지 '연계체계'는 아직 부재하다는 점에서 정당의 위기를 '정당의 몰락'으로 비약시키는 것은 시기상조인 것 같다. 사실 바로 이 같은 사실 때문에 서구에서의 정당의 위기 논쟁 당시 당형태 자체의 위기론에 대해 일부 학자들은 현재 "정당제(party system)의 전반적 위기"가 본격화된 것은 사실이지만 그것을 당형태 자체의 위기로 보는 것은 논리의 비약이라는 반론을 제기한 바 있다.[69] 다시 말해, 현대정치에 있어서 정당이 위기에 처해 있지만, 정당을 대신할 만한 이익집약체계가 생겨나지 않는 한 정당은 그 위기에도 불구하고 상당한 기간동안 중심적인 이익집약기제로 작동할 것으로 보인다.

변혁운동이라는 측면에서도 마찬가지이다. 운동의 중심지도부로서

---

68) 이에 대해서는 이 책에 함께 실린 「푸코의 권력론 읽기」 참조.
69) Poulantzas, 「政黨の危機」, 187.

의 당형태에 대한 비판은 백번, 천번 옳은 것이지만, 과연 조직화되지 않은 사회운동의 '각개약진'과 '유목전', 그리고 소수자운동의 접속과 증식에 기초한 '분자혁명론'이 대안일 수 있느냐라는 의문이다. 이와 관련, 국내학자 중 이 같은 분자혁명론에 가장 열렬한 이론적 지지자라고 할 수 있는 한 학자의 경우도 "자본과 국가가 지배적인 위치에 있는 한, 그리고 자본주의적 시장논리가 지배하고 있는 현실에서 이러한 흐름이 당장 대중들의 많은 생활영역에 영향을 끼치지는 않을 것"70) 이라는 한계를 인정하고 있다. 특히 인류를 1920년대의 야만의 시대로 되돌리고 있는 신자유주의적 세계화의 공세를 생각할 때, 이 같은 한계에도 불구하고 장기적 관점에서 "앞서 가는 시계가 되자!"71) 는 논리로 자위하는 것으로는 무언가 부족한 것 같다.

결국 문제는 변혁운동이 "조직화하되 제도화(institutionalization) 되지 않는 것"일 것이다. 따라서 저항운동의 조직화에 초점을 둔 당형태가 조직화의 장점을 가지면서도 제도화되지 않을 수 있는 독특한 형식을 개발하는 것은 불가능한 것인지, 또 제도화의 위험으로부터 상대적으로 자유로운 분자혁명과 소수자운동이 강력한 국가와 자본에 대항할 만한 강한 연대의 틀로 조직화할 수 있는 것은 불가능한 것인지, 거기에 고민이 있다.

4. 맺는 글

이 글에서는 다원민주주의적 정치질서의 의미와 현존하는 대표적인 다원민주주의적 정치질서인 선진 자본주의사회의 자본주의적 다원민

---

70) 윤수종, 「맑스주의의 확장과 소수자운동」, 122.
71) 같은 글, 123.

주주의하에서의 정당이라는 문제를 왜 정당인가, 특히 왜 대중정당인가 하는 문제와 그 기능이라는 측면에 초점을 맞추어 그 구조적 특성과 관련하여 분석하여 보았다. 따라서 본문에서 지적한 바 있듯이 이 글의 논의는 극히 추상적이고 원칙적 수준의 논의에 국한되어 있어 보다 구체적인 수준의 역사적 연구가 보완되어야 하는 한계를 안고 있다. 또 이 글은 현대정치에 있어서 이익집약과 국가-시민사회의 연계 기능의 특권적 주체로서 자리잡아온 정당의 위기문제를 자본주의사회의 구조적 변화와 관련하여 살펴보았다.

현대사회는 사회주의권의 몰락에 대한 자본주의적 전일화와 WTO체제로 표현되는 자본의 무한지구화 등 엄청난 변화를 겪고 있다. 이같은 변화가 자본주의사회의 출현 이후 지배적인 정치적 커뮤니티의 기본단위가 되어온 '국민국가' 형태에 어떠한 영향을 끼칠 것인가가 중요한 쟁점이 되고 있다. 이 같은 변화를 감안할 때 국민국가라는 정치적 형태에 그 뿌리를 두어온 정당 역시 새로운 도전에 직면한 것임에 틀림없다. 따라서 이 글이 다룬 다원민주주의적 정치질서와 정당이라는 주제 역시 새로운 '초국적 다원민주주의적 정치질서'와 '초국적 정당'이 출현할 것인지 아니면 전혀 새로운 정치질서와 새로운 이익집약 형태가 출현할 것인지 등 이 같은 맥락 속에서 새로운 전망이 필요한 시점이라고 할 수 있다.

제3부

지구화의 언덕에서

맑스와 '제3세계'
―지구화시대에 맑스는 의미가 있는가?

1. 여는 글

소련, 동구의 몰락이라는 세계사적 전환은 사회과학에 있어서 '낡은 사고'의 전환을 요구하고 있다. 제3세계의 정치경제학도 예외는 아니다. 물론 '제3세계 정치경제학의 위기'는 소련, 동구의 몰락에 의해 갑자기 등장한 것은 아니다. 학문사적으로 볼 때 제3세계 연구, 특히 제3세계 정치경제학이론은 1) '이중경제'이론과 확산이론을 중심축으로 하는 근대화와 경제발전 패러다임의 제1기, 2) '발전의 10년'(Decade of development)이라는 60년대의 경제발전전략의 실패에 따라 나타난 종속이론의 급부상과 이를 중심에 놓은 '주류'이론, '정통맑스주의', 종속이론간의 논쟁으로 특징지어지는 급진적 패러다임 헤게모니의 제2기, 3) '신흥공업국'(NICs) 등 종속이론의 '이탈현상'의 대두에 따른 '신비교 정치경제학'의 대두 등 새로운 모색기인 제3기로 나누어진다고 볼 수 있다.[1] 사실 이중 마지막 단계에 이르러서는 이론적 교착과 이론적

'한계효용'의 급속적 감소에 따라 제3세계정치학이 이미 위기국면에 들어서 있다.

그러나 소련, 동구의 몰락은 다른 것은 고사하고 제3세계라는 용어의 전제조건 중의 하나인 '제2세계'가 소멸해 버림으로써 '제3세계'라는 용어 자체를 낡은 것으로 만들어 버렸다.[2] 따라서 제3세계 정치학은 변화한 현실에 대한 새로운 모색이 시급히 필요한 실정이다.

이 같은 모색의 출발점은 '제2세계'의 소멸에 따라 '제3세계'라는 용어 자체도 구시대의 것이 되어 버렸지만, 그럼에도 불구하고 국제정치경제의 '불평등성'과 '위계성'에 주목하는 그 문제의식 자체는 아직도 유효하고, 어쩌면 과거보다도 더욱 필요하다는 인식이라고 할 수 있다. 왜냐하면 1) 소련, 동구 등이 낮은 생산력 때문에 결국 '제3세계'에 편입되어 '제3세계'의 외연은 오히려 넓어지고 있으며, 2) 소련의 몰락에 따른 선진자본주의에 대한 '견제추'의 상실과 우루과이라운드 등 심화되고 있는 '세계화' 추세를 감안할 때 세계자본주의체제내의 국가간, 부문간 불평등성과 위계성은 더욱 심화될 가능성이 크기 때문이다.[3]

이 글은 이 같은 문제의식에서 제3세계 정치경제학이론의 혁신의 한 출발점으로 맑스의 '제3세계'론을 비판적으로 재구성해 보고자 한다. 물론 왜 하필 맑스냐, 특히 소련, 동구 몰락에도 불구하고 아직도 맑스인가 하는 의문을 제기할 수 있다. 사실 맑스가 이에 대한 유일한, 설사 그것은 아니더라도, 가장 중요한 출발점일 수는 없다는 반론이 가능하다. 맑스와 현실사회주의와의 관계에 대한 논란이 있기는

---

1) 신비교정치경제학에 대해서는 Peter Evans and John Stephens, "Studying Development Since the Sixties: The Emergence of a New Comparative Political Economy," *Theory and Society*, 1989.
2) '제3세계'라는 개념의 과학적 이해에 대해서는 손호철, 「현대세계체제에 대한 과학적 이해」, 손호철, 『한국정치학의 새구상』, 풀빛, 1991.
3) 이에 대해서는 손호철, 「현대세계체제의 개편과 제3세계의 미래」, 『한국정치학의 새구상』 참조.

하지만 동구몰락이 서구의 '맑스주의의 위기'논쟁이 보여주듯이 그 동안 누적되어온 맑스주의이론의 여러 한계와 모순들을 폭발시켜 가장 극적으로 노정시킨 것임은 부인할 수 없다는 점을 감안하면, 이 같은 문제제기는 타당하다. 그러나 동구몰락 이후의 세계가 역사상 어느 때보다도 자본의 논리가 철저하고, '순수하게' 관철되는 전일화된 진정한 의미의 세계자본주의체제로 나아가고 있다는 점에서 이의 운동논리를 아직까지도 가장 체계적으로 분석한 이론가라고 할 수 있는 맑스는 아직도 하나의 중요한(어느 의미에서는 그 어느 때보다도 더 중요한) 출발점이 될 수 있고, 또 되어야 한다고 볼 수 있다. 4) 즉 맑스주의가 하나의 중요한 그러나 "제한적 이론"5) 이듯이 맑스의 제3세계론은 제3세계 정치경제학 혁신의 '제한적인', 그러나 중요한 출발점으로서 그 유의미성을 아직도 지니고 있다 하겠다.

맑스의 '제3세계론'이라는 주제가 의미를 갖는 또 다른 이유는 종속이론의 이론형성의 사회운동적 배경과 맑스주의의 역사를 거세한 채 종속이론을 탈역사적이고 추상적으로 수입한 서구학계와 (이 영향하의) 국내학계가 많은 경우 맑스의 제3세계론과 종속이론을 동일시하고 있는 경향을 바로 잡아야 할 필요성이다. 6) 특히 종속이론을 대표적인 맑스주의 제3세계 정치경제학 이론으로, 따라서 종속이론의 문제점인 '정체화'테제와 숙명론적 종속심화 가설 등을 맑스의 제3세계론의 결함으로 오인함으로써 NICs의 등장을 맑스주의 제3세계론이 그릇된 이론이라는 증거로 삼는 경향이 팽배해 있다. 따라서 이 글은 이

---

4) 이 같은 입장에서의 최근의 접근은 Tadao Horie, *Marx's Capital and One Free World*, London: Macmillan Press, 1991.

5) Louis Althusser, 「제한된 이론으로서의 맑스주의」, 알튀세르, 『마침내 맑스주의의 위기가』, 백의, 1992, 42-43.

6) 서구의 이 같은 풍토의 비판으로는 F. Cardodo, "The Consumption of Dependency Theory in the US," *Latin American Research Review*, 12:3(1979) 참조. 국내학계의 이 같은 경향의 예는 인용할 수 없을 만큼 허다하다.

같은 오류의 교정을 통해 제3세계 정치경제학의 혁신에 조금이나마 보탬을 주려는 것이다.

2. 몇 가지 전제들: 문헌 및 방법론적 초점

맑스의 제3세계론이란 세계자본주의사회에서의 '제3세계'의 정치경제적 동학과 그 전개의 문제뿐만이 아니라 아시아적 생산양식 등 비서구사회의 역사에 대한 이론화 문제까지를 포괄하는 모호하고 아주 넓은 주제이다.[7] 그러나 이 글에서는 그 주제를 원래의 문제의식인 전자의 문제에만 국한시키고자 한다.

주제를 이같이 좁혀도 여전히 부딪치는 어려움은 맑스가 '제국주의'라고 불리우는 현대자본주의의 팽창적 현상 이전의 인물로서 이와 이의 '제3세계'에의 영향 등에 관해 체계적인 이론화를 남기지 않았기 때문에 이의 재구성이 쉽지 않다는 것이다. 우선 재구성의 자료가 될 만한 것들은 1)『자본』과 같이 제3세계를 직접 다루고 있지는 않으나 제3세계 정치경제분석의 기본논리를 제공하는 이론적 저작, 2)『그룬트리쎄』와 같이 자본주의하의 제3세계를 다루고 있지 않지만 맑스의 비서구사회 이해논리를 제공해주는 비서구 전(前)자본주의사회에 대한 이론적 분석, 3)「공산당선언」과 같이 제3세계를 직접 다루지 않았지만 맑스의 제3세계관을 유추할 수 있게 해주는 정치팜플렛들, 4) 인도 등 '제3세계'에 대한 저널리즘적 분석들, 5) 아일랜드라는 '비서구 식민지'에 대한 분석, 5) 여러 서한 등에서 나타나는 '말기'의 러시아문제에 대한 단상들이다. 따라서 이들 문헌에서의 분석들이 상충되는 경우

---

7) 후자에 대한 가장 체계적인 연구로는 Umberto Melotti, *Marx and the Third World*, London: Macmillan Press, 1977.

어느 것에 무게를 두고 맑스를 이해하느냐는 문제를 낳는다.[8] 특히 이는 이들 문헌들이 이론적 글이냐 저널리즘적 글이냐에 따라 이론적 수준이 불균등하고, 집필 시기도 다르며, 그 분석대상이 서구(아일랜드)냐 비서구(인도)냐는 문제들이 복합적으로 뒤엉켜 있어 많은 문제를 낳는다. 따라서 이 글은 재구성에 있어서 어느 한 쪽에 치우치지 않고 이 같은 다양한 문헌들을 될 수 있으면 그대로 재구성하되 상충되는 부분에 대해서는 가설적으로 필자 나름의 해석을 가하고자 한다.

마지막으로 재구성에 있어서 초점은 맑스가 제3세계에 있어서도 자본의 논리가 보편적으로 관철되어 제3세계도 선진국식으로 자본주의화되어 나간다고 보았느냐, 아니면 제3세계는 전혀 다른 길을 간다고 보았느냐는 '보편성'과 '특수성'의 문제에 맞추어질 것이다. 사실 제3세계 정치경제학의 역사는 이를 둘러싼 논쟁이었다고 할 정도로 그 초점이 이 문제에 맞추어져 왔다.[9] 여기서 그의 논의의 추적은 기본적으로 그의 문헌을 시기적으로 따라가는 방식을 취하고자 한다.

3. 맑스의 제3세계론: 비판적 재구성

1) 「공산당선언」

맑스의 제3세계론에 대한 힌트를 얻을 수 있는 가장 초기 저작은 일

---

8) 사실 맑스가 식민주의를 찬양했다느니 하며 서구맑스주의의 '인종주의'논쟁으로까지 번진 바 있는 서구에서의 맑스의 제3세계론에 대한 논쟁들은 이중 어느 한 쪽만을 준거틀로 해서 논쟁을 벌여온 측면이 강하다. Bill Warren, *Imperialism: Pioneer of Capitalism*, London: Verso, 1980; Aijaz Ahmad, "Imperialism and Progress," in R. Chicote, et al., eds., *Theories of Development*, Beverly Hills: Sage, 1983, 33-74간의 논쟁 등 참조.
9) 사실 보편성을 강조한 대표적인 예가 로스토우의 '경제성장단계론' 등 근대화론

반적인 예상과는 달리 1848년에 쓰여진 「공산당선언」이라 할 수 있다. 이중 제3세계 관련 부분만 인용해보면 다음과 같다.

부르주아지는 세계시장의 이용을 통해 모든 나라의 생산과 소비를 범세계적인 것으로 만들어 버렸다. 반동배들에게는 매우 비통한 일이지만, 부르주아지는 공업의 민족적 기반을 발밑에서부터 허물어 버렸다…낡은 지방적, 민족적 단절과 국산품에 의한 생존 대신에 제 민족간에 전면적인 교류와 전면적인 상호의존(interdependence)이 생겨난다…부르주아지는 모든 생산도구의 급속한 개선과 한없이 편리해지는 교통수단에 의해 모든 민족, 심지어는 가장 미개한 민족까지도 문명화시킨다. 그들 상품의 저렴한 가격은 모든 만리장성을 쳐부수고 야만인들의 외국인에 대한 강한 증오심까지도 여지없이 굴복시키고야 마는 무기이다. 부르주아지는 모든 민족들에게 망하고 싶지 않거든, 자본주의적 생산양식을 채택하라고, … 즉 부르주아지가 되라고 강제한다. 한마디로 부르주아지는 세계를 자신들의 모습대로 만드는 것이다. 부르주아지는 농촌을 도시의 지배에 종속(dependent)시켰다…이와 마찬가지로 부르주아지는 미개국과 반미개국을 문명국에, 농업국을 공업국에, 동양을 서양에 종속시켰다…제 민족간의 격리와 고립은 이미 부르주아지의 성장, 상업의 자유와 세계시장, 공업생산과 이에 따른 생활조건의 평준화와 함께 점점 사라져 가고 있다.[10]

1백 50년 전에 쓰여졌음에도 불구하고 동구몰락 이후 전일화되고 있는 현재의 세계자본주의체제의 상황을 묘사하고 있다는 느낌이 들고 있는 이 인용문은 맑스의 제3세계론에 대한 중요한 단서들을 제공한다. 이는 1) 자본주의의 원리인 경쟁은 자본주의의 우수한 생산성

이고 이에 대한 반발로 특수성을 극대화시킨 것이 종속이론이다(Ian Roxborough, *Theories of Underdevelopment*, Atlantic Highlands: Humanities Press, 1979).
10) K. Marx and F. Engels, "Manifesto of the Communist Party," in Robert Tucker, ed., *The Marx-Engels Reader*, N.Y; W.W. Norton & Co., 1978, 476-477과 488.

을 가능케 하고, 이 생산성의 우수성은 제3세계들도 자본주의화하도
록 만들 것이다, 2) (제3세계의 전통적인 민족적 경제기반의 붕괴를
비통해 하는 사람들은 "반동배"라는 표현이 시사하듯이) 제3세계의 자
본주의화는 바람직한 역사의 '진보'이다, 3) 이는 선진국과 제3세계간
의 '상호의존'(단순한 상호연관성이라는 의미의)과 전자에 대한 후자의
'종속'(연관성의 질적 특성으로서의 불평등성)을 동시에 촉진시키며, 11)
4) 선진국과 후진국의 생활조건은 평준화될 것이다는 가설들이다.

　　제3세계의 종속성이라는 특수성의 언급에도 불구하고 이 같은 분석
들은 기본적으로 보편성의 강조를 특징으로 한다. 특히 이중 가설 4가
논쟁적이다. 이것은 가설 3의 종속성과 모순되는 주장이며 현실에 있
어서도 역사적 전개에서 벗어난 그릇된 분석이다. 다만 여기에서의
'생활조건'이 구체적 수준의 생활조건이 아니라 아주 추상적 수준에서
의 생활조건, 즉 자본주의화/임노동화라는 현실조건 정도를 지칭하는
것을 의미한다면 가설 3과의 모순도 현실전개와의 긴장도 어느 정도
해소될 수 있다. 그러나 가설 4가 기본적으로 생활조건의 평준화에 따
른 '세계동시혁명론'이라는 맑스의 구상으로 이어졌다는 점에서 이보
다는 강한 의미의 생활조건의 평준화를 의미했다고 해석하는 것이 타
당하며, 이는 '초기'맑스가 제3세계의 미래에 대한 이해에 있어서 지나
치게 '보편주의적' 편향을 가지고 있었음을 시사한다.

2) 인도문제

　　제3세계 문제에 대한 맑스의 두 번째 주요한 저작은 맑스가 1853년
부터 1859년 사이에 미국의 진보적 신문 『뉴욕 데일리 트리뷴(New

---

11) 여기에서 주목할 점은 상호의존과 종속이 상호대립적 개념으로 사용되고 있지
않다는 점이다. 이 두 개념간의 관계에 대해서는 손호철, 「페레스트로이카 제3세
계론에 대한 비판적 고찰」, 손호철, 앞의 책, 425-430 참고.

York Daily Tribune)』지에 정기적으로 기고한 세계정세 분석글 중 아시아, 특히 영국의 식민지 인도에 대한 글들이다. 이 글들은 저널리즘적으로 쓰여졌다는 한계에도 불구하고 맑스가 직접 식민지문제를 분석하고 있다는 점에서 그의 제3세계론을 이해하는 데 있어서 중요한 자료가 된다. 그중 대표적인 글은 다음과 같은 내용을 담은 1853년의 「영국의 인도지배」("The British Rule In India")다.

(인도의 촌락이라는) 사회유기체의 이 작은 전형적 형태들은 영국 세리(稅吏)와 영국 군인의 무자비한 개입에 의해서라기보다는 영국 증기기관과 영국의 자유교역의 작동에 의해 대부분 해체되어 왔고 사라지고 있다…랑카스타에 방직기, 뱅골에 방적기를 가져다 놓은 영국의 개입 내지 인도방직기와 방적기를 몰아낸 개입은 이 작은 반야만, 반문명의 공동체들의 경제적 토대를 날려버림으로써 이들을 해체시켰고, 그 결과 아시아 역사상 가장 거대한, 아니 사실상 유일한 혁명을 야기시켰다. 근면하며 가부장적이며 평화적인 무수한 이들 사회조직들이 해체되고, 고통의 바다에 던져지고, 개개 구성원들이 그들의 오랜 형태의 문명과 세습적인 생존수단을 잃는 것을 바라다보는 것이 인간의 감정으로서 아무리 구역질이 나더라도 우리는 이들 목가적 촌락공동체들이 아무리 비공격적으로 보이더라도 사실은 줄곧 동양적 전제정의 공고한 기반이 되어 왔음을 잊지 말아야 한다…우리는 야만적 에고이즘이…끔찍한 잔혹성의 영속화로 조용히 점철되어 왔음을 잊지 말아야 한다. 우리는 이 미천하고, 정체화되고, 식물적인 삶이, 이 같은 수동적 존재가 다른 한편으로는…난폭하고, 이유없고, 걷잡을 수 없는 파괴력을 분출해 왔음을 잊지 말아야 한다. 영국이 인도에서 사회혁명을 야기하는 데 있어서 그 동기가 가장 비열한 이해관계뿐이며 이를 강제하는 방법이 어리석은 것은 사실이다. 그러나 문제는 그것이 아니다. 문제는 아시아의 사회상태에 근본적인 혁명이 있고 인류가 자신의 사명을 완수할 수 있을 것인가다. 그렇지 않다면, 영국의 죄악이 무엇이든간에 영국은 그같은 혁명을 가져오는 역사의 무의식적인 도구이다. 12)

맑스의 제3세계론 중 가장 논쟁이 될만한 이 분석은 역사에 있어서 주관적 의도(영국의 인도지배의 사악한 목적)와 그 객관적 의미(인도의 '근대화')를 구별하면서 한 연구자의 지적대로 맑스가 "유럽의 식민주의적 팽창을 잔인하지만 불가피한 과정으로 지지"[13] 했었다는 해석을 가능케 한다. 즉 이 분석이 함의하는 것은 식민주의의 결과 인도도 자본주의화될 수밖에 없고, 그 동기의 사악함과 그 과정의 고통스러움에도 불구하고 전자본주의에 대한 자본주의의 '상대적 진보성'을 고려할 때 그 자체가 '역사의 진보'라는 입장이다. 이 같은 입장은 「인도지배의 향후결과」(1853)[14] 등 다른 글에서도 반복된다. 또 맑스는 중국의 태평천국의 난에 대해서도 그 주모자들이 "민중에게 있어서 옛 지배자들보다도 더 큰 재앙"("Chinese Affairs," 1862)[15] 이라는 입장을 보인다. 이는 「공산당선언」에서 나타난 '보편주의적' 입장이 다시 확인되고 있는 것이며, 특히 맑스가 당시 헤겔의 영향을 받아 동양사회가 자생적으로 '근대사회'로의 이행이 불가능한 정체된 사회라는 '아

---

12) Marx, *On Colonialism*, NY: International Pub., 1972, 40-41.

13) Shlomo Avineri, "Introduction," in S. Avineri, ed., *Karl Marx on Colonialism & Modernization*, Garden City: Doubleday & Co., 1968, 12. 아비너리의 이 같은 분석은 '초기'맑스의 인도분석에는 맞는 이야기이나 (아래에서 보겠지만) '후기'맑스에 있어서는 맞지 않는 것으로 맑스의 과잉일반화라는 문제를 안고 있다.

14) 이글의 다음과 같은 구절이 그 대표적인 예이다(Marx, "The Future Results of the British Rule in India," in *ibid.*, 125-126).
"인도사회는 전혀 아무런 역사를, 적어도 알려진 역사를 갖지는 못했다. 우리가 인도의 역사라고 부르는 것은 단지 저항도 없고 변화하지도 않는 이 사회의 수동적 토대 위에 제국을 세웠던 일련의 침략자들의 역사일 뿐이다. 따라서 문제는 영국이 인도를 정복할 권리가 있었느냐가 아니라 우리가 영국의 식민지로서의 인도보다도 터어키, 페르샤, 러시아의 식민지로서의 인도를 더 바람직하게 여겨야 하느냐는 것이다. 영국은 인도에서 두 가지 사명을 수행해야 한다. 하나는 파괴이고 다른 하나는 창조인데 그것은 낡은 아시아적 사회의 말살과 아시아에 서구사회의 물질적 토대의 건립이다."

15) *Ibid.*, 418.

시아적 생산양식론', 당시 서구사회의 지배적 분위기였던 '오리엔탈리즘'의 입장을 취하고 있었음을 보여주고 있다.[16]

그러나 이 같은 '초기'저작과는 달리 맑스는 그의 말년인 1882년에 쓴 한 서한에서는 인도문제에 관해, 인도로부터 영국이 빼앗아가는 부가 6천만 인구의 수입보다도 많다는 점을 예로 들면서 영국의 인도지배는 "끔찍한 유혈의 과정이다!"이라고 비판적 입장을 취하게 되었다[17]는 반론들이 종종 제기되어 왔다.[18] 물론 이 같은 반박은 맑스의 제3세계론을 자본주의화와 식민지화에 대한 일방적인 지지로 일면화시키는 일부 경향에 대한 비판으로서 의미를 갖기는 하지만 '초기'맑스의 입장 자체도 영국의 동기의 사악성과 인도가 영국에 의해 받고 있는 엄청난 고통("유혈의 과정")에 대한 인식을 전제로 한 위에서 그럼에도 불구하고 식민지화에 따른 자본주의화가 '진보'라는 입장을 취했었기 때문에 1882년 서한이 '말기'맑스가 인도문제에 관해 '초기'입장으로부터 극적인 단절을 가지게 되었다고 단정할 만한 근거로는 미흡하다. 다만 이 서한을 1) 맑스가 아일랜드문제 분석에서 나타나듯이 식민화의 결과를 바라보면서 식민주의일반에 대한 입장에 변화를 겪었고, 2) 1857-58년 사이에『자본』의 집필을 위해 실시한 연구(『그룬트리쎄』)를 통해 역사발전에 대한 '보편주의적 편향'을 벗어나기 시작했다는 사실과 연결시켜 이해할 경우에는 그같은 변화의 표현으로 독해할 수는 있을 것 같다.

3) 전(前)자본주의사회의 역사연구

맑스의 제3세계론의 이해에 있어서 중요한 세 번째 문헌은 뒤늦게

---

16) Edward Said, *Orientalism*, London: Routledge & Kegan Paul, 1978; Bryan Turner, *Marx and the End of Orientalism*, London: George Allen & Unwin, 1978.
17) "Letter from Marx to N. F. Danielson, 1881," in *On Colonialism*, 339.
18) Ahmad, *op. cit.*, 48 등이 그 예.

(1952년) 발견된 맑스의 연구노트 『그룬트리쎄』다. 『자본』의 집필을 위한 연구노트격인 이 책에 포함된 비서구사회의 역사에 대한 연구[19]는 식민주의와 자본주의하의 제3세계 문제를 직접 다루고 있지는 않지만 그의 역사관, 특히 비서구사회의 역사관에 대한 중요한 변화를 보여줌으로써 그의 제3세계관에 있어서의 일정한 변화가능성을 추측할 수 있게 해준다.

맑스는 『독일이데올로기』와 「공산당선언」에서 기본적으로 원시공산사회에서 고대노예제사회, 봉건제사회, 자본주의사회라는 일종의 '단선적(unilinear)' 역사발전론을 개진하였다(뿐만 아니라 이 같은 역사인식은 소련에 의해 더욱 도식화되어 맑스 역사이론의 대종을 이루어 왔다). 그러나 『그룬트리쎄』에서 맑스는 비서구사회를 포함한 전 자본주의적 사회의 역사의 풍부성에 주목하여 '다선적(multilinear)' 역사발전론을 제시하고 있다. 즉 예를 들어 원시공산사회로부터 고대노예제사회로의 이행이라는 것에 대해서도 종전의 단선적 발전론과는 달리 원시공산사회의 독특한 지역적 변형 속에 내재해 있었던 사회적 노동분업들이 발전하여 '동양형', '고대형', '게르만형', 동양형과 일정한 친화성을 갖는 '슬라브형'으로 발전한 것으로 분석하고 있다.[20] 이는 맑스가 역사발전에 있어서 개별사회의 '특수성'에 주목하게 되었다는 증표로서 이후 제3세계 연구에 있어서도 과거와 달리 '보편주의적 편향'을 벗어나 제3세계의 특수성에 주목하게 되었을 것이라는 추론을 가능케 하나 과연 그러한가는 검증되어야 할 과제이다.

4) 『자본』

앞에서 지적했듯이 『자본』은 제3세계 문제를 직접적으로 분석한 저

---

19) 이 부분의 발췌는 Marx, *Pre-Capitalist Economic Formations*, NY: International Pub., 1964, with an Introduction by Eric Hobsbawm으로 출판되었다.
20) *Ibid.*, 68-97.

작은 아니지만 세계시장과 식민주의의 기본원리를 제공하는 자본의 운동법칙을 규명하고 있는 이론서라는 점에서 맑스의 제3세계론의 이해에 있어 빼놓을 수 없는 저작이다(이 같은 이유로 일부에서는 맑스의 과학적인 제3세계론은 맑스의 제3세계 관련 저널리즘적 저작들을 모두 방기하고 정치경제학을 체계화시킨 '후기'맑스의 이론적 저작인 『자본』을 준거틀로 해야 한다는 '과격한' 입장까지도 개진된다[21]).

『자본』에서 제3세계와 직접적으로 관계되는 구절을 찾으라면 그것은 1권의 「독일어판 서문」(1867년)에 나오는 "산업적으로 발달한 나라들은 저발전한 나라들에게 자신의 미래상을 보여줄 따름이다"라는 구절이다.[22] 로스토우의 경제성장단계설 등 '주류'근대화이론의 '시차설'(선진국과 후진국의 차이는 시차이고 선진국은 후진국의 미래라는)을 연상케 하는 이 구절은 맑스가 역사발전의 특수성을 주목한 『그룬트리쎄』의 집필 이후에도 제3세계의 미래에 대해 보편주의적 입장을 고수하고 있음을 시사하고 있다. 맑스가 이처럼 본 이유는 "철의 필연성을 갖고 자신을 관철시키는"[23] 자본의 법칙이 그렇게 만들 것이라고 생각했기 때문이다. 나아가 맑스는 이 「서문」에서 자본주의가 발달된 영국의 상황에 대한 『자본』의 분석을 보면서 그것은 자신들의 이야기가 아니라고 안도할 독일인들에게 "그것은 당신 자신의 이야기"라고 상기시키고 있다. 뿐만 아니라 그는 독일이 "산 것만이 아니라 죽은 것", 즉 "자본주의적 생산의 발달로부터 뿐만이 아니라 이 같은 발달의 결여로부터 고통을 받고 있다"[24]고 지적함으로써 자본주의화를 역사적 진보로 간주하고 있음을 시사하고 있다.

본격적인 이론분석 부분에서도 맑스는 자본운동법칙의 보편성에 기

---

21) Turner, *op. cit.*, 5-6.
22) Marx, *Capital*, vol. 1, NY: International Pub., 1967, 7-8.
23) *Ibid.*, 8.
24) *Ibid.*, 9.

초한 제3세계의 자본주의화, 나아가 자본주의의 세계적 전일화를 전망하고 있다.

> 자본주의적 생산양식은 처음에는 명백히 생산양식 그 자체에 영향을 끼치지 않은 채 상품판매를 자신의 주된 이해관계로 삼는다. 그것이 예를 들자면 자본주의적 세계교역이 중국, 인도, 아랍 등의 나라에 끼친 첫 번째 영향이다. 그러나 두 번째로, 그것이 뿌리를 내리는 곳에서는 어디에서나 자본주의적 생산은 생산자의 자영이나 단순히 잉여생산물을 상품으로 파는 것에 기초한 모든 상품생산 형태를 파괴한다. 자본주의적 생산은 우선 상품생산을 일반화시키고 이어서 점차적으로 모든 상품생산을 자본주의적 상품생산으로 전화시킨다. [25]

이 부분에 있어서 선진자본주의와 제3세계와의 경제적 교류는 두 단계로 나뉘어 분석되고 있다. 첫 번째 단계는 선진자본주의가 제3세계의 전자본주의적 생산양식 그 자체는 건드리지 않고 단순히 교역으로 두 개의 상이한 생산양식이 연결되는 단계이고, 두 번째 단계는 선진자본주의가 제3세계의 생산양식 자체를 자본주의로 변화시켜 자본주의를 일반화시키는 단계이다. 이 같은 단계 구분과 개별사회들이 이런 단계를 거쳐가는 데 필요한 시간의 차이에도 불구하고 맑스는 이 분석에서 자본주의의 우수한 생산력은 기본적으로 제3세계를 포함한 세계를 자본주의로 전일화시킬 것으로 보았다고 할 수 있다.

그러나 다른 부분들, 특히 3권(1894년)의 상업자본의 역사를 다룬 부분(20장)에서는 이 같은 '단순논리'와는 상당히 다른 분석을 보여 주고 있다.

> 봉건적 생산양식으로부터의 이행은 이중적이다. 생산자는 상인이자 자본가가 된다…아무리 그것(상인)이 역사적으로 징검다리의 역할을 한다 할

---

25) Marx, *Capital*, vol. 2, NY: International Pub., 1967, 34.

지라도, 그것은 그 자체가 낡은 생산양식의 전복에 기여하지는 않으며 오히려 이를 자신의 전제조건으로 유지하고 온존시키는 경향이 있다.[26]

전자본주의단계에서는 상업이 산업을 지배한다. 근대사회에서는 그 역이다…상업과 상업자본의 발달은 어디에서건 교환가치를 위한 생산을 야기시키는 경향이 있다…따라서 상업은 어디에서나…생산조직에 어느 정도의 해체적 영향을 미친다. 상업이 낡은 생산양식에 어느 정도의 해체효과를 가져올 것인가는 그 생산양식의 내적 응집성과 내적 구조에 달려 있다.[27]

상업이 산업을 혁명적으로 변화시키는 것이 아니라 산업이 상업을 혁명적으로 변화시킨다…상업의 잠식력에 대한 전자본주의적, 민족적 생산양식들의 내적 응집성과 조직이 야기시키는 장애들은 영국과 인도 및 중국의 교류가 잘 예증해주고 있다. 여기에서는 생산양식의 광범위한 토대가 소규모농업과 가내공업의 결합에 의해 형성되어 있다…인도에서 영국은 이 작은 경제공동체를 파괴하기 위해 지배자이자 지주로서 직접적인 정치적, 경제적 힘을 즉각 행사하였다. 영국의 상업은 그 제품의 싼 가격이 방직, 방적산업을 파괴할 수 있었던 정도에 한해서만이 이들 공동체에 혁명적인 영향을 가했고 이들을 파괴시킬 수 있었다…게다가 이 해체작업은 매우 더디게 진행되었다. 그리고 이 같은 과정이 직접적인 정치적 힘에 의해 강화될 수 없었던 중국에서는 더욱 느리게 진행되었다…한편 영국에서와는 달리 러시아에서는 상업이 아시아적 생산의 경제적 토대를 전혀 건드리지 않고 그대로 남겨두고 있다.[28]

우선 위의 인용은 서구와의 상업교역이 두 단계를 거쳐 자연스럽게 제3세계를 자본주의화할 것이라는 2권에서의 분석과 달리 이 같은 과정이 직선적 과정이 아니라 한편으로는 전자본주의를 해체하면서도 다른 한편 이를 유지, 온존시키는 이중적이고 모순적 과정을 거칠 것

---

26) Marx, *Capital*, vol. 3, ch. 20, 334.
27) *Ibid.*, 330-332.
28) *Ibid.*, 333-334.

임을, 따라서 그것이 단선적 과정이 아니라 오랜 지체와 우회를 거치는 지그재그의 과정일 수 있음을 시사한다. 그러나 이 같은 분석이 국제공산당운동의 오랜 지침이 되어온 코민테른의 쿠지넨 테제처럼 제국주의는 식민지에서 반봉건성을 일면적으로 온존, 강화시킨다든가,[29] 나아가 쿠지넨 테제와 종속이론처럼 제국주의가 식민지를 정체화시킨다는 것을 의미하지는 않는다.[30]

이와 관련하여, 두번째 인용문은 '해체/온존'이라는 다이내믹을 보다 구체적으로 분석하고 있다. 즉 제3세계 개별국가의 정치경제학적 동학, 특히 전자본주의적 생산양식의 해체와 경로의 구체적 과정은 개별사회의 전자본주의적 생산양식의 내적 응집성 등 내적 차이에 크게 기인하며, 그 사회가 접촉하는 자본주의가 상업자본 우위의 자본주의인가, 산업자본 우위의 자본주의인가에 의해서도 크게 영향을 받음을 시사함으로써 보편성과 특수성, 나아가 개별성을 결합시킨 개별사회의 구체분석의 단초를 제공하고 있다. 뿐만 아니라 식민지였던 인도와 최소한 형식적인 정치적 주권을 지키고 있었던 반(半)식민지 중국과의 차이에 대한 맑스의 대비는 식민지 시절의 '제3세계'와 최소한 정치적 주권을 획득한 독립 이후의 제3세계의 정치경제학적 동학[31]의 차별화 필요성을 지시하고 있다.

5) 아일랜드문제

다음으로 맑스의 제3세계론의 재구성에 있어서 핵심적인 문건은

---

29) 동녘 편집부, 『코민테른 자료선집 3: 민족 식민지 문제』, 동녘, 1989, 283-292.

30) 예를 들어 A. G. Frank, *Capitalism and Underdevelopment*, NY; Monthly Review, 1967.

31) 이는 흔히 '신식민주의'라고 불리는 상황이다. Y. Popov, *Essays in Political Economy*, Moscow: Progress, 1984, 172.

1860년대 후반부터 1870년 사이에 집중적으로 쓰여진 영국의 식민지 아일랜드에 관한 서한들이다. 32) 특히 이 서한들은 식민지문제를 직접 다루고 있으면서도 '초기'에 쓰여진 인도문제 분석들과는 달리 세칭 '인식론적 단절'33) 을 경험한 '후기'맑스의 시기에 식민지문제를 그 주제로 하여 쓰여진 것이라는 점에서 그 의미가 각별하다.

맑스는 아일랜드문제와 관련, "아일랜드는 산업을 발달시키려고 할 때마다 매번 분쇄되고 순전히 농업지로의 재전환을 강요당했다"34) 고 진단하면서, 따라서 아일랜드가 발전을 하기 위해서는, 1) 자치와 영국으로부터의 독립, 2) 농업혁명, 3) 영국에 대한 보호관세가 필요하다고 처방을 내리고 있다. 35) 이 같은 분석은 맑스의 인도문제 분석과 달리 식민주의가 자본주의화, 아니 정확히 표현하여 최소한 자본주의적 '공업화'를 촉진시키는 것이 아니라 저해시키고 있다는 지적이며, 따라서 식민주의를 "잔인하지만 불가피한 역사진보의 과정"으로 더 이상 볼 수 없다는 함의를 갖는다. 또한 농업혁명과 보호관세 주장은 이후 제3세계 경제발전론에서 많이 개진되어온 제3세계의 자립적인 자본주의적 공업화전략의 필요성을 주장하고 있다는 점에서 주목할 만하다. 그러나 그의 또 다른 분석은 보다 근본적이다.

아일랜드는 영국 지주귀족의 보루이다. 그 나라의 착취는 귀족계급의 물질적 번영의 원천(이다)…지금까지 아일랜드에서 토지문제는 사회문제의 유일한 형태이고, 아일랜드 민중 대부분에겐 생사의 문제이며 동시에 민

---

32) 서구사회인 아일랜드를 제3세계문제와 관련시키는 것은 제3세계를 비서구사회로 간주하는 '전통적'인 사고에 있어서는 의아한 일일지 모르나 제3세계란 '지리적'이거나 '문화적' 개념이 아니라 '정치경제학'적 개념이라는 점을 상기하면 전혀 그렇지 않다.

33) 이에 대해서는 Althusser & E. Balibar, *Reading Capital*, London: NLB, 1970 참조.

34) Marx & Engels, *On Ireland*, London: Lawrence & Wishart, 1971, 132.

35) "Letter from Marx to Engels, 1867," in *On Colonialism*, 327.

족적 문제와 분리될 수 없는 것이기 때문에 아일랜드에서 영국 지주귀족
계급을 파괴하는 것은 영국내에서보다 훨씬 쉬운 일이다…영국의 부르주
아지의 경우, 우선 아일랜드를 단순한 목초지로 변화시켜 영국시장에 가
능한 한 최저가격에 고기와 양모를 공급하도록 하는 데 있어 영국 귀족계
급과 이해를 같이 한다…그러나 영국 부르주아지는 이밖에도 아일랜드의
현경제에 보다 중요한 이해를 갖고 있다. 지속적인 소작농의 집중 때문에
영국의 노동시장에 끊임없이 잉여인구를 제공하고 영국 노동자계급의 임
금과 도덕적, 물질적 조건을 저하시킨다…가장 중요한 것은 다음이다! 영
국의 모든 상업, 산업중심지에서 노동자계급이 영국의 노동자들과 아일랜
드 노동자들이라는 두 개의 적대적 진영으로 나누어져 있다…이 같은 적
대가 영국 노동자계급이 왜 무력한가에 대한 해답이다…(영국혁명을) 촉
진시키는 유일한 방법은 아일랜드를 독립시키는 것이다…영국 노동자들
에게 아일랜드의 해방이 추상적인 정의나 인도주의적 감정의 문제가 아니
라 그들 자신들의 사회적 해방을 위한 첫 번째 조건이다.[36]

이 글은 아일랜드가 1) 영국 귀족계급의 물질적 기초이자, 2) 영국
자본가계급에게는 싼 원료의 공급처, 잉여노동력의 공급처, 노동자계
급의 분열촉진제로서 기능한다는 점을 밝혀내면서 제3세계 문제 파악
에 있어서 '민족문제'와 '계급문제'를 변증법적으로 통일시켜 파악할 필
요성을 제공하고 있다. 다시 말해, 이 글은 제3세계에 있어서 계급문
제와 민족문제의 중첩결정에 대한 뛰어난 분석을 통해 제3세계 분석
에 있어서 계급문제만을 강조하고 민족문제를 무시하는 '계급환원론'
과 역으로 민족문제만을 강조하고 계급문제를 무시하는 '민족모순환원
론'을 모두 벗어나야 함을 시사하고 있다.

그러나 이 같은 아일랜드분석을 다루는 데 있어서 부딪치는 것은
과연 이를 인도분석에서 나타난 '초기'맑스의 제3세계론에 결정적인
변화가 생겨난 증거로 해석해야 하는가의 문제다. 이 같은 의문이 제

---

36) Marx, "Letter from Marx to S. Meyer & A. Vogt, 1870" in *ibid.*, 336-338.

기되어야 하는 이유는 아일랜드가 인도와 달리 서구사회이기 때문이다. 보다 구체적으로 이야기하자면, 아일랜드가 비서구이기 때문에 맑스가 '말기'에도 내적 발전동학을 가진 아일랜드는 독립하여 독자적 산업화의 길을 가야 하지만, 인도 등 아시아는 그러한 동학을 갖지 못했고 따라서 식민주의의 "잔인하지만 불가피한 과정"을 거쳐 자본주의로 나아갈 수밖에 없다고 생각했을 가능성을 배제할 수는 없다고 하겠다.

6) 러시아문제

제3세계문제에 관한 맑스의 마지막 저술들은 러시아문제에 대한 이론적 개입이다.[37] 당시 유럽의 '최주변부'이자 '후진국'이었던 러시아에서는 러시아의 미래를 놓고 '민중주의자'였던 나로드니키들과 '강단 맑스주의자'들과 논쟁이 벌어졌다.[38] 나로드니키들은 '후진국'인 러시아의 특수성에 주목하여, 자본주의의 발전을 위해서는 상품생산과 시장이 존재해야 하는데 외국자본의 지배하에 빈익빈, 부익부 현상이 심화되고 있는 러시아에서는 구매력의 부족으로 시장이 제한되어 있어 자본주의적 발전이 (바람직하지 않을 뿐 아니라) 불가능하다고 주장하면서 유럽과 달리 러시아는 자본주의 단계를 뛰어넘어 농촌의 원시공산주의적 공동소유지인 미르(Mir)를 기초로 하여 사회주의('농촌사회주의'?)로 직접 넘어가야 한다고 주장했다(이 점에서 나로드니키는 종속이론가들과 유사한 점이 많으며 나로드니키와 러시아 '강단맑

---

37) 이를 정리하고 해석한 대표적인 저서로는 Teodor Shanin, ed., *Late Marx and Russian Road: Marx and 'The Peripheries of Capitalism'*, London: Routledge, Kegan & Paul, 1983.
38) 이에 대해서는 Gabriel Palmer, "Dependency: A Formal Theory of Underdevelopment or a Methodology for the Analysis of Concrete Situations of Underdevelopment?", *World Development*, vol. 6(1978), 881-924.

스주의자'와의 논쟁은 1970년대 말-1980년대 초에 벌어진 종속이론과 맑스주의 논쟁과 공통점이 많다). 한편, 이에 반해 강단맑스주의자들은 역사발전의 보편성을 강조하면서 러시아도 자본주의화된다고 주장했다.[39] 이 같은 논쟁에 대한 개입을 요청받고 1877년-1881년에 집필한 것들이 문제의 서한들이다. 사실 이에 앞서 러시아문헌의 해독을 위해 "그것이 생사의 문제라도 되는 양 러시아어를 공부하기 시작했다"고 그의 부인은 엥겔스에게 보낸 편지에서 불평한 바 있을 정도로 맑스는 이미 1870년부터 러시아문제에 깊은 관심을 표명하기 시작하였다.[40]

문제의 서한 중 시기적으로 앞선(1877년? 1878년?)[41] 한 서한의 핵심내용은 다음과 같다.

(『자본』에서 자본주의로의 이행에 대한) 이 역사적 스케치를 어떻게 러시아에 적용할 수 있을 것인가? 오직 다음과 같은 것이다. 러시아가 서구와 같이 자본주의국가가 되려면, 러시아는 먼저 다수농민들을 프롤레타이아트로 변화시키는 데 성공하지 않으면 안된다. 그 결과 일단 자본주의체제의 손아귀에 들어가면, 러시아도 이미 더럽혀진 다른 국민들처럼 자본의 무자비한 법칙하에서 나아가게 될 것이다. 그것이 전부다. 그러나…나의 비평가는 서구에서의 자본주의의 기원에 대한 나의 역사적 스케치를 그 역사적 상황과 관계없이 모든 나라에 숙명적으로 강제되는 일반적 과정의 역사철학 이론으로 전화시킬 것을 전적으로 고집하고 있다…이는 나에 대한 지나친 영광이자 동시에 모독이기도 하다…유사한 사건들도 다른 역사적 맥락에서 발생하면 전혀 다른 결과를 가져다 준다.

---

39) 이 같은 전통을 따라 정부의 공식통계들을 인용하여 러시아가 이미 자본주의사회라는 것을 검증해낸 것이 레닌의 초기 대작인 『러시아에서의 자본주의의 발전』이다(Lenin, *The Development of Capitalism in Russia*, *Collected Works*, vol. 3).
40) M. Rubel, et al., *Marx without Myth*, Oxford, 1975, 252.
41) 그 정확한 집필 시기에 대한 논쟁에 대해서는 Haruki Wada, "Marx and Revolutionary Russia," in Shanin, ed., *op. cit.*, 56.

이 같은 발전을 각각 개별적으로 연구하고 비교함으로써 그 현상에 이르는 열쇠를 쉽게 찾을 수 있을 수도 있다. 그러나 그같은 성공이 그 최고의 가치가 초역사성에 있는 일반 역사철학의 마스터키를 결코 가져다주지는 않는다.[42]

이 같은 분석은 역사발전을 '단선적' 과정으로 파악하는 목적론적인 역사철학 이론의 보편주의적 편향을 비판하면서, 개별사회의 특수성에 주목할 것을 강조하고 있다. 나아가 이 서한은 러시아(나아가 제3세계)에 대한 『자본』의 핵심적 주장은 이(들) 사회가 자본주의로 나아가기 위한 필요조건은 농민의 토지로부터의 분리, 그리고 그 결과로서의 공동소유의 소멸과 근대적 사적소유의 확립이며, 따라서 이(들) 사회의 미래는 이 조건의 충족여부에 달려 있는 열려진 문제라는 주장을 개진하고 있다. 맑스는 1881년의 또 다른 서한의 초고에서 이와 관련, "러시아공동체의 삶을 위협하는 것은 역사적 필연성도 이론도 아니고, 그것은 국가의 억압과 국가가 농민의 희생 위에 강력하게 만들어준 자본주의적 침입자들의 착취"라고 지적함으로써[43] 제3세계의 미래가 단순한 역사의 필연성이나 추상적인 자본의 법칙에 의해서만이 아니라 구체적인 행위자들의 행동과 실천에 의해서도 결정되는 것임을 보여주고 있다. 완성된 이 서한에서 맑스는 다시 한번 농민의 토지로부터의 분리라는 문제를 핵심적 쟁점으로 부각시키면서 러시아가 자본주의로 전환하기 위해서는 농민의 토지로부터의 분리를 통해 "그들의 공동소유가 사적소유로 전환하지 않으면 아니된다"고 쓰고 있다.[44]

---

42) Marx, "Letter from Marx to the Editorial Board of Otechestvennye Zapiski," in *ibid.*, 135.
43) Marx, "The Second Draft of a Reply to Zasulich," in *ibid.*, 104-105.
44) Marx, "The Reply to Zasulich," in *ibid.*, 124.

4. 맺는 글

위에서 보았듯이 맑스의 제3세계론은 그 집필시기, 이론적 추상성 수준, 분석대상(서구냐 비서구냐)에 따라 때로는 모순되는 것처럼 보이는 풍부한 내용을 갖고 있다. 그럼에도 불구하고 한 가지 확실한 것은 그의 제3세계론이 종속이론, 특히 종속이론의 종속심화론이나 정체화테제와는 거리가 멀다는 것이다. 맑스의 제3세계론에서는 그 어느 곳에서도 숙명론적인 종속심화론은 찾아볼 수 없으며 오히려 엥겔스의 다음과 같은 분석, 즉 "중국에서의 전쟁은 낡은 중국에 치명타를 날렸다…이와 함께 낡은 경제체제도 산산조각이 나고 있다…그러나 중국의 경쟁이 대규모로 시작하자마자, 이는 급속히 상품들(things)을 자네 나라와 여기(영국)로 날라올 것이고, 따라서 자본주의의 중국 정복은 동시에 미국과 유럽에서의 자본주의의 전복의 동력을 창출할 것이다"[45]는 분석은 종속심화론과는 정반대의 주장을 하고 있는 셈이다. 정체성테제 역시 영국이 아일랜드를 농업국으로 되돌려 놓는다는 분석과 상업이 전자본주의를 오히려 유지시킨다는 분석이 이 같은 해석을 가능케 할 수도 있으나 이는 이들 분석들의 일면적인 해석에 불과하다.

맑스의 제3세계론은 초기의 보편주의적 편향으로부터 성숙할수록 이 같은 보편적 경향과 제3세계의 특수성을 변증법적으로 통일시켜 파악하려는 노력으로 발전해 왔다고 볼 수 있다. 뿐만 아니라 그의 제3세계론은 개별 제3세계 사회의 개별성에도 주목함으로써 보편성과 특수성, 나아가 개별성을 결합시키는 한편 자본주의의 운동법칙과 행위자들의 선택과 행동을 결합시키는 '구체분석'의 필요성을 상기시키고 있다. 나아가 세계자본주의체제에 있어서의 상호의존과 종속의 변

---

45) "Letter from Engels to F. A. Sorge, 1894," in *On Colonialism*, 347.

증법, 제3세계에 있어서의 계급모순과 민족모순의 중층결정의 다이내 믹 등 아직도 유효한 제3세계 정치경제학의 기초들을 제공하고 있다.

문제는 어떻게 하면 이 같은 맑스의 제3세계론의 합리적 핵심을 더욱 발전시키면서도 미증유의 자본의 국제화, 환경문제 등 계급이나 민족문제로 환원시킬 수 없는 국제정치경제학의 새로운 문제와 영역들에 대한 이론들을 개발하고 이를 전통적 문제의식과 접합시키느냐 하는 것이다.

'세계화'와 민족국가의 향방[*]
─이제 정말 '제국'인가?

1. 문제제기

　김영삼대통령이 1994년 말 주요 국가전략으로서 '세계화'를 선언한 이후 세계화는 학계를 포함한 한국사회 전체의 핵심적인 화두로 등장한 바 있다. 그리고 97년 말 IMF 위기를 통해 세계화 내지 지구화의 위력을 실감한 바 있다. 그러나 이 같은 국내의 담론과는 별개로 1990년대 들어 세계적인 '상호의존'의 심화, 인터넷으로 상징되는 '정보화혁명' 등과 관련하여 '세계화(Globalization)'는 국제학술계에서 중요한

---

[*] '세계화', '지구화', '국제화'는 매우 혼란스러운 개념이다(이에 대해서는 아래 참조). 다만 '세계화'는 기본적으로 globalization의 번역어로서 '세계화'보다는 '지구화'가 더 올바른 번역이라는 것이 나의 생각이다. 다만 이 글에서는 이 연구가 참여한 공동연구와의 일관성을 위하여 세계화라는 표현을 사용하였으며 이는 globalization의 번역어임을 밝혀두고자 한다. nation-state라는 개념 역시 경우에 따라 '민족국가'와 '국민국가'라는 두 개의 의미를 갖고 있고 '민족'의 문제와 '국민'이라는 문제를 본 주제와 관련하여 본문 속에서 별도로 분석하였으나 그같은 경우가 아니고 일반적인 경우에는 편의상 '민족국가'로 번역을 통일하였다.

쟁점으로 이미 자리잡은 바 있다. 특히 이와 관련하여 근대정치의 핵심적인 주체로 간주되어온 '민족국가'의 미래는 어떻게 될 것인가는 모두의 비상한 관심이 되고 있으며 이를 둘러싼 뜨거운 논쟁을 유발시키고 있다.

이 글의 목적은 이와 관련하여 세계화의 본질을 파헤치고 이 같은 추세가 민족국가에 끼칠 영향을 비판적으로 검토해보는 데 그 목적이 있다. 다만 이 주제에 대해서는 이미 국제학술계에서 많은 논의가 진행되어 왔고 국내학계의 경우도 상당한 연구가 축적되어 있다는 점을 감안하여[1] 이 주제에 대한 논의를 단순히 반복하기보다는 이 주제를 다루는 데 있어서 핵심적인 쟁점이 되는 문제임에도 불구하고 그 동안 등한시되어온 문제들을 중점적으로 다루면서 기존 논의에 대한 비판적 평가와 필자 나름의 분석을 하고자 한다.

이를 위해 우선 그 전제로서 민족국가의 역사에 대한 이해를 돕기 위해 자본주의와 민족국가간의 역사적 연관을 여러 학설을 중심으로 비판적으로 검토한 뒤 '세계화와 민족국가의 향방'이라는 주제의 축이 되는 두 개의 핵심개념들, 즉 '세계화'와 '민족국가'라는 개념을 관련개념들과 비교하여 과학적으로 규명해 보자고 한다. 이어 다양한 학자들에 의해 논의되는 세계화의 구체적인 실체를 체계적으로 밝히기 위해 세계화의 내용들을 소개하고 이를 비판적으로 평가하고자 한다. 마지막으로 민족국가의 향방을 이에 대한 여러 견해들을 비판적으로 검토함으로써 전망해보는 한편 이에 따른 함의를 밝혀보고자 한다.

2. 이론적 전제: 자본주의와 민족국가—그 역사적 연관

세계화를 이해하기 위해 먼저 선행되어야 하는 것은 세계화의 '전사

---

1) 이들 연구에 대해서는 아래 본문 참조.

(前史)'로서의 '근대정치'의 핵심인 민족국가이다. 잘 알려져 있듯이 근대사회는 개별 '주권국가'로서의 민족국가를 기본단위로 하여 움직여 왔다. 이 같은 민족국가에 대한 이해에 있어서 핵심이 되는 것은 민족국가와 자본주의와의 정확한 연관은 무엇인가 하는 쟁점이다. 이 문제는 결국 민족국가를 중심으로 움직여온 근대사회의 역사 이해 문제를 넘어서 세계화가 민족국가의 미래에 어떠한 영향을 미칠 것인가 하는 주제를 파악하는 인식론적 관점과 밀접히 연관되어 있다고 할 수 있다. 다시 말해 자본주의와 민족국가의 연관을 어떻게 인식하느냐에 따라 세계화의 영향을 다르게 바라보게 된다.

1) 단일논리 (One Logic)

자본주의와 민족국가간의 연관에 대한 대표적인 학설 중의 하나는 세칭 '단일논리'이다. 이는 자본주의의 발전과 민족국가의 발생은 하나의 단일논리의 산물이라는 주장, 즉 민족국가는 자본주의의 산물이라는 주장이다.[2] 좌파이론가들에게 광범위하게 유포되어 있는 이 같은 입장은 결국 일부에서는 민족주의 자체를 '부르주아'적인 것으로 적대시하고 이에 '프롤레타리아 국제주의'를 대비시키는 극단적인 관행까지도 만들어 내었다. 이 같은 입장은 기본적으로 민족국가의 대두를 자본주의의 기능적 필요성과 관련시켜 설명하고 있다.

이 같은 기능적 필요성의 하나로 지적되고 있는 것은 자본의 유통과 상품교환과 관련된 통일된 내부시장의 필요성이다.[3] 즉 자본주의가 작동하기 위해서는 상품생산이 일반화되고 화폐의 유통을 통한 교

---

2) Christopher Chase-Dunn, "Interstate System and Capitalist World-Economy: One Logic or Two?", *International Studies Quarterly*, 25:1 (March 1981).
3) 이 같은 입장의 요약 소개에 대해서는 Nicos Poulantzas, *State, Power, Socialism*, London: Verso, 1979, 95-96.

환가치의 실현이 필수불가결한데 이는 자본과 상품교환의 특정한 공간의 통일과 동질화를 필요로 한다. 민족국가는 바로 이 같은 통일된 내부시장을 보장하기 위해 생겨난 것이라는 주장이다.[4]

이 같은 내부시장 필요성과는 달리 체제재생산의 기능적 측면에 주목하고 있는 것은 세계체제론이다.[5] 세계체제론에 따르면 16세기이후 자본주의의 발전과 함께 형성된 현대 세계체제를 특징짓는 것은 국경을 넘어서 세계적 차원에서 국제분업에 의해 형성되어 있는 단일한 자본주의세계경제와 다수의 민족국가들로 구성되어 있는 '열국체제(interstate system)'이다. 세계체제론의 주장 중 특히 주목할 만한 것은 바로 이 같은 경제의 외연(세계수준)과 정치체제의 외연(다수국가로 분열된)의 불일치가 자본주의의 재생산에 핵심적이라는 주장이다. 보다 구체적으로 말하자면 이 같은 불일치에 의해 자본은 국경을 넘어서 전지구적으로 활동해 나아가는 반면 노동자들은 국경에 묶여 있고 "계급투쟁은 대부분 특정한 영토국가의 구조를 목표로 하게 되고 또 이에 묶여있게 된다"는 것이다. 다시 말해 "자본주의는 단일한 세계국가의 맥락 속에서는 존재할 수 없"으며[6] 오직 민족국가로 분열된 '열국체제'하에서만 가능하다. 결국 민족국가는 이같이 자본주의체제의 체제재생산을 보장하기 위한 기능적 필요성에서 생겨난 결과라는 주장이다.

이 같은 이해가 자본주의와 민족국가간의 밀접한 연관을 이해하는 데 도움을 주는 것은 사실이다. 그러나 여러 문제점을 갖고 있는 것도 부정할 수 없다. 우선 통일된 내부시장 필요설부터 살펴보자면 자본

---

4) 국내에서도 "역사적으로 보아 자본의 세 가지 형태(생산자본/상품자본/화폐자본)가 특정영토 범위 안에서 성장하여 국민국가"를 창출했다는 주장도 이 같은 입장에 서있는 것이다(서경석·임재홍, 「국제화와 민주주의」, 학술단체협의회, 『국제화와 한국사회』, 나남, 1994, 221).

5) I. Wallerstein, *The Modern World-System*, NY: Academic Press, 1974 등 참조.

6) Chase-Dunn, *op. cit.*, 31.

주의가 통일된 내부시장을 필요로 한다는 것은 사실이지만 그것이 민족국가가 이 같은 자본주의의 내부시장 필요의 결과를 입증해주는 것은 아니라는 점을 지적할 필요가 있다. 다시 말해 통일된 내부시장이라는 것이 왜 하필 민족국가 수준이어야 했는가를 이 이론은 전혀 설명하지 못하고 있다.[7] 통일된 내부시장이 민족국가가 아니라 그것보다 작은 지역단위이거나 아니면 그것보다 큰 유럽대륙의 수준일 수도 있기 때문이다. 세계체제론의 설명 역시 역사적 발생을 기능주의적 필요성에서 연역하는 전형적인 기능주의적 환원론이라는 문제점을 안고 있다.

2) 두 개의 논리 (Two Logics)

두 개의 논리론은 민족국가를 자본주의의 산물이라고 파악하는 단일논리론의 비판에서 형성된 이론이다. 맑스주의에 대항하여 자본주의국가의 자율성을 강조하는 오토 힌츠와 막스 베버의 입장[8]을 계승한 이 이론은 특히 단일논리론의 대표적 이론인 세계체제론을 비판하는 과정에서 자신의 입장을 명확히 하게 되었다.[9]

두 개의 논리론의 대표적인 학자인 스카치폴은 세계체제론 비판을 통해 역사적으로 볼 때 민족국가의 존재는 자본주의의 지배성의 확립에 선행한다는 점을 논거로 하여 단일논리론을 반박하면서 자본주의가 민족국가를 일면적으로 창출한 것이 아니라 민족국가와 자본주의

---

7) Poulantzas, *op. cit.*, 96.

8) Otto Hintze, *The Historical Essays of Otto Hintze*, NY: Oxford Univ. Press, 1975 등 참조.

9) 그 대표적인 예로는 Theoda Skocpol, "Wallerstein's World Capitalist System," *American Journal of Sociology*, 82:5 (1977), 1075-1090; G. Modelski, "The Long Cycle of Global Politics and The Nation-State," *Comparative Studies in Sociology and History*, 20 (1978), 214-235 등.

는 상호작용하며 발전해 왔다고 주장하고 있다. 맑스주의내에서도 앤더슨은 절대주의를 자본주의가 아니라 서구의 봉건제의 위기에 대한 봉건제의 재조직화의 표현이자 동구에서의 민족국가체제의 형성에 대한 반응으로 성격지우면서 유럽의 민족국가체제의 형성과 확산에 있어서 상품생산과 자본주의적 국제분업의 형성이 갖는 역할을 그리 높게 평가하지 않고 있다.[10] 결국 기든스의 다음과 같은 주장이 민족국가 나름의 독자적인 논리와 동학을 강조하는 두 개의 논리론을 가장 잘 요약하고 있다고 할 수 있다. "자본주의의 확산은 16세기로부터 시작된 새로운 세계체제의 공고화에 매우 중요하다. 자본주의와 산업화는 민족국가들의 성립에 결정적인 영향을 미쳤지만 민족국가 체제를 전적으로 이들의 존재로 환원하여 설명할 수는 없다. 근대세계는 자본주의와 산업화, 민족국가체제간의 상호작용을 통해 주조되어 왔다."[11]

이 같은 두 개의 논리론은 단일논리론의 경제환원주의, 기능주의적 설명의 한계를 지적하고 이를 넘어서려고 하는 장점을 갖고 있다. 그러나 결국 그 대안으로 제시되는 것이 민족국가와 자본주의가 상호영향을 주었다는 '상호작용론'으로서 이는 일종의 '절충적 병렬주의'에 그치고 있으며 민족국가가 생겨나게 된 구체적인 다이내믹과 동인을 밝히지 못하고 있는 한계가 있다.

3) 역사적 산물

최근 들어 민족국가의 기원과 발생에 대한 새로운 패러다임으로 주목받는 것은 민족국가가 자본주의의 필연적 산물이나 단순한 기능적

---

10) Perry Anderson, *Lineages of Absolute State*, London: Verso, 1974.
11) Anthony Giddens, *The Nation-State and Violence*, Cambridge: Polity Press, 1985, 4-5.

필요성의 결과가 아니라 '우발적인 역사적 산물'이라는 주장이다. 특히 이는 민족국가에 있어서 '민족'과 '국가'의 관계에 대한 재해석에 기초해 있다. 즉 혈연, 언어, 전통을 공유한 '민족'이 선행해 있고 이 같은 '민족'이 '국가'를 형성하고 만들어 '민족국가'가 생겨났다는 전통적인 견해에 대항하여 이와는 정반대로 '국가'가 '민족'을 '발명'(invent) 하고 만들어낸 것이라는 새로운 해석이다.12) 민족을 이처럼 하나의 '상상적 공동체'일 따름인 것으로 인식하는 이 같은 조류는 앤더슨의 『상상적 공동체』라는 저서13)에 의해 널리 확산되기 시작했으나 그 연원은 훨씬 오래되었다. 이 같은 인식의 선구자인 겔너는 이미 오래 전에 "민족주의는 민족이 자각으로 깨어나는 것이 아니다. 민족주의는 민족이 존재하지 않는 곳에 민족을 창조(invent)해 낸다"고 주장한 바 있다.14) 다만 이 글에서는 이 같은 측면을 일찍이 보다 구체적으로 거론하였으나 별로 논의가 되고 있지 않으며 이 같은 측면 이외에도 다른 측면에서의 민족국가의 역사성을 분석하고 있는 풀란차스의 논의를 중심으로 역사적 산물설을 고찰하고자 한다.

풀란차스에 따르면 민족국가는 다중적 의미에서 역사적 산물이다. 첫째, 민족국가는 위에서 지적했듯이 민족이 국가에 의해 창조되고 구성된 결과물이라는 점에서 역사적 산물이다. 우선 들 수 있는 것이 국어이다. 국가는 국어를 지정하고 이를 보급함으로써 민족을 창조한다. 국가가 민족을 구성시키는 데 있어서 결정적인 역할을 하는 것은

---

12) 민족국가의 이해에 있어서 이처럼 민족과 국가간의 관계는 핵심적이다. 왜냐하면 "민족은 원초적이거나 불변의 사회적 실체"가 아니며 "특정한 근대적 영토국가, 즉 민족국가에 관련될 때에 한해서만 사회적 실체가 된다. 따라서 민족을 민족국가와 관련시키지 않고 논의하는 것은 의미가 없"기 때문이다(Eric Hobsbawm, *Nations and Nationalism since 1780*, Chicago: Univ. of Chicago Press, 1990, 20).
13) Benedict Anderson, *Imagined Communities*, London: Verso, 1983.
14) Ernest Gellner, *Thought and Change*, London: Weidenfeld and Nicholson, 1964, 169.

'사회적 시공간 모태(matrices of social space and time)'의 조직화이다. 15) 근대국가의 공간의 모태로서의 영토는 민족의 '내부'와 '외부'라는 경계의 설정을 통해 통일화되고 동질화됨으로써 새롭게 구성되고 창조된다. 특히 전자본주의사회에서의 공간이 "연속적, 동질적, 대칭적, 가역적, 개방적"이므로 진정한 의미의 '외부'가 존재하지 않는 것과는 대조적으로 자본주의하에서는 테일러주의적 노동분업에 따라 공간적 모태가 "계열적, 분절적, 비가역적"이어서 무수한 간극, 단절, 폐쇄를 동반한다는 점에서 이의 동질화는 매우 중요하다. 16) 근대국가의 시간적 모태는 역사적 '전통'이다. 국가는 이 같은 시간적 모태의 조직화를 독점함으로써 '전통을 창조'한다. 이 같은 전통의 창조는 단순한 창조만이 아니라 다른 민족적 기억과 과거, 역사, 전통의 말살과 억압을 동반한다. 자신의 국가를 갖지 못한 민족은 전통과 역사를 상실하게 되는 것도 바로 이 때문이며 자신의 국가를 갖지 못한 민족은 "역사를 갖지 못한 인민"이라는 엥겔스의 언명은 바로 이 점을 지적한 것이다. 결론적으로 국가의 실천을 통해서 "민족적 통일성은 영토의 역사화(historicity of a territory)와 역사의 영토화(territorialization of a history)로 나타난다."17)

둘째, 민족국가는 다양한 사회세력들간의 힘의 역관계의 산물이라는 점에서 역사적 산물이다. 민족국가의 물질적 전제로서의 시공간적 모태에는 계급투쟁이 각인되어 있다는 점에서 민족은 단순한 부르주아지의 창조물이 아니라 사회계급들간의 힘의 관계의 반영물이다. "부르주아지의 공간성과 역사성이 있듯이 프롤레타리아트의 공간성과 시간성이 존재한다."18) 어떠한 노동자계급도 이 같은 구체적인 시공간

---

15) Poulantzas, *op. cit.*, 99.

16) *Ibid.*, 100-107.

17) *Ibid.*, 114.

18) *Ibid.*, 118.

적 모태로부터 자유로운 채 진공과 허공 속에서 형성되고 존재할 수는 없다. 민족국가는 단순히 부르주아지배의 이데올로기적 허상이 아니라 "노동자계급의 투쟁의 전리품"이기도 하다.[19] 특정한 사회구성의 특정한 민족국가성은 결국 "계급투쟁의 과정과 계급간의 힘의 역관계의 특수성"에 의해 결정되는 것이다.

문제를 다른 각도에서 접근해 보면 모든 역사적 사회구성체가 '민족형태'를 띠었던 것은 아니다. 그렇다면 문제는 왜 자본주의적 사회구성체는 민족형태를 띠고 있느냐는 것이다. 이에 대해 "자본주의 생산관계들로부터 민족형태를 '연역하는 것은 불가능'하며 "각자 자기 역사를 지닌 민족국가들의 형성과 그에 조응하여 사회구성체들이 민족구성체들로 전화한 것을 설명해주는 것은 '순수한' 경제논리가 아니라 계급투쟁의 구체적 형세이다."[20]

3. '세계화'와 민족국가의 향방

1) 핵심 개념들의 재조명

세계화와 민족국가의 향방이라는 주제를 다루기 위해서는 '세계화'와 '민족국가'라는 핵심 개념들을 다시 한번 정확히 음미하고 넘어갈 필요가 있다. '세계화'라는 개념의 경우 이 개념과 '국제화', '지구화'는 무엇이 다르며 이들 개념간의 정확한 관계는 무엇인가를 재정립할 필요가 있다. 또 다른 핵심 개념인 '민족국가' 역시 마찬가지이다. '민족

19) *Ibid.*, 119.
20) Etienne Balibar, "The Nation Form: History and Ideology," *Review*, 13: 3(1990), 329-361(에티엔 발리바르, 「민족형태: 그 역사와 이데올로기」, 『이론』 6호, 1993년 가을, 111과 113).

국가'라는 개념은 nation-state라는 개념의 번역이지만 서구의 역사와 한국의 역사의 차이, nation이라는 개념의 다의성들과 관련하여 '민족국가', '국민국가', '근대국가'라는 개념간의 관계를 명확히 해둘 필요가 있다. 그래야만 세계화의 영향이라는 것 역시 그것이 '민족국가'에 끼치는 영향인가, '국민국가'에 끼치는 영향인가, 아니면 '근대국가'에 끼치는 영향인가 하는 문제를 정확히 짚고 넘어갈 수 있기 때문이다.

(1) 국제화, 세계화, 지구화

세칭 '국가간의 상호의존'의 심화 등 세계사적 변화와 관련하여 '국제화', '세계화', '지구화' 같은 개념들이 도입되면서 이 같은 개념들이 정확히 의미하는 것이 무엇인가에 대한 혼돈이 일고 있다. 게다가 김영삼정권이 어느날 갑자기 언명한 '국가전략'으로서의 '세계화'까지 가세하여 혼란은 더욱 가중되고 있다.

이들 개념들을 이해하는 데 있어서 우선 출발점이 될 수 있는 것은 '현실적 추세'를 지칭하는 개념과 '국가전략' 내지 정책을 지칭하는 개념을 구별하는 것이다. 이럴 경우 국제화, 세계화, 지구화는 기본적으로 현실적 추세를 지칭하는 것이지만 다만 '세계화'의 경우 김정권의 '세계화(Sekyehwa, Total Globalization Policy)'라는 국가전략의 의미도 갖게 되어 현실추세와 전략이라는 이중적 의미를 갖게 됨을 알 수 있다.[21] 다음으로 현실추세라는 측면이라는 면에서 '국제화', '지구화', '세계화'라는 세 개의 개념이 사용되고 있지만 이들 개념의 '원산지'인 서구의 경우 internationalization과 globalization이라는 두 개의 개념만이 존재한다는 점이다. 다시 말해 '지구화'와 '세계화'는 globalization이라는 동일 개념을 번역자들이 다르게 번역한 것일 뿐

---

21) 물론 국제화, 지구화 역시 전략의 개념으로 사용되지 못할 이유는 없다. 그러나 최근의 우리 사회의 담론에서 세계화에 비해 이들은 전략개념으로 별로 사용되지 않고 있기에 이 글에서는 논의의 편의를 위해 이를 무시하고자 한다.

'세계화'와 '지구화'라는 두 개의 구별되는 현실적 추세와 두 개의 별도 개념이 존재하는 것이 아니라는 점이다.[22] 이 점에서 '세계화'는 "국가의 경계를 넘어서 국제경쟁이 치열해지는 동시에 국제협력과 분업이 정착되는 과정"이자 "개별 국민국가의 위상이 약화되면서 세계적인 가치, 기준, 협력의 관행이 확산"되는 과정이라면 '지구화'는 "정치, 경제, 문화, 환경 등 모두가 하나의 지구적인 울타리내로 동질화해 가는, 영토적인 분절화에 기반한 근대 국민국가의 경계가 허물어지고 세계가 하나의 단위체로 통합되는 과정"이라는 한 연구자의 정의,[23] 즉 '세계화'를 '지구화'로 가는 과도적인 과정으로 이해하는 이론화[24]는 많은 시사점에도 불구하고 이 두 추세가 별도의 현상이며 별도의 개념을 번역한 것인 양 착각을 불러일으킨다는 점에서 문제가 있다.

이처럼 지구화와 세계화가 globalization이라는 동일 개념을 다르게 번역한 것으로서 사실상 동일 현상을 지칭하는 개념들이라면 남은 쟁점은 '세계화'(내지 '지구화')는 무엇이며, 특히 이는 '국제화'와 어떻게 다른가 하는 문제이다. 이 글은 이 문제를 이에 대한 국내외 학자들의 견해를 비판적으로 검토함으로써 간접적으로 그 해답을 찾아 나가고자 한다.[25] 우선 세계화에 대한 서구학자들의 개념화를 보자면 "지방

---

22) 한 연구자의 경우 globalization을 '국제화'로 번역하고 있으나(정일준, 「총론: 국제화시대의 한국민족주의와 민주주의」, 학단협, 『국제화와 한국사회』, 나남, 1994, 18) 이 경우 이 개념과 internationalization이 구분이 되지 않는다는 점에서 '국제화'는 globalization의 적합한 번역이 아니라고 하겠다.

23) 조명래, 「지구화의 의미와 본질」, 『공간과 사회』 4호, 1994, 34-43; 김호기, 「세계화와 국민국가의 위상」, 김경원·임현진 편저, 『세계화의 도전과 한국의 대응』, 나남, 1995, 164에서 재인용.

24) 이와 유사한 입장에서 지구화를 세계화의 완성태로 보는 입장으로는 임현진, 「지구시대 한국의 진로」, 김경원·임현진 편저, 앞의 책, 554.

25) 이 같은 개념들의 요약, 소개로는 정진영, 「세계화: 개념적·이론적 분석」. 아래의 개념화들은 세계화의 개념과 이론적 쟁점을 체계적으로 소개한 이 글에 많은 도움을 받았으며 특히 미간행 논문을 참조할 수 있도록 도와준 정진영 박사에게 감사드린다.

들 상호간의 사회적 관계가 세계적으로 확대, 심화됨으로써 한 지방에서 일어나는 일이 다른 지방의 일을 형성하고 이에 의해 형성되는 현상"(기든스)[26] "세계의 압축과 세계전체에 대한 의식의 심화"를 통해 "세계의 단일성"으로 나아가는 추세(로버트슨)[27] "사회, 문화적 관계에 대한 지리적 제약이 축소되고 사람들이 이 같은 사실을 점차적으로 인식하게 되는 사회적 과정"(워터스)[28] 등이 그 대표적인 예들이다. 국내학자들의 경우도 대부분 이 같은 개념화를 수용하고 있다. 그 대표적인 예로 윤영관 교수는 세계화의 본질을 "과학기술의 발달과 이로 인한 시장기제의 작동영역의 확대"에 따른 '상호의존성의 증가'로 이해하면서 세계화의 정의로 위의 기든스의 정의를 인용하고 있다.[29] 그러나 이 같은 정의에 있어서의 문제점은 이들이 이 같은 '세계화'가 '국제화'와 무엇이 다른지를 명시적으로 밝히지 않고 있을 뿐 아니라 이들 정의들이 '국제화'에도 별 무리 없이 그대로 적용될 수 있다는 점이다.

이 같은 문제점은 이들과 달리 '세계화'의 새로운 질적인 차별성을 부각시킨 헬드의 이론화에 있어서도 마찬가지로 나타난다. "국가와 비국가적인 세력들, 행위자들 사이의 복잡한 상호작용은 새삼스러운 것이 아니며 최근에 발전된 것도 아니다…(그러나) 세계화(globalization)는 적어도 두 가지 독특한 현상을 의미한다. 첫째, 정치·경제·사회적 활동의 영역이 세계적 범위가 되었다. 둘째로, 국제사회를 구성하고 있는 국가들과 사회들 사이에 상호작용과 상호연관의 수준이 강화되었다."[30] 위의 두 가지 질적 특징 중 첫 번째 것

26) Giddens, *The Consequence of Modernity*, Cambridge: Polity Press, 1984, 64.
27) Ronald Robertson, *Globalization: Social Theory and Global Culture*, London: Sage, 1992.
28) Malcom Waters, *Globalization*, London: Routledge, 1995, 3.
29) 윤영관, 「세계화: 민족주의의 새로운 지평을 위하여」, 김경원·임현진 공편, 앞의 책, 40-41.

은 국제화와 다를 것이 별로 없는 것이며 두 번째 것의 경우 '국제화'
와 '세계화'는 상호의존의 수준의 양적 차이에 불과하다. 그렇다면 국
제화와 세계화를 가르는 그 단절점은 어디인가? 딕킨의 경우 이들과
달리 명시적으로 국제화와 지구화의 차이를 정의하고 있다. "'국제화'
는 단지 국경을 가로질러 경제활동의 지리적 영역이 넓어지는 것을
의미한다…. '세계화'는 질적으로 다르다. 이것은 보다 발전되고 복잡
한 유형의 국제화인데, 국제적으로 분산되어 있는 경제활동들이 일정
한 수준 이상으로 기능적으로 통합되어 있는 것을 말한다."31) 여기에
서도 문제는 그대로 남는다. 위의 정의 중 뒷부분을 기준으로 할 경
우 국제화와 세계화는 질적으로 다른 것이 아니라 '일정수준이하'와
'일정수준이상'이라는 정도의 차이에 불과하며 국제화의 정의에 해당
되는 앞부분을 따르면 세계체제론이 보여주듯이 자본주의는 시작부
터 단순한 '경제활동의 국경을 넘어선 지리적 확장'이 아니라 일정수
준의 기능적 통합(국제분업)이었다는 점에서 처음부터 '세계화'였지
'국제화'가 아니었다.

국내학계의 경우 일부학자들을 중심으로 국제화와 세계화를 구별하
려는 체계적인 노력이 이루어져 왔다. 김성한 교수에 따르면 "국제화
는 그 용어의 구성에서 나타나듯 기본적으로 '국가간(inter-nation)' 관
계를 전제하고 있는 반면, 세계화는 국가간 관계보다도 지구적 맥락
을 상대적으로 강조한다. 두 개념이 지향하는 방향은 같으나 상대적
인 중심축이 쌍무적 국가관계에 있느냐 범지구적인 데 있느냐에 차이
가 있다."32) 이 같은 개념화에 따르면 국제화와 세계화는 질적 차이가

---

30) David Held, "Democracy, the Nation-State, and the Global System,"
Economy & Society, 20:2 (May 1991) (데이비드 헬드, 「민주주의, 민족국가, 그
리고 지구촌」, 한상진 편저, 『마르크스주의와 민주주의』, 344-345).
31) Peter Dicken, *Global Shift: The Internationalization of Economic Activity*,
London: Paul Chapman Pub., 1992, 1.
32) 김성한, 「세계화, 분권화, 지방화」, 김경원·임현진 공편, 앞의 책, 357.

있는 다른 현상이나 상호의존성의 양적 차이, 따라서 시기적인 차이를 의미하지 않고 동일한 현상을 어느 관점에서 보느냐는 관점의 차이일 따름이다. 즉 19세기의 자본주의도 전지구적 측면에서 보면 세계화이지만 영-미관계라는 측면에서 보면 국제화라는 것이다. 이 같은 개념화는 최근 들어 왜 세계화(국제화)가 중요한 담론으로 부상하고 있는가를 전혀 설명하지 못한다는 점에서 문제가 있다 하겠다. 마지막으로 이들 개념들에 대한 가장 체계적인 연구를 한 정진영 박사는 국제화는 상호의존과 유사한 개념으로서 "국가의 주권적 속성에 대한 변화를 전제하기보다는 국가들 사이에 교류가 증대되는 현상"으로서 "초국적 행위자들의 활동보다는 국적에 기초한 행위자들의 활동을 중시"하며 "세계전체와 인류에 대한 인식의 증대는 고려의 대상이 아니며 외국과 해외 시장에 대한 진출과 우리 시장의 개방이 주요한 문제"가 되는 현상이라면 세계화는 "과학기술의 발전으로 세계가 시공간적으로 압축되고 상호의존의 확대·심화로 사회생활의 모든 부문에 걸쳐서 세계적 상호의존이 증대하면서, 세계와 인류가 하나라는 인식과 세계적 수준에서 관리가 증대하고 사회적 행위자들의 존재적 성격이 점차 세계 속에서 결정되는 사회적 과정"이라고 개념화시키고 있다.[33] 이 같은 개념화 중 시공간 압축과 상호의존의 심화는 국제화에도 해당되는 이야기라는 점, 자본주의의 발전 이후 지속적으로 진행되어온 과정이라는 점에서 결정적인 것은 인류는 하나라는 인식의 유무라고 할 수 있다. 이밖에 세계화의 정의 속에는 명시적으로 나타나 있지 않지만 국제화의 정의 중에서 "국가의 주권적 속성에 대한 변화"를 전제하지 않는다는 구절을 주목하면 세계화와 국제화의 질적 차이는 국가의 주권적 속성의 변화 여부라고 유추해석할 수 있다. 즉 국가 간의 상호의존이 심화되어도 국가의 주권적 속성에 변화가 생기지 않

---

33) 정진영, 앞의 글, 29와 34.

아 민족국가 형태를 잠식하지 않으면 그것은 국제화이고 변화가 생겨 민족국가 형태가 도전을 받으면 그것은 세계화라는 것이다. 물론 국가의 주권적 속성에 변화를 수반하지 않은 국가간의 상호의존이 과연 가능한가를 자문해 보면 이 같은 주권적 속성의 변화 역시 정도의 차이라는 문제에 봉착하지만 이것이 지금까지 거론된 특성 중 가장 설득력있는 차이라고 할 수 있다. 결국 세계화는 1) 이 같은 주권적 속성의 변화라는 현실적 추세와 2) 이에 대한 인식이라는 주객관적인 두 개의 요인으로 규정되는 바 여기에서 우리는 새로운 문제에 부딪치게 된다. 예를 들어 객관적으로 상호의존의 심화로 주권적 속성에 변화가 생겨나지만 인식의 변화는 이루어지지 않고 많은 국가들이 "외국 진출과 우리 시장의 개방"을 주요 문제로 삼을 경우 이는 엄격히 말해 세계화라고 볼 수 없게 된다. 그렇다고 그것이 국제화도 아닌 셈이다. 이는 단순한 개념의 사각지대에 대한 '트집'이 아니라 심각한 현실의 문제이다.

이 문제와 밀접히 관련되어 있는 것이 김영삼정권의 국가전략으로서의 세계화이다. 이는 "세계는 하나라는 인식"보다는 무한경쟁사회에서 "외국과 해외 시장의 진출과 우리 시장의 개방"을 주요 문제로 삼아 '우리 상품', '우리 문화'를 세계일류로 만들어 세계시장에서 승리하고 일등국가를 만들겠다는 전략이다. 나아가 이 같은 전략 역시 국가가 주도한다는 구상이라는 점에서 "국적에 기초한 행위자들의 행위를 중시"하는 것이다. 이 같은 사실은 두 가지 점을 시사한다. 첫째, 김영삼정권의 세계화는 그 명칭과는 달리 학계에서 논의되고 있는 일상적 의미의 '세계화'와 정반대의 내용을 그 내용으로 하고 있으며 사실상 위의 개념화에 따르면 '국제화'라는 점이다.[34] 김영삼정권 스스로 세

---

34) 이 점에서 김영삼정권의 세계화는 영어로 'total globalization'이 아니라 'national development strategy in an interconnected world'라고 번역해야 한다는 임현진 교수의 지적은 정곡을 찌른 것이다(임현진, 앞의 글, 554).

계화를 "세계화시대의 '국가'발전 전략"으로 정의하고 있는 것 역시 이를 입증해주고 있다. 이와 관련, 김영삼정권은 국제화를 "국가가 중심이 되어 외국과의 교류를 확대하는 것"으로서 "주로 무역과 경제에서의 변화를 중심으로 하는 개념"이라고 정의하여 세계화와 대비시키고 있다. 35) 한 마디로 국제화는 경제 영역의 현상인 반면 세계화는 사회, 문화, 정치를 포괄하는 보다 넓은 개념이라는 것인데 이는 말도 되지 않는 자의적 개념화이다. 둘째, 단순한 개념의 문제를 넘어서 이처럼 우리 나라를 포함한 많은 국가들이 세칭 '세계화'라는 현실적 추세에 "세계는 하나"라는 인식보다는 "해외시장의 진출과 우리시장의 개방"을 주요 문제로 삼고 대응하고 있다는 점이다. 이는 결국 현금의 '세계화'가 개념적으로 정의한 '세계화'와는 다른 현상으로 나아갈 가능성을 강하게 시사하고 있다.

사실 이와 관련, 세계화의 개념화 속에는 보다 근본적인 문제가 내장되어 있다. 위에서 보았듯이 주권적 속성의 변화를 기준으로 한 '세계화'의 개념화는 다른 개념화들과 달리 국제화와 질적 차별성을 부여해 준다는 점에서 개념적으로는 가장 뛰어난 개념화이다. 그러나 이같이 개념화할 경우 세계화는 정의 그 자체에 의해(by definition) 국가의 주권적 속성의 변화, 즉 민족국가의 약화(극단적으로는 소멸)를 의미하므로 세계화와 민족국가의 향방이라는 주제는 그 자체가 성립되지 않으며 논의 자체가 불필요한 주제가 된다. 결국 세계화를 이처럼 정의하더라도 문제는 1990년대 이후의 현상이 바로 이 같은 세계화인가가 문제로 남게 되고 쟁점이 된다. 즉 1990년대의 변화가 민족국가의 약화를 의미한다면 그것은 '세계화'이지만 그렇지 않다면 그것은 세계화가 아니라 '국제화'일 따름이며 '세계화'는 현실 속에 존재하지

---

35) 대통령비서실, 『대통령의 세계화구상』, 1995년 1월 25일, 13쪽; 임현진, 앞의 글, 554에서 재인용.

않고 학자들의 머리 속에만 존재하는 관념적인 개념으로만 남아 있게
된다(아래 참조). 어쨌든 지금까지의 논의를 중심으로 이들 개념들을
간단히 정리해 보면 다음과 같다(그림 1참조).

그림 1. 국제화, 세계화, 지구화

상호의존	저 ─────────── 고	
	민족국가의 중심성	탈중심성
현실추세	국제화	세계화(＝지구화)
국가전략	세계화(Sekyehwa)	

(2) 민족국가, 국민국가, 근대국가

세계화가 영향을 미칠 대상으로서의 '민족국가'라는 개념 역시 그리
자명한 것은 아니다. 우선 문제는 nation이라는 개념의 다의성에서 연
유하는 '민족'과 '국민', 나아가 '민족국가'와 '국민국가'간의 관계이다.
nation이라는 개념은 독일어로는 Volk로서 해당 언어와 나라에 따라
그 의미가 다른 것은 사실이다.[36] 그러나 분명한 것은 '민족'과 '국민'
은 다른 것이라는 점이다. 둘 다 역사적이고 사회적 산물인 것은 사실
이나 민족은 혈연적 공동체를 기본적인 출발점으로 한다. "현재 이 세
상에 진정한 'nation-states'는 실제 거의 존재하지 않는다. 'nation-
state'라는 용어가 의미하는 것이 국토의 경계와 혈연적 인종 공동체의
외연이 일치하는 것이라면 우리들은 현존하는 국가들 중 약 10 퍼센트
에만 'nation-state'라는 명칭을 부여할 수 있다"[37]는 한 전문가의 지

---

36) 이에 대해서는 박호성, 『민족문제와 계급문제』, 역사비평사, 1994 참조.
37) Anthony D. Smith, "State-Making and Nation-Making," in John Hall, ed.,
The State: Critical Concepts, vol. II, London: Routledge, 1994, 59.

적은 바로 nation-state의 이 같은 '민족적' 측면을 지적한 것이다. 한편 같은 nation이라는 개념도 이것이 '국민'을 의미하는 경우 전혀 다른 의미이다. '국민'이란 인종이나 신분, 계급을 넘어선 "한 국가의 전체 인구"[38]를 의미하는 정치적 개념으로서 기본적으로 부르주아혁명에 의해 확립된 근대적 시민권을 핵심내용으로 하는 개념이다.

'봉건제'라는 특수한 경험 때문에 중세에 '국가성(stateness)'[39]을 가진 '국가다운 국가'를 갖지 못했던 유럽의 경우 nation이, 즉 국민과 민족이 국가에 의해 '창조'되어 그 과정이 거의 일치하여 이 같은 문제는 별로 중요하지 않을 수 있다. 그러나 한국의 경우 문제가 다르다. 이 점과 관련해 한국의 경우 '한민족'이라는 민족이 먼저 있었고 그것이 근대적 국가를 갖게 되었다는 점에서 서구이론을 기계적으로 들여와 한민족이 국가에 의해 만들어진 '상상적 공동체'라고 주장하는 것은 문제가 있다는 주장이 제기되기도 했다. 그러나 분명 '한국인' 내지 '한민족'이란 자연적 현상이 아니며 국가에 의해 '창조'된 것이다. 즉 한국에서도 국가가 민족을 창조했다고 할 수 있다. 다만 차이는 우리의 경우 서구와 같이 근대에 이루어진 것이 아니라 통일신라와 고려에 이루어진 것으로 보아야 한다는 것이다.[40] 신라, 백제, 고구려는 같은 '민족'이라는 의식이 별로 없었을 것이었고 삼국을 통일한 신라라는 국가가 패자의 전통과 역사를 말살시키고 '한민족'이라는 민족을 '창조'했을 것이며 이 같은 작업은 고려에 의해 계속되었을 것이다. 그 결과 한민족

---

38) Raymond Williams, *Keywords*, NY: Oxford Univ. Press, 1983, Revised Ed., 213.
39) 이 개념에 대해서는 J. P. Nettl, "The State as a Conceptual Variable," *World Politics*, vol. 20(1968), 559-592.
40) 그 한국적 특수성을 구체적으로 서술하고 있지는 않지만 국가가 민족을 창조했다는 서구의 경험을 한국에 기계적으로 적용할 수 없다는 입장에서 유사한 견해를 최장집 등은 편 바 있다. 한편 이와 달리 국가의 민족창조설을 한국에 그대로 적용하는 입장으로는 임현진 외, 「한국에서의 민족형성과 국가건설: '결손국가론' 서설」, 구범모 교수 회갑기념논총 『전환기 한국정치학의 새 지평』, 나남, 1984, 487-514 참조.

이라는 '민족'이 성공적으로 창출된 것이 언제인가는 알 수 없으나 분명한 것은 '국가'를 잃어버린 한말에 '한민족'은 이미 형성되어 있었다는 것이다.[41] 그 결과 해방 후의 상황을 놓고 이야기하자면 이미 '존재'하는 민족이 새로운 국가를 형성한 것이지 서구식으로 국가가 민족을 '창조'한 것으로 보기는 어렵다. 하나의 민족이 두 개의 '분단국가'를 형성함으로써 생겨난 '결손국가'[42] 라는 개념이라든가 분단으로 인해 '민족국가의 완성'이 미완의 과제로 남아있다는 문제의식 등은 바로 이 같은 맥락 속에서 생겨난 것이다.

한편 '민족'이 아니라 '국민'의 경우는 다르다. 전통적인 한국사회에서 국민이란 존재하지 않았고 근대에 와서 명백히 국가가 국민을 창조한 것이다. 물론 그 시기를 한말로 볼 것인가, 해방 후로 볼 것인가는 논쟁의 여지가 있고 많은 연구가 필요한 주제이다. 그러나 확실한 것은 해방 이후 두 개의 국가에 의해 두 개의 국민이 창조되었다는 사실이다. 남한에서는 대한민국이라는 국가가 대한민국 국민이라는 국민을 창조했고 북한에서는 '조선민주주의인민공화국'이라는 국가가 자기 나름의 국민을 창조하였다. 80년대 사회구성체 논쟁에서 남북한이 독자적인 사회구성체들이며 독자적인 국가라는 것은 바로 이 같은 의미, 즉 국민국가라는 뜻이다. 다시 말해 남북한은 민족이라는 면에서는 '1

---

41) 임현진 교수 등은 이는 전근대적이라는 점에서 단순한 '인종(ethnicity)'이지 민족이라고 볼 수 없다고 주장하고 있으나 이는 '민족'과 '국민'을 구별하지 않은 데 기초한 분석이며 봉건제의 경험에 의해 근대이전에 '국가'가 없었던 서구의 경험을 한국에 기계적으로 적용시키는 것이 아니냐는 문제점이 있다(임현진 외, 앞의 글, 『전환기 한국정치학의 새 지평』, 504).

42) 같은 글. 그러나 이들처럼 근대이전의 한국사회에 존재했던 것은 민족이 아니라 '인종'이라고 볼 경우 결손국가는 자기모순이다. 왜냐하면 결손국가란 민족의 외연과 국가의 외연이 일치하지 않는 것을 착안한 개념인데 국가가 민족을 창출하는 데 두 외연이 일치하지 않을 수 없다. 즉 이 논리에 따르면 남한은 대한민국이란 국가가 창출한 하나의 민족이고 북한은 조선인민민주주의공화국이라는 국가가 창출한 또 다른 민족이지 결손국가가 아니다. 또 이 논리에 따르면 민족과 국가의 외연이 일치하지 않는 대부분의 유럽국가들은 다 결손국가이다.

민족 2국가'이지만 국민이라는 측면에서는 '2국민 2국가'이다.

마지막으로 '근대국가'라는 개념이다. 민족국가, 국민국가는 근대국가의 핵심적 특징이다. 그러나 근대국가는 이 같은 특징들만으로 환원될 수 없다. 근대국가의 또 다른 측면은 흔히 '국가성'이라고 불리우는 제도적 특징이다. 흔히 '정당화된 폭력의 독점'으로 이야기되는 것으로서 "시민사회의 곁과 밖에 세워진 특수한 심급"으로서의 국가에의 강제력의 독점, 그 구체적 표현으로서의 상비군, 관료제 등이다. [43]

이 같은 구별에 기초해 볼 때 세계화는 흔히 우리가 nation-state라고 부르는 현실의 세 측면, 즉 민족국가적 측면과 국민국가적 측면 나아가 근대국가적 측면에 동일한 영향을 미치는 것이 아니라 다른 영향을 미칠 것이라고 볼 수 있다. 세계화와 민족국가의 향방이라는 주제를 분석하는 데에는 이 같은 세 측면을 구분하는 문제의식이 필요하다 하겠다. [44]

2) 세계화의 구체적인 내용

위에서 우리는 세계화가 무엇을 의미하는가를 개념적 차원에서 살펴본 바 있다. 그러나 개념적 차원이 아니라 '현실' 속에서 실제로 현재 진행되고 있는 현실적 변화가 이 같은 개념을 충족시켜 주는 것인가는 또 다른 문제라는 점 역시 지적한 바 있다. 바로 이 문제를 검증하기 위해서는 많은 세계화 이론가들이 세계화라는 이름하에 서술하고 있는 현실변화의 구체적인 내용, 즉 세계화의 구체적인 내용을 꼼

---

43) 이에 대해서는 John Holloway & Sol Picciotto, eds., *State and Capital: A Marxist Debate*, Austin: Univ. of Texas Press, 1978.
44) 그러나 이 글에서는 불행히도 이 같은 세 측면에 대한 구체적인 분석까지는 나아가지 못했다. 다만 이 글에서는 이 같은 세 측면에 대한 문제제기를 함으로써 이에 대한 관심을 불러일으키고 이를 통해 후속연구를 기대해보는 것으로 만족하고자 한다.

꼼히 따져볼 필요가 있다. 이들이 지적하고 있는 것들을 몇 가지로 유형화하여 정리해 보면 다음과 같다. 그렇다고 해서 이들 이론가들이 세계화의 내용으로 아래 열거할 내용 중 어느 하나만을 지적하고 있는 것은 아니고 더욱이 이들 내용이 이것 아니면 저것이라는 식의 양자택일의 문제는 분명 아니다. 대부분의 관계자들은 사람에 따라 그 종류와 강조점에는 차이가 있지만 이들 내용 중 상당부분들을 병렬하여 지적하고 있다. 그러나 이 글에서는 보다 명료한 분석을 위해 이들 내용들을 해체하여 항목화하여 살펴보고자 한다.

(1) '단일 자본주의 세계경제화'

어떻게 보면 세계화의 내용으로 거론되는 것 중 '가장 조야한' 것으로서 소련·동구의 몰락으로 세계가 자본주의로 '평천하'되고 이제 진정한 의미의 '단일한 자본주의 세계경제'가 출범한 것을 지칭하는 경우이다. 이는 국제학계보다는 국내에서, 학계보다는 저널리즘에서 많이 거론되고 있다.[45]

물론 소련·동구의 몰락은 세계사적으로 엄청난 의미를 갖는 역사적 사건이며 이 같은 변화가 세계의 동학에 중대한 영향을 미쳤을 것임에 틀림없다.[46] 나아가 '자본주의진영'과 '사회주의진영'이라는 두 개의 진영이 분리되어 대립하고 있는 상황에서 한 진영내에서 이루어지는 세계화는 엄격히 말해 '반쪽 세계화'에 불과하고 이 같은 상황에서 진정한 의미의 세계화는 불가능하다는 점에서 이를 세계화의 주요

---

45) 예를 들어 한 연구는 "세계화와 냉전의 종식은 국제체제의 변화의 두 개의 주된 표현"이라는 지적에서 볼 수 있듯이 세계화와 소련·동구의 몰락을 별개의 현상으로 다루고 있다(Hans-Henrik Holm, *Whose World Order: Uneven Globalization and the End of the Cold War*, Boulder: Westview, 1995, 1. 이와는 대조적으로 세계화에 대하여 소련, 동구의 몰락으로 상징되는 이데올로기의 몰락을 강조하는 입장으로는 김경원, 「머리말」, 김경원·임현진 편저, 앞의 책, 9.
46) 이에 대해서는 Robin Blackburn, *After the Fall*, London: Verso, 1991.

한 내용으로 주목하는 것은 그 나름의 의미가 있다. 특히 한국사회와 같이 세계의 반쪽(과거 현존사회주의사회)과 접촉이 없이 거의 단절되어 있던 사회에 있어서는 이들 국가와 자유롭게 접촉과 교류를 가능하게 해준 소련·동구의 몰락은 세계화라는 면에서 매우 중요하게 보일 수 있다. 그러나 이를 지나치게 강조하는 것은 세계화를 단순히 자본주의의 (진정한 의미의 세계수준으로의) '영토적 확장'으로 축소시키고 소련·동구 몰락 이전에는 세계화가 시작되지 않았던 것처럼 착각하게 만들 우려가 있다.[47] 또 이에 초점을 맞추는 이론화는 원래의 자본주의 세계경제의 구성부분과 구 현존사회주의권의 구성부분간의 상호연관의 심화를 설명할 수 있을지 모르지만 소련·동구의 몰락과 무관하게 진행되어 왔으며 이의 '직접적'인 영향을 받지 않는 자본주의 세계경제내에서의 구성부분들간의 상호연관의 심화 등 보다 근본적인 문제를 보지 못하게 하는 문제점이 있다.

(2) 자본의 지구화

다음으로 들 수 있는 것은 우루과이라운드(UR)로 대표되는 세계적인 무역자유화, 초국적기업의 활동 등으로 상징되는 경제활동의 국제화, 세계화이다. '지구자본주의(global capitalism)'라는 표현이 보여주듯이 80년대 이후 경제활동은 급속히 국제화되어 '국경없는' 하나의 세계경제로 통합되어 오고 있다. 우루과이라운드가 보여주듯이 이제 세계는 국경없는 세계 수준의 무역자유화가 실현되고 있다. 그러나 보다 근본적인 변화는 다른 곳에 있다. 특히 세계화론자들은 최근들어 한 나라에 뿌리와 국적을 둔 '다국적(multinational)'기업들이 국적을

---

47) 특히 세계체제론과 같이 현존사회주의권을 '세계사회주의경제'와 같이 독자적인 세계체제가 아니라 원래부터 자본주의세계경제의 일부였던 것으로 볼 경우 (Wallerstein, *op. cit.*) 소련·동구의 몰락을 세계화의 내용으로 부각시키는 것은 정말 문제가 있는 것이 된다.

넘어서 진정한 자유로운 자본으로 특정한 국가적 정체성을 고집하지 않고 최고의 수익성과 안정성을 위해 기꺼이 자리를 옮기는 '초국적 (transnational)'기업으로 전화하였고[48] 자본축적을 규제하는 조절자로서의 민족국가를 대체할 새로운 조절자로서의 초국적 금융자본의 등장[49]을 주목하고 있다. 이제 역사상 처음으로 자본이 자신의 논리에 의해 국경을 넘어서 전지구적인 투자 결정을 내리는 진정한 의미의 지구자본주의에 돌입했다는 것이다.[50]

물론 이 문제 역시 세계체제론이 주장하듯이 자본주의는 시작부터 일국적인 것이 아니라 세계경제였다는 점에서 지구자본주의가 새로운 것인가, 경제활동의 국제화가 미증유의 새로운 수준인가, 다국적기업의 초국적기업으로의 전화론 역시 이미 과거에도 다국적기업이 '다국적'기업인가 아니면 '초국적'기업인가에 대해 견해가 갈리어 논쟁이 되어온 주제라는 점에서 쟁점이 되는 중요한 주제이다. 다만 여기에서는 중복을 피하기 위해 이 문제를 뒤의 「비판적 평가」 부분에서 다루고자 한다.

(3) 초국적 정치체제, 초국적 정치조직의 등장

세계화론자들이 주목하는 또 다른 현상은 유럽연합(EU)으로 상징되는 초국적 정치체제와 초국적 정치조직의 등장이다.

우선 '하나의 유럽'이라는 기치하에 진행되어온 초국적 정치체제의 건설실험인 유럽통합은 민족국가를 넘어선 하나의 세계화경향을 주장하는 세계화론자들의 중요한 논거가 된다. EC는 단일시장통합에 이은

---

48) 박길성, 「근대성에서 세계성으로」, 김경원 · 임현진 공편, 앞의 책, 78-79.
49) P. McMichael & D. Myhre, "Global Regulation vs the Nation-State," *Review of Radical Political Economics*, 22:1(1990), 62.
50) Robert Ross and Kent Trachte, *Global Capitalism: the New Leviathan*, Albany: State Univ. of New York Univ., 1990, 10.

단일유럽통화로의 통화통합을 위한 마스트리히트조약 체결 등 경제통합뿐만이 아니라 EC 집행위원회, 각료이사회, 유럽의회 등 정책결정과정의 통합을 통한 정치통합을 진행해가고 있다.[51] 이와 함께 세계화론자들의 관심을 끄는 것은 국경을 넘어선 초국적 조직의 확산이다. 이는 국제연합(UN), 국제통화기금(IMF) 등 정부수준의 국제적 조직이 확산되고 있고 보다 주목할 만한 것은 그린피스, 엠네스티와 같은 민간수준의 초국적 조직의 확산이다. 다음과 같은 통계는 이를 잘 입증해주고 있다.[52]

	정부수준의 국제조직	민간 초국적 조직
1905	37	176
1951	123	832
1972	280	2173
1984	365	4615

이 같은 사실은 이제 정치도 '세계화'하여 '가치의 권위적 배분'을 둘러싼 중요한 정치결정적인 일국적 수준이 아니라 세계적 수준에서 이루어지고 있으며 정치활동의 적절한 단위는 더 이상 민족국가가 아니라 세계정치체제로 변모하고 있음을 보여주고 있다는 것이다.[53]

이 같은 측면은 특히 민족국가의 향방과 직접적으로 관련된 매우 중요한 것들이다. 그러나 이 역시 EU의 정치통합이 아직도 걸음마 단계에 있으며 이 같은 수준의 정치통합 역시 세계적으로는 유일한 예외

---

51) 이에 대해서는 김호기, 「세계화와 국민국가의 위상」, 김경원·임현진 공편, 앞의 책, 158-162; 이호근, 「지구화, 유럽통합, 그리고 독일통일 이후」, 『반시대』 창간호, 1994.
52) David Held, "The Decline of the Nation-State," in Stuart Hall, et al., eds., *New Times*, London: Verso, 1989, 196.
53) A. McGrew, et al., eds., *Global Politics: Globalization and the Nation-State*, London: Polity, 1982.

적인 것으로 타지역에는 이 같은 움직임이 보이지 않는다는 점, 초국적 정치조직의 출현 역시 앞의 표가 보여주듯이 그것이 80년대 이후의 새로운 현상이 아니라 20세기 들어, 특히 2차대전 종전 이후 지속적으로 진행되어온 연속적 과정이 아니냐는 문제제기에 답해야 하는 문제점이 있다.

(4) 전지구적 문제의 대두

인류의 공멸을 의미하는 핵전쟁과 평화의 문제, 환경파괴와 공해의 문제로 인한 인류생존의 공동체적 운명과 상호의존성이라는 문제, 즉 페레스트로이카의 새로운 사고에서 말하는 '인류보편적' 문제의 대두[54] 역시 세계화의 중요한 문제의식이다.

핵무기가 가진 가공할만한 파괴력과 핵보유국이 상대방을 완전히 멸망시킬 수 있다는 것을 서로 확신할 때만이 누구도 핵을 쓸 수 없다는 '기이한' 핵전쟁억지전략인 '상호확인된 파괴(MAD, Mutually Assured Destruction)'에 의해 천문학적으로 비축한 핵무기들, 그리고 핵의 평화적 사용이 핵재앙으로부터 인류를 면제해주는 것은 아니라는 것을 보여준 체르노빌 사태 등은 국경을 넘어선 세계적인 상호의존과 세계성을 보여주고 있다는 것이다. 이밖에 지구온난화, 오존층의 파괴, 열대림의 파괴, 생물종의 감소 등 생태계의 위기는 인류의 생존 자체를 위협하고 있으며 이는 1992년 지구환경문제 해결을 위한 리우 정상회담과 그린라운드라는 전지구적 대응을 불러일으키게 되었다.[55]

이것 역시 중요한 문제의식이나 환경파괴에 의해 인류가 전지구적

---

54) A. 차르킨, 「새로운 정치적 사고와 노동운동의 제문제」, 『오늘의 정치경제학』, 1988.
55) 이에 대해서는 Garet Porter, et al., *Global Environmental Politics*, Boulder : Westview, 1991; 정수복, 「지구환경위기와 국제환경정치」, 김경원·임현진 공편, 앞의 책, 249-277.

인 운명이 된 것은 산업혁명 이후 지속적으로 진행되어온 과정이며 핵 파멸의 위기에 의한 세계화는 핵발명 이후 지속되어온 것인데 유독 80년대 이후가 새로운 것이 무엇이냐는 문제가 남는다. 사실 이 문제는 세계화가 아닌 '국제화' 논의에 있어서도, 80년대 이전의 '국제화시대'에도 이미 다 논의된 것들이다.56) 다만 새로운 것이 있다면 현실에 있어서의 이 같은 세계적 상호의존성이 아니라 이에 대한 사회의 주관적 인식의 보편화일 것이다.

(5) 정보화혁명

마지막으로 홍콩의 스타TV, 미국의 CNN방송과 인터넷, 네티즌으로 상징되는 정보화혁명, 통신혁명이다. 한 미래학자가 '제3의 물결'57)로 명명한 이 같은 혁명은 "시간을 통한 공간의 괴멸"58) 또는 '시공간의 압축'을 통해 공간을 중심으로 짜여진 기존의 정치, 경제, 사회, 문화의 면모를 바꾸어 놓으며 사회적 삶을 세계화시킨다는 것이다. 즉 "공간의 장벽이 감소함에 따라 우리는 세계 공간에 무엇이 담겨져 있는가에 훨씬 더 민감해"지고 사람들은 "세계가 담고 있는 것에 대한 폭넓은 모형적 경험 혹은 대리경험을 할 수"59) 있게 됨으로써 "우리의 중추신경계를 전 세계로 확장시켰다."60)

정보화혁명에 의한 시공간의 압축은 세계화의 내용 중 소련·동구의 몰락과 함께 80년대 이전의 '국제화시대'에 비해 가장 새로운 내용

---

56) Dennis Pirages, *Global Ecopolitics*, North Scituate: Duxbury Press, 1978 등 참조.
57) E. Toffler, *The Third Wave*(『제3의 물결』, 매일경제사, 1990).
58) David Harvey, *The Conditions of Postmodernity*, Oxford: Blackwell, 1989(구 동회 외 역, 『포스트모던의 조건』, 한울, 1994, 364).
59) 같은 책, 357-358.
60) M. McLuhan, *Understanding Media*, NY, 1966; 『포스트모던의 조건』, 367 에서 재인용.

이다. 그러나 이것도 꼼꼼히 따져 보면 정보화혁명은 새로운 것일 수 있지만 시공간의 압축은 하비 자신도 인정하고 있듯이 전혀 새롭지 않은 지속적 과정이었다. 산업혁명, 전화의 발명, 비행기의 발명 등 과학기술의 발전은 시공간을 계속 압축시키고 세상을 '세계화'해 왔다. 즉 국제화시대의 시공간 압축과 이후 시기의 시공간적 압축간의 질적 단절을 입증해야 하는 것이 세계화론자들의 과제이다.

3) 민족국가의 향방

세계화 논의에서 가장 뜨거운 쟁점이 되는 것은 민족국가의 향방이다. 물론 위에서 이미 지적했듯이 세계화를 국제화와는 다르게 민족국가의 주권적 속성이 해체되는 것으로 정의할 경우 세계화가 민족국가에 가져올 영향은 정의에 의해 자동적으로 민족국가의 약화이기 때문에 세계화와 민족국가의 향방이라는 주제 자체가 성립될 수가 없다. 그러나 세계화로 지칭되는 최근의 현실적 변화들이 바로 개념적인 그 세계화인가는 다른 문제라는 점에서 세계화의 구체적인 내용을 주목할 필요가 있다는 점 역시 이미 지적한 바 있다. 따라서 세계화와 민족국가의 향방이라는 문제는 세계화라는 개념적 정의에 의거하는 것이 아니라 바로 위에서 살펴본 구체적인 세계화의 내용을 중심으로 한 현실운동으로서의 세계화를 그 준거틀로 하여 분석되어야 한다고 볼 수 있다. 따라서 이 절에서는 이 같은 문제의식에서 기존의 논의[61]를 비판적으로 요약, 소개한 뒤 필자 나름의 비판적 평가와 문제제기를 하고자 한다.

---

61) 이들 논의에 대한 가장 체계적인 국내학계의 정리와 평가로는 정진영, 「세계화와 국민국가의 장래」, 『경제와 사회』 23호, 1994년 가을; 전상인, 「긴장, 절충, 비판: 최근 국내 세계화논의에 대한 검토」, 『동향과 전망』 26호, 1995년 여름 등 참조.

(1) 약화·소멸론

세계화가 민족국가에 끼칠 영향에 대한 주류입장은 '약화·소멸론'
이다. 이는 민족국가가 세계화에 의해 약화되어 그 중요성이 미미해
져 거의 '소멸'하는 지경에 이를 것이라는 '강한' 입장과 소멸을 이야기
할 수는 없지만 상당히 약화될 것이라는 '약한' 입장으로 나뉘어질 수
있는 바, 전자는 극소수에 불과하고 절대 다수는 후자의 입장이라고
할 수 있다.

강한 입장을 대표하는 것은 정보화혁명론을 통해 각광을 받고 있는
미래학자 토플러와 같은 사람이다. 그에 따르면 정보혁명, 반도체혁
명, 통신혁명을 중심으로 한 '제3의 물결'에 의해 이제 민족국가는 벌
써 과거에 볼 수 있었던 그런 민족국가가 더 이상 아니며 초국적기업,
초국적 전문가조직, 세계적인 환경단체 등이 부상하고 있어 이러한
비정부조직들을 지구적으로 묶어주는 '초국적시민사회', '세계시민사
회'가 형성되어 민족국가는 사실상 그 기능과 역할의 중요성이라는 면
에서 소멸하게 될 것이라는 것이다.[62] 나프타(NAFTA) 등 경제통합
움직임에 주목하는 일부 이론가들 역시 이 같은 추세는 "'민족 정체성'
의 종말과…노동자들이 지구경제의 시민이라는 현실에 의해 다같이
묶여 있는 새로운 사회"를 가져올 것이라고 주장함으로써 사실상 민족
국가 소멸론을 천명하고 있다. 직접적으로 소멸론을 이야기하고 있지
는 않지만 이를 함의하고 있는 또 다른 흐름은 자본의 미증유의 국제
화에 주목하는 경제학자들이다.[63] 이들에 따르면 1980년대 이후 진행
된 미증유의 자본의 국제화에 따라 '민족형태'를 띠고 있던 기존의 세

---

62) E. Toffler & H. Toffler, *War and Anti-War*, NY: Little, Brown & Co.,
1993.
63) H. Radice, "The National Economy: A Keynesian Myth?", *Capital & Class*,
no. 22(1984); McMichael & Myhre, *op. cit.* 등 참조. 이들의 요약, 뛰어난 비판
적 평가로는 박복영, 「1980년대 이후 자본의 국제화와 국제적 경제조절」, 학술단
체협의회, 앞의 책 참조.

계경제구조가 '초국적 형태'로 바뀌었고 특히 선진자본주의국가들 경우 "국민경제가 교환과 소유면에서 국제화되었을 뿐만 아니라 산업상 자기유지적인 핵을 더 이상 지니지 않는다는 의미에서 해체되었다"고 주장하고 있다.

이 같은 강한 입장은 아니지만 대부분의 세계화론자들은 자본의 국제화, 정보화혁명 등, 위에 지적한 다양한 현실변화에 따라 민족국가가 엄청나게 약화되고 있으며 이 같은 추세는 앞으로 더욱 가속화될 것이라는 입장을 견지하고 있다. 예를 들어 헬드의 경우 현대 민족국가는 "점점 더 지구적인 상호연결망으로 얽혀서 초국가적, 정부간, 그리고 범국가적 세력에 의해 침투되어, 그 자신의 운명을 스스로 결정할 수 없다…. 이처럼…민족국가는 쇠퇴하고 위기에 직면하고 있는 것처럼 보인다"고 약화론의 입장을 피력하고 있다. [64] 그러나 이것이 '민족국가의 시대의 소진'을 의미하지는 않으며 "민족국가종언론자들이 모두 다 지구촌화의 압력 앞에서 국가권력이 침식되는 측면을 종종 지나치게 과장하고 국가기구가 국내, 국제정치의 향방을 형성하고 있는 지속적인 능력을 인식하는 데 실패했다"[65]고 지적하고 있는 점에서 소멸을 예측하는 강한 입장과는 일정한 거리를 두고 있다.

(2) '약화·소멸' 비판론

이는 세계화 논의의 대세를 장악하고 있는 '약화·소멸론'에 비판적인 입장으로서 오히려 민족국가는 앞으로 강화될 것이라는 '강한 입장'과 강화되는 것은 아니고 약화되지만 '약화·소멸론'이 지적하듯이 쉽게 약화되지는 않고 오랫동안 지속되고 국제정치에 있어서 중요한 핵심적인 행위자로 남아 있을 것이라는 '약한' 입장, 강화된다고 볼 수는

---

64) 헬드, 앞의 글, 349. 이밖에 D. Held, "The Decline of Nation-State," in Stuart Hall, et al., eds., *New Times*, London: Verso, 191-204.
65) 헬드, 앞의 글, 351.

없지만 그렇다고 약화되지도 않는다는 '중간 입장'으로 나뉘어진다. 물론 이중에서의 다수파는 약화·소멸론과 마찬가지로 후자인 '약한 입장'이다. 따라서 '약화·소멸론'의 다수파인 '약한' 입장과 비판론의 다수파인 '약한 입장'은 소멸과 강화를 부정하고 약화를 인정한다는 점에서 사실상 입장이 비슷하다. 다만 그 정도에 대한 입장 차이와 '약화'에 강조점을 주느냐 아니면 약화에도 불구하고 오래 지속되고 핵심적인 행위자로 남는다는 '지속'쪽에 강조점을 주느냐는 강조의 차이라고 할 수 있다.

우선 강화론을 보자면 이들이 주목하는 것은 소련·동구의 몰락이후 나타나고 있는 민족주의의 부활에 따른 민족국가의 확산붐이다.[66] 즉 슬로바니아, 크로치아, 마세도니아부터 소련의 해체에 의해 등장한 다수의 독립된 민족국가들에 이르기까지 최근 들어 나타나고 있는 민족국가의 확산을 고려할 때 민족국가약화론의 주장과는 "정반대로 포스트공산주의하에서 진행되고 있는 가장 거대한 전지구적인 정치적 운동은 민족국가의 형성"이라는 것이다.[67] 이와 달리 민족국가 형성의 역사성과 민족국가가 수행하고 있는 독특한 기능에 주목하여 강화론을 주장하고 있는 이론가들도 있다. 민족국가의 형성에 있어서 국가의 자율성을 강조하는 '두 개의 논리'(위의 제2절 참조)를 취하는 이들에 따르면 민족국가는 1) 전쟁의 수행, 2) 의사소통체계의 하부구조 제공, 3) 정치적 민주주의의 재생산 영역 제공, 4) 사회적 시민권 보장, 5) 거시적 경제개발 등 크게 보아 다섯 가지 기능을 수행하는데 이 중 일부는 약화되고 있지만 일부는 오히려 강화되고 오히려 그 힘

---

66) 소련·동구의 몰락이 왜 이 같은 민족주의의 부활을 가져 왔는가에 대해서는 Etienne Balibar, 「공산주의 이후의 유럽」, 『이론』 창간호, 1992년 여름, 183-219 참조.
67) Denis MacShane, "Labor Standards and Double Standards in the New World Order," in Jeremy Brecher, et al., eds., *Global Visions*, Boston: South End Press, 1993, 199.

이 성장하고 있다는 점에서 민족국가의 역할은 오히려 강화되고 있다는 것이다.[68]

중간입장으로 볼 수 있는 것은 우선 약화론자들이 주목하는 경제활동의 미증유의 국제화, 지구화를 비판하는 경제학자들이다. 이들에 따르면 세계화론자들의 주장과 달리 경제의 국제화를 보여주는 중요한 지표인 현재의 무역개방도의 정도는 제1차 세계대전 직전 수준에 불과하고 자본이동 역시 포트폴리오가 대부분이어서 19세기형 투자형태를 벗어나지 못하고 있으며 노동시장의 국제적 폐쇄성이 그대로 남아 있다는 것이다.[69] 즉 경제의 세계화와 세계적인 경제통합의 수준은 1914년의 수준에도 못 미치고 있으며 최근 호들갑을 떨고 있는 경제의 세계화는 제1, 2차대전을 통해 파괴되었던 경제적인 국제교류를 과거수준으로 만회하고 있는 것에 불과하다는 주장이다.[70] 국내학계의 경우도 이 같은 측면이외에도 제3세계의 특수성에 주목하여 민족국가의 약화론에 전면적인 반기를 드는 입장이 개진되고 있다. 즉 세계의 절대다수를 차지하는 제3세계에 있어서는 탈민족국가화는커녕 "민족국가의 건설 자체가 아직도 사회적 목표로 남아" 있어서 "그 어느 측면에서도 국민국가의 위상 자체의 변화를 논하는 것은 경험적으로

---

68) Michael Mann, "Europe and Other Continents: Diversifying, Developing, Not Dying," *Daedadus*, 122:3(Summer 1993).

69) A. Glyn & B. Sutcliffe, "Global but Leaderless?", *Socialist Register*(1992); 앤드류 글랜, 「영국 경제석학의 '신국제경제질서진단」, 『시사저널』, 1992년 10월 8일자. 특히 이들에 따르면 80년대 말 현재 선진국인 경제협력개발기구(OECD) 국가들과 중남미와 아시아의 무역개방도(국내총생산 중 수출입의 비중)는 제2차 대전 수준 미만이며 경제통합이 가장 많이 진행된 유럽공동체내에서조차 그 수준이 제1차대전 수준보다 다소 높은 것에 불과하다는 것이다.

70) D. Henderson, "International Economic Integration," *International Affairs*, 68:4(1992). 이밖에 D. M. Gordon, "The Global Economy: New Edifice or Crumbling Foundations?", *New Left Review*, no. 168(1988); S. Pooley, "The State Rules, OK?: The Continuing Political Economy of Nation-States," *Review of Radical Political Economics*, 22:1(1990).

시기상조"일 뿐만이 아니라 "규범적 당위적 차원에서도 국민국가가 자신의 지위를 낮추어야 할 필요가 없다"는 것이다. [71]

마지막으로 '약한 주장'은 민족국가가 세계화추세에 의해 약화되고 있는 것은 사실이지만 그 역사성, 대체세력의 부재 등으로 인해 한 논문의 제목처럼 "민족국가는 쉽게 죽지 않는다"[72]는 것이다. 예를 들어 국가흥망론의 이론가인 케네디는 민족국가의 독자성과 기능이 세계화추세에 의해 잠식당하고 있기는 하지만 세계적 변화에 대응하는 기본단위로서의 국가를 대체할만한 새로운 대안은 아직 나타나지 않고 있다는 점을 들어 '약화・소멸론'에 비판적 입장을 제시하고 있다. [73] "국민국가 프로젝트 자체가 도전을 받는 세계사적 현실"을 인정한다는 점에서 약화추세를 승낙하면서도 이것이 민족국가의 소멸을 의미하지는 않으며 이의 소멸에는 "수 백년의 시간이 걸릴지도 모른다"[74]는 이수훈 교수의 입장도 바로 이 같은 입장을 대표하는 또 다른 예이다.

4) 비판적 평가

민족국가의 미래를 놓고 이와 같이 대립되는 입장들을 평가하는 데 있어서 주목할 점은 1980년대 이후의 변화를 그 이전의 추세와 얼마나 단절적인 새로운 것으로 보느냐는 문제가 그 뒤에 도사리고 있다는 점이다. 즉 약화・소멸론을 취하는 사람일수록 80년대 이후의 단절점을 강조하는 반면 이에 비판적인 사람일수록 그같은 추세가 새로운 것이

---

71) 전상인, 앞의 글, 89-91.
72) John Lambert, "Europe: The Nation-State Dies Hard," *Capital & Class*, 43(Spring 1991).
73) Paul Kennedy, *Preparing for the Twenty-First Century*, London: Random House, 1993(『21세기 준비』, 한국경제신문사, 1993, 178) 참조.
74) 이수훈, 「전지구화, 지역주의화 그리고 국제화의 특징과 내용」, 『경제와 사회』 22호, 1994년 여름, 236-257.

아니라 오랫동안 지속되어온 '국제화'의 연장에 불과하다는 입장을 취하고 있다. 이와 관련, 다음과 같은 몇 가지를 지적하고 넘어갈 필요가 있다.

지성사적 입장에서 우선 세계화 논의라는 것이 이번이 처음이 아니라는 점을 인식할 필요가 있다. 세계화론자들도 인정하고 있듯이 이같은 문제의식은 이미 4백년 전에 생겨났으며 1960년대부터 수차례 논쟁이 되어왔다는 점이다.75) 자본의 국제화만 하더라도 60년대 말-70년대 초 자본의 국제화와 민족국가의 향방을 놓고 벌어진 유명한 만델 - 머리 - 와렌의 논쟁76) 으로부터 '좌초하의 주권(Sovereignty at Bay)' 논쟁77) 들이 있었다. 이밖에 위에서 지적했듯이 환경문제 등 전지구적 문제 역시 마찬가지이고 정보혁명에 의한 시공간 압축, 축약 역시 지속적으로 진행되어온 과정이다. 이 같은 사실은 80년대의 변화가 과거와는 질적으로 다른 그 무엇이라는 것을 입증할 '증명의 부담'을 약화·소멸론 쪽에 부가한다는 것을 의미한다.

이를 경제활동의 국제화 논의와 관련시켜 이야기하자면 세계화비판론자들이 지적하듯이 무역개방도 등을 중심으로 경제통합도를 1910년대와 단순비교하여 과거와 차이가 없다고 주장하는 것은 문제가 있다. 이 같은 공통점에도 불구하고 거기에는 단순한 상품교역 등 '유통의 국제화'와는 질적으로 다른, 신국제분업으로 표현되는 '생산의 국제화'라는 새로운 현상이 도사리고 있기 때문이다. 그러나 마찬가지로 세

---

75) Waters, *op. cit.*, 2.

76) Ernest Mandel, "International Capitalism and 'Supranationality'," *Socialist Register* (1967) ; M. Murray, "The Internationalization of Capital and the Nation-State," *New Left Review*, no. 67 (1971) ; Bill Warren, "The Internationalization of Capital and the Nation-State: a Comment," *New Left Review*, no. 68 (1971).

77) Ratmond Vernon, *Sovereignty at Bay*, NY: Basic Books, 1971; Richard Barnet, et al., *Global Reach*, NY: Simon & Schuster, 1974.

계화론자들에게도 과제가 남아 있다. 그것은 생산의 국제화가 새로운 현상인 것은 사실이지만 이것은 1960년대 이후 시작된 것으로서 1980년대 이후의 변화가 이전시기와 어떠한 질적 차이가 있는지를 입증해 보여야 한다는 것이다. 즉 이를 과거와 달리 그것이 엄청나게 증가했다는 논리, 즉 양이 질적 변화를 가져온다는 '양질변화론'으로는 너무 부족한 주장이다. 또 한 연구자가 정확히 지적했듯이[78] 자본주의에서는 두 개의 특수한 상품인 노동력과 화폐가 자본 그 자체에 의해 관리될 수 없기 때문에 이를 관리, 조절하는 국가의 조절 없이는 자본축적은 불가능한데[79] 민족국가의 약화·소멸을 주장하기 위해서는 이 같은 세계적 경제조절이 민족국가가 아닌 초국적적인 무엇에 의해 대신할 수 있음을 입증해 보여주어야 한다. (이 점에서 최근 주목을 받고 있는 네그리의 『제국』론은 많은 뛰어난 분석에도 불구하고 과장된 측면이 많다.)

이와 관련, 최근의 지구화추세에 있어서 새로운 점으로 금융지구화를 주목하는 견해[80]를 간단히 짚고 넘어갈 필요가 있다. 물론 금융지구화는 최근의 새로운 현상이며 이는 특히 우루과이라운드에 의한 금융시장 개방조치 이후 멕시코로부터 동남아, 한국, 러시아 등으로 번져간 바 있는 금융과 외환위기들이 웅변적으로 보여준 바 있다. 그러나 동시에 이 역시 새로운 것만은 아니라는 점을 잊지 말아야 한다. 사실 최근의 금융세계화와 관련해, 일부에서는 금융자본의 승리를 설득력있게 이야기하고 있지만[81] 대영제국의 헤게모니가 도전을 받기 시작하던 20세기 초반에도 이와 비슷한 현상이 일어났으며 이와 관련,

---

78) 박복영, 앞의 글, 97.
79) 이에 대해서는 Susan de Brunhoff, *State and Economic Policy*, London: Polity Press, 1981.
80) 윤소영, 『신자유주의적 금융세계화와 워싱턴 컨센서스』, 공감, 1999.
81) Paul Sweezy, "The Triumph of Finance Capital," *Foreign Affairs*, June 1994.

힐퍼딩은 금융자본 문제를 집중적으로 주목한 바 있다.[82] 뿐만 아니라 금융자본의 득세는 결국 과잉생산과 과잉투자에 의해 생산적 자본에 투자가 어려워진다는 이야기로서 역사적으로 자본주의 초기부터 특정한 축적주기가 쇠락할 때 주기적으로 나타난 현상이다.[83]

이 모두를 고려할 때 긴 호흡의 역사적 시각에서 다양한 수준의 세계화를 구별하고 이 같은 역사적 틀 속에서 현재의 세계화의 위상을 위치지우고 이에 기초해 세계화 문제를 인식하는 역사적 문제의식이 필요하다. 이와 관련, 세계화는 추상적인 것부터 나열하자면 인류의 역사로서의 세계화, 자본주의의 역사로서의 세계화, 독점자본주의의 역사로서의 세계화, 그리고 최근 논의되고 있는 세계화가 있다. 우선 인류의 역사는 그 자체가 세계화의 역사이다. 위에서 이미 지적한 바 있듯이, 일부 세계화론자들이 최근의 세계화의 특성으로 정보화 혁명 등에 의한 시공간 압축을 지적하고 있지만 그것은 새로운 것이 아니고 인류의 역사 자체가 다양한 통신, 운송수단 등의 발달에 따른 시공간의 압축, 즉 세계화의 역사였다. 둘째, 자본주의 역사 그 자체가 또 다른 세계화의 역사였다. 다시 말해, 세계체제론이 설득력있게 보여주었듯이[84] 자본주의의 그 초기부터 일국적인 것이 아니라 세계체제적인 것이었다.[85] 셋째, 자본주의의 역사 그 자체가 세계화의 역사이지만, 독점자본주의는 제국주의를 통해[86] 세계화를 또 한 차례 높은

---

82) Rudolf Hilferding, *Finance Capital*, London: Routledge & Kegan Paul, 1981, Originally Published in German in 1910.
83) G. Arrighi, *The Long Twentieth Century*, London: Verso, 1994, 6.
84) Wallerstein, *The Modern World System*, New York: Academic Press, 1974.
85) 세계체제론은 아니지만 이 같은 문제의식을 보다 근본적인 맑스주의적 관점에서 개진한 글로는 John Holloway, "Global Capital and Nation State," in John Holloway, et al., *The Politics of Money*, London: Routledge, 1997(『신자유주의와 화폐의 정치』, 갈무리, 1999).
86) Lenin, *Imperialism, The Highest Stage of Capitalism*, Collected Works 22, Moscow: Progress, 1964.

수준으로 강화시켰다. 넷째, 70년대 '국제화'논쟁이 증거하는, 1960년대 말 이후 가시화된 생산의 국제화와 신국제분업에 의한 세계화이다. 이와 관련, 불분명한 것은 최근의 세계화추세를 이의 연장선에서 보아야 하는 것인가, 아니면 이와는 질적으로 다른 새로운 단계의 세계화로 보아야 하느냐는 문제이다.

어쨌든 중첩되어 진행되어온 이 같은 다양한 수준의 세계화에 대한 역사적 안목을 가지고 이에 기초해 최근의 세계화를 분석하고 이해하는 것이 필요하다. 특히 이 같은 역사의식에 기초해, 최근의 변화가 전혀 새로운 것이 아니고 단순한 자본과 지배세력의 이데올로기적 공세에 불과하다는 식의 안이한 대응과 역으로 보다 긴 호흡의 역사적 안목을 갖지 못한 채 현상적 변화를 과장하여 최근의 세계화가 하늘에서 떨어진 전혀 새로운 것이라는 식의 역편향을 경계하고 과거와의 '연속성'과 '단절성'을 보다 치열하게 분석하고 사고하는 자세가 필요하다.

민족국가의 향방을 이해하기 위해 두 가지 점을 더 지적할 필요가 있다. 첫째, 생산요소들간의 '유동성'의 비대칭성과 국어라는 '민족어'의 문제이다. 우선 엠마뉴엘이 비교생산비설을 비판할 때 지적한 바 있듯이[87] 자본과 노동이라는 두 개의 생산요소간에는 그 유동성의 비대칭성이 존재한다. 즉 자본은 국경을 넘어서 유동성을 갖지만 노동은 그렇지 않다는 점이다. 자본은 국경을 넘어서 지구화되고 있지만 노동은 아직도 국경에 묶여 있다. 물론 외국인노동자 문제가 많은 선진국에서 문제가 되어 왔고 한국에서조차도 사회적 문제가 될 정도로 노동력의 국제적 이동이 과거에 비해 늘어난 것은 사실이다.[88] 그러나 '노동의 세계화'는 자본의 세계화에 비해 엄청나게 낙후되어 있고

---

87) Arghri Emmanuel, *Unequal Exchange*, NY: Monthly Review, 1972, xxxi-xxxiv.
88) 桑原晴夫, 『國境越える勞動者』, 東京, 1991.

국제이동의 노동력 역시 외국노동자라는 국적에 묶여 있다. '국어' 문제 역시 마찬가지이다. 정보혁명과 함께 문화의 세계화가 진행되고 있고 민족문화가 크게 위협을 받고 있지만 민족적 정체성의 중요한 근원인 국어는 전혀 도전을 받지 않고 있고 세계화의 출현 기미는 보이지 않고 있다. 결국 이 두 개의 문제가 해결되지 않는 한 민족국가의 소멸을 이야기할 수는 없다.

둘째로 민족국가의 향방을 전망하기 위해서는 민족국가 출현의 문제를 뒤돌아볼 필요가 있다. 민족국가의 출현은 이미 위에서 지적했듯이 자본주의의 기능적 필요성의 단순한 산물이 아니라 역사적 산물, 즉 국가의 전략의 산물이자 계급투쟁의 산물이라는 점을 지적한 바 있다. 그렇다면 민족국가의 향방, 즉 민족국가의 해체와 다른 형태의 국가로의 전화 문제는 민족국가의 출현과 마찬가지로 계급투쟁 등 사회제세력의 실천과 전략에 의해 좌우될 수밖에 없는 열려진 문제라는 결론에 이르게 된다.

이 같은 기본적인 입장을 기본적인 골조로 하여 몇 가지 세계화논의에 대한 비판적인 평론을 추가하고자 한다. 첫째, 앞에서 지적했듯이 nation-state에는 '민족국가', '국민국가', '근대국가'라는 다측면이 내재해 있는 바 세계화와 민족국가의 향방에 관한 앞으로의 논의는 이 같은 '민족국가'적인 측면과 '국민국가'적 측면, '근대국가'적인 측면으로 해체하여 이 각각의 향방에 대해 논의하는 쪽으로 심화되어야 한다고 볼 수 있다. 두 번째는 앞으로의 논의가 강화/약화라는 이분법을 넘어서 국가의 다양한 측면과 기능에 구체적으로 어떠한 변화를 가져올 것인가 하는 쪽으로 연구의 방향이 전환되어야 한다. 즉 어떠한 측면은 약화되고 어떠한 측면은 강화되는가, 나아가 어떠한 변화가 생겨날 것인가를 추적해야 한다. 이와 관련, 슘페터적 근로국가, 국제경쟁력 국가 등 국제경쟁력과 자본축적의 원활화를 위한 기능강화,[89]

나아가 세계화에 따른 사회적 양극화로 야기되는 사회적 갈등을 통제하기 위한 '신자유주의적 경찰국가'화, '요새국가'화 등에 주목하여 이 같은 기능변화에 대한 심도있는 연구가 필요하다.

셋째, 세계화현상이 기본적으로 불균등한 '불균등 세계화(uneven globalization)'90) 라는 점을 주목해야 한다. 이 같은 불균등성은 우선 나라별, 지역별로 불균등하게 나타나고 있다. 즉 여러 학자들이 지적한 바 있듯이 선진국에서는 이 같은 추세가 빠르게 진행되고 있는 반면 제3세계에서는 그렇지 못하다. 이 같은 진행속도의 불균등성 못지 않게 중요한 것은 그 효과의 불균등성이다. 이와 관련하여, 세계는 이제 과거의 사회구성체가 해체되면서 선진국은 '민족이상적(supranational)'으로 후진국은 '민족이하적(infranational)'으로 변모하여 양극화될 것이라는 발리바르의 지적이 시사적이다. 91) 이 같은 점에 주목할 때 세계화는 과거의 제3세계의 '종속'을 무화시키는 것이 아니라 '새로운 종속'을 의미하며92) 지금처럼 종속이론이 잘 맞아떨어지는 때는 없었다는 라틴 아메리카 학자들의 탄식을 이해할 수 있게 된다(아래 참조). 사실 새로운 시대는 "식민지이후(postcolonialism) 시대가 아니라…강화된 식민주의 시대라고 말하지 않을 수 없다."93) 불균등성은 나라, 지역별로만이 아니라 각 층위별로도 불균등하게 진행되고 있다. 가장

---

89) Bob Jessop, "Transition to Post-fordism and the Schumpeterian Workfare State," in Roger Burrows and Brian Loader, eds., *Towards a Post-Fordist Welfare State?*, London: Routledge, 1994.

90) 이 개념에 대해서는 Holm, et al., eds., *op. cit.* 다만 이 책에서는 이 개념을 주로 지역별 불균등성이라는 측면에서 논의하고 있다.

91) Etienne Balibar, 「민족형태에 대하여」, 윤소영 편역, 『알튀세르와 마르크스주의의 전화』, 이론, 1993.

92) Fernando Cardoso, "North-South Relations in the Present Context: A New Dependency," in M. Carnoy, et al., eds., *The New Global Economy in the Information Age*, Pennsylvania: Pennsylvania Univ. Press, 1993.

93) M. 미요시, 「국경없는 세계인가?」, 『창작과 비평』, 21권 4호, 1993년 겨울, 371.

세계화가 많이 진행되어 있는 유럽의 경우도 유럽연합이 경제적으로는 '거인', 정치적으로는 '난장이', 군사적으로는 '벌레' 수준이라는 한 각료의 자평이 이를 시사하고 있다.[94] 나아가 불균등성은 계급, 계층별로 다르게 진행되고 나타난다고 할 수 있다. 따라서 이 같은 불균등성의 구체적인 실상에 대한 연구가 진행되어야 한다.

이와 관련, 반드시 짚고 넘어 갈 것은 세계화의 결과로 전지구적인 상호의존이 심화되고 있다는 주장이다. 분명히 세계화의 추세에 따라 전지구적 상호의존이 심화되고 있는 것은 사실이다. 그러나 문제는 이 같은 현상이 흔히 '종속'이라고 불러온 세계체제의 지배/종속현상의 종말을 의미하는 것으로 종종 오해되고 있다는 점이다. 이는 상호의존(interdependence)의 두 가지 다른 차원과 의미에 대한 혼동의 결과이다.[95] 상호의존이 갖고 있는 첫 번째 의미는 세계체제내의 구성부분들간의 상호연관성을 의미하는 것으로서 그 연관이 호혜적이고 평등한가 아니면 지배/종속의 불평등한 것인가 하는 구조적 속성을 지칭하는 것은 아니다. 즉 이 경우 상호의존은 종속과 대립되는 개념이 아니며 상호의존의 심화가 종속의 심화를 의미할 수 있다. 두 번째 의미의 상호의존은 이와 달리 이 같은 연관의 구조적 속성을 지칭하는 것으로 한쪽의 종속이 아니라 평등한 관계라는 의미이다. 이 같은 의미의 상호의존은 종속과 대립되는 개념이다. 이 같은 구별에 기초해 볼 때 세계화는 첫 번째 의미의 상호의존을 심화시키고 있다. 그러나 그것이 마치 두 번째 의미의 상호의존의 심화를 의미하는 양 착각되면서 과거의 '종속'이라는 문제의식을 실종시키고 있다. 물론 종속이론을 포함하여 종속이라는 문제의식을 가졌던 대부분의 급진이론들이 대안으로서 세계자본주의체제로부터의 이탈을 상정하고 있었고 이 같

94) 전상인, 앞의 글, 89.

95) 이의 구체적인 내용에 대해서는 손호철, 「페레스트로이카 제3세계론의 비판적 고찰」, 손호철, 『한국정치학의 새구상』, 풀빛, 1991 참조.

은 대안은 이제 무의미해졌음은 사실이다. 그러나 이 같은 이탈의 불가능성과 문제점이 현실적인 상호연관의 불평등성을 평등성으로 전화시켜주는 것은 아니라는 점을 기억할 필요가 있다.

넷째, 결국 민족국가의 향방은 사회세력의 힘의 역관계와 투쟁, 전략의 문제라는 점과 관련하여 '어떠한 세계화'인가에 초점을 맞추어야 한다. 세계화는 결국 자본을 중심으로 한 '위로부터의 세계화(globalization-from-above)'와 민중을 중심으로 한 '아래로부터의 세계화(globalization-from-below)'가 있다. 96) 현재 진행되고 있는 자본주도의 세계화, 즉 신자유주의적 세계화의 미래상은 "구매력이 있는 자들을 위한 동질화된 슈퍼마켓으로서의 세계"이며 구매력을 갖지 못한 사람들은 "경찰과 유사군사적 내지 군사적인 수단에 의해 배제되고 필요한 만큼은 억압되는" 세계화이다. 문화적으로도 이는 "새로운 지구적 미국화"에 불과하다. 97) 따라서 자본주도의 위로부터의 세계화와 지구자본주의라는 '새로운 리바이어던'98)에 비판을 가하고 저항하면서 다양한 민주세력과 위로부터의 세계화에 의해 버림받을 소외세력을 전세계적으로 조직하여 연계할 수 있는 '밑으로부터의 세계화' 전략을 수립하여 투쟁해 나가야 한다. 99)

마지막으로 지구자본주의로 표현되는 경제층위의 세계화는 그 함의가 '반민주적'이지만 정보화혁명 등에 따라 생겨나는 정치와 문화층위

---

96) Richard Falk, "The Making of Global Citizenship," in Brecher, et al., eds., *op. cit.*

97) Fredric Jameson, "Conversation on the New World Order," in Blackburn, ed., *op. cit.*, 268.

98) 이 용어는 Robert Ross & Kent Trachte, *Global Capitalism: The New Leviathan*, Albany: State Univ. of New York Press, 1990에서 사용되었음.

99) 그 대표적인 예인 시애틀 투쟁에 대해서는 Janet Thomas, *The Battle in Seattle*, Golden, Colorado: Fulcrum Publishing, 2000. 또 노동운동의 국제적 연대에 대해서는 Michel Gorden & Lowell Turner, eds., *Transnational Cooperation among Labor Leaders*, Ithaca; Cornell University Press, 2000.

의 세계화는 '친민주주의적'인 경향이며 후자가 전자를 상쇄하고 경우에 따라서는 이를 상쇄하고도 남기 때문에 세계화는 민주주의를 신장시킬 것이라는 일부의 주장이 있다. 일부 진보적 이론가들에 의해 주장되고 있는 이 같은 주장은 최소한 정보화혁명과 문화의 세계화 역시 자본주도의 문화세계화인가 아니면 민중주도의 문화세계화인가에 따라 그 함의가 전혀 달라진다는 점을 무시한 위험한 발상이라고 하지 않을 수 없다. 문제는 층위가 아니라 입장과 이들간의 힘의 관계이다.

현대 미국사회의 변동과 정당정치의 변화
―보수화의 기원을 다시 생각한다

> 언젠가 벤자민 프랭클린은 이 세상에 한 남자가 가질 수 있는 믿을 만한 친구는 셋인데 그것은 나이든 부인과 늙은 애완견, 그리고 언제든지 동원할 수 있는 돈이라고 말한 적이 있습니다. 이 말처럼 나는 미국정치에서 우리가 가질 수 있는 가장 믿을 만한 친구를 갖고 있습니다. 그것은 언제든지 동원할 수 있는 현금입니다.
> ―1996년 선거 모금파티에서 텍사스 상원의원 필 그림(공화당)[1]

1. 미국의 예외주의

어느 사회나 그 사회만의 독특한 역사적 특수성을 가지고 있으며 이 점에서 모든 사회는 엄격히 말해 모두 '예외적'이다. 정치도 마찬가지이다. 즉 모든 나라의 정치는 그 나라만의 독특한 특징을 가지고 있으며 이 점에서 모두 '예외적'이라고 할 수 있다.

그러나 현대정치학, 나아가 현대 사회과학에 있어서 미국정치는 그 역사적 특수성에 기인해 이 같은 수준의 예외성을 넘어서 진정한 의미의 독특한 특징을 가지고 있는 것으로 인정을 받아왔다. 그 결과 '미국의 예외주의'는 일찍이 미국연구의 효시를 연 토크빌[2]로부터 맑스,

---

1) *Wall Street Journal*, 1996년 9월 12일자.

엥겔스와 같은 맑스주의의 창시자를 거쳐[3] 현대 사회과학에 이르기까지[4] 미국정치연구의 중요한 한 부분이 되어왔다.

미국정치가 다른 나라, 특히 비교의 중요한 준거틀이 되는 유럽과 같은 다른 선진자본주의국가와 다른 독특한 특징은 그 무엇보다도 미국의 경우 다른 선진자본주의국가들과 달리 정치적 균열구조가 노동과 자본을 중심으로 한 '보수 대 진보'의 구도로 이루어져 있지 않다는 점, 다시 말해 사회민주주의, 사회주의, 녹색당과 같은 '좌파정당'이 주요 정당으로 존재하지 않고 사실상의 보수양당제를 유지하고 있다는 점이다. 즉 미국은 선진자본주의국가 중 유일하게 좌파정당이 중요한 정치세력으로 존재하지 않는 국가이다.[5]

미국이 이처럼 정치적 예외성을 갖게 된 데에는 몇 가지 중요한 이유가 있다. 우선 많은 학자들이 주목하는 것은 '신세계'라는 특징이다.

---

2) Alexis de Tocqueville, *Democracy in America*, vol. 2, New York: Alfred A. Knopf, 1949, 36-37.

3) "Engels to Weydemeyer, August 7, 1851," in K. Marx & F. Engels, *Letters to Americans, 1848-1895*, New York: International Publishers, 1953, 25-26.

4) 그 대표적인 예는 Seymour Martin Lipset, *American Exceptionalism: A Double-Edged Sword*, New York: W. W. Norton, 1996. 그리고 과연 미국은 예외적인가에 대한 논쟁에 대해서는 Rick Halpern and Jonathan Morris, eds., *American Exceptionalism? U. S. Working Class Formation in an International Context*, New York: St. Martin's Press, 1997; Aristide R. Zolberg, "How Many Exceptionalism?", in Ira Katznelson & A. Zolberg, eds., *Working Class Formation: Nineteenth Century Patterns in Western Europe and the United States*, Princeton: Princeton University Press, 1986, 397; Sean Wilentz, "Against Exceptionalism: Class Consciousness and the American Labor Movement," *International Labor and Working Class History*, 26 (Fall 1984).

5) 물론 소련, 동구 몰락, 그리고 전세계적인 보수화 물결과 함께 유럽의 좌파정당들이 우경화함에 따라 과연 유럽에 진정한 좌파정당이 존재하는가 하는 의문이 생기는 것이 사실이며, 이에 따라 과거와 같은 유럽정치와 미국정치간의 차이는 상당히 희석되고 있는 것처럼 보인다. 그러나 이 같은 유럽 좌파정당의 우경화에도 불구하고 아직도 사회복지정책 등을 볼 때 유럽정치와 미국정치 사이에는 상당한 차이가 존재한다.

즉 토크빌로부터 엥겔스, 막스 베버, 그람시 등이 지적한 바 있듯이,[6] 미국은 봉건주의를 경험하지 않았기 때문에 근대사회에 들어서도 전통적인 봉건적 유제들을 물려받은 유럽과 달리 봉건주의로부터 자유로웠다는 점이다. 즉 그람시의 표현을 빌리면 "미국과 유럽의 차이는, 그것이 지나간 역사에 의해 침식당해온 모든 사회적 형태들의 소극적 잔재를 의미하는 한에 있어서, 미국에 있어서의 '전통'의 부재이다".[7] 그 결과 미국의 경우 '순수한' 자본주의가 자리잡을 수 있었고 이에 따라 개인주의와 자유방임, 반국가주의 등이 팽배함으로써 좌파정당의 성장에 장애로 작용해 왔다는 것이다. 다시 말해 "사람들이 수천 년간 독특한 계급과 신분제도에 익숙해져 있어온" 유럽과 그렇지 않은 미국은 정치적 성향에 있어서 차이가 있을 수밖에 없다. 그러나 동일한 '신세계'인 캐나다의 경우 신민주당(the New Democratic Party), 그리고 퀘벡주의 퀘벡당(the Parti Quebecois) 등 좌파정당들이 주요 정당으로 자리잡고 영향력을 행사하고 있는 것을 고려하면, 미국의 예외주의를 신세계로 인한 봉건적 유제의 부재 탓만으로 돌리는 것은 잘못이다.

미국 예외주의의 두 번째 원천으로 지적할 수 있는 것은 미국사회의 독특한 계급구조이다. 이는 크게 보아 두 가지라고 할 수 있는 바, 지속적인 이민으로 인한 노동자계급의 인종적 다양성 내지 노동자계급의 이질성이 하나이고 또 다른 하나는 흔히 '아메리칸 드림'이라고 부르는 사회적 유동성이다. 일찍이 맑스는 미국에 대한 분석에서 "미국의 노동자계급은 현지민과 외국에서 태어난 이민자라는 두 개의 적

---

6) Tocqueville, *op. cit.* ; "Engels to Sorge, February 8, 1890," in Marx and Engels, *Selected Correspondence*, New York: International Publishers, 1942, 467; Max Weber, *The Protestant Ethic and the Spirit of Capitalism*, New York: Scriber's, 1935, 55-56; Antonio Gramsci, *Selections of the Prison Notebooks*, New York: International Publishers, 1971, 21-22.
7) Gramsci, *op. cit.*, 305.

대적 진영으로 분리되어 있다"며 다양한 인종적 배경을 가진 노동자들의 단결을 호소한 바 있지만,[8] 미국의 노동자계급은 시대에 따라 새로 유입되는 다양한 인종의 이민자들에 따라 인종적으로 분리되어 유럽과 같은 통일성과 단결력을 보여주지 못해 왔다. 특히 미국노동운동의 중심적인 역할을 해 왔던 AFL (American Federation of Labor)의 경우 현지출생 노동자들과 북유럽계의 '구 이민' 노동자들이 중심이 되어 '후발 이민' 세력인 남부와 동부유럽, 중국계, 아프리카계 노동자들을 의도적으로 배제하고 경계했다.[9]

이에 못지 않게 좌파정당의 등장을 막은 것은 유럽에 비해 상대적으로 높은 사회적 유동성 내지 미국은 기회의 땅이라는 사회적 유동성에 대한 신화이다. 유럽과 달리 신생국인 미국의 경우 "실제로 이미 계급이 생겨났다고는 하지만 이 계급들이라는 것이 아직 고정되지 않았고 부단히 변화하고 지속적인 유동상태에서 그 요소들을 상호교환하고 있다"는 맑스의 분석[10]은, 초기 미국사회에 대한 지적이기는 하지만, 바로 이 같은 문제점을 지적한 것이라고 할 수 있다. 결국 이같은 사회적 유동성은 노동자들로 하여금 유럽의 노동자계급처럼 집단적 해결책을 추구하는 것이 아니라 개인적 신분상승이라는 개인적 해결책을 추구하게 함으로써 계급적 정체성을 약화시키고, 결과적으로 좌파정당의 등장을 막아왔다고 할 수 있다.

셋째, 미국의 정치제도가 갖는 독특한 특징이다. 즉 유럽과 비교할 때 미국의 정치제도가 갖는 독특한 특징들이 좌파정당의 성장을 가로

---

8) "Karl Marx to Siegfrid Meyer and August Vogt, April 9, 1870," in Marx, *The First International*, ed. by Saul Padover, New York: McGraw-Hill, 1973, 499-500.

9) 이에 대해서는 Lipset & Gary Marks, *It Didn't Happen Here: Why Socialism Failed in the United States*, New York: W. W. Norton & Co., 2000, 125.

10) Marx, "The Eighteenth Brumaire of Louis Bonaparte," in Marx, *Selected Works*, vol. 2, Moscow, 1936, 324.

막아 왔다고 할 수 있는 바, 그 대표적인 것들이 사실상의 간선제의 선거인단 제도, 승자독식주의(winner-take-all system), 다수결제, 보통선거권의 조기 획득 등이다. 우선 지적할 수 있는 것은 유럽의 경우 19세기 말, 20세기 초까지도 노동자들에게 투표권이 주어지지 않아 좌파정당 등의 주도 아래 노동자들이 단결해 투쟁을 통해 보통선거권 등 시민권을 획득함으로써 처음부터 계급적 인식을 가지고 정치에 참여했던 반면, 미국은 백인 남자에 국한된 것이기는 하지만 1820년대에 이미 보통선거권이 주어짐으로써 좌파정당이 등장했을 때에는 노동자들이 이미 기존 보수정당에 편입되어 있어 그 영향력을 깨기가 어려웠다. 즉 보통선거권이 산업화와 이에 따른 본격적인 노동자계급의 형성에 선행함으로써 좌파정당의 등장에 장애가 된 것이다. 이 문제가 좌파정당에 주로 해당되는 문제라면, 아래에서 다룰 다른 문제들의 경우 좌파정당만이 아니고 우파정당을 포함해 새로운 신생정당의 등장을 가로막는 미국 정치제도의 일반적인 문제점들이다.

미국은 선거제도에 있어서 비례대표제를 기본틀로 하고 있는 유럽과 달리 단순다수결제를 채택하고 있다. 이 같은 단순다수결제는 소수정당의 표를 모두 사표로 만듦으로써 양당제를 유지시키고 제3당의 출현을 저지시키는 경향이 있다. 11) 이는 미국사회당(The American Socialist Party)의 역사를 보면 쉽게 알 수 있는 바, 사회당은 전성기인 1912년 선거에서 6%의 득표를 얻었으나 단순다수결제에 의해 단 한 석의 의석도 얻지 못하고 의회진출에 실패했다. 12) 승자독식주의, 선거인단 제도로 특징지어지는 독특한 미국의 대통령 선거제도 역시 좌파정당을 포함한 제3당의 출현을 저지하는 데 기여해 왔다. 즉 미국 대통령선거는 선거인단제도에 의해 선출이 되는데 이 선거인단을 득

---

11) 이에 대해서는 Douglas Rae, *The Political Consequences of Electoral Laws*, New York: Yale University Press, 1967, ch. 5.
12) Lipset & Marks, *op. cit.*, 45.

표비율에 의해 나누는 것이 아니라 해당 주에서 가장 많이 득표한 후
보가 다 가지고 가는 승자독식주의를 채택함으로써, 좌파정당을 비롯
한 제3당의 경우 일정정도의 유권자들의 표를 얻어도 선거인단은 한
명도 획득하지 못해 그 영향력이 감소되는 불이익을 당해 왔다.

이 같은 다양한 선거제도상의 특징에 의해 남북전쟁 이후 33차례의
대통령선거에 있어서 제3후보가 5% 이상의 득표를 한 것이 다섯 번에
불과하며 제3당이 의회선거에서 두 번 연속 5% 이상의 득표를 한 것
역시 19세기말의 민중당(the People's Party)을 제외하곤 전무한 실정
이다. 13) 결국 이 같은 정치제도상의 특징, 그리고 보통선거권의 조기
획득이라는 역사성이 미국정치에 예외적으로 좌파정당의 불모화와 보
수양당제를 확립하는 데 기여했다고 할 수 있다.

마지막으로 노동조합과 좌파정당의 분열 내지 분리현상이다. 노동
자계급의 경제조직과 정치조직, 즉 노동조합과 정당이 상호보완적인
역할을 하며 함께 발전해온 유럽과 달리 미국의 경우 AFL과 같은 장
인노조(craft union)가 지배적인 역할을 해왔고 이들 노동조합들은 기
본적으로 독자적인 노동자정당 내지 진보정당의 설립에 적대적인 태
도를 보이면서 기존정당에 영향력을 행사하여 자신들의 이익을 향상
하는 것을 선호해 왔다. 14) 그 결과 노동조합과 좌파정당은 분리되어
좌파정당은 노동조합의 조직적 지원을 받지 못한 채 진보적 지식인이
나 진보적인 개별 노동자의 지지에 의존하는 한계를 가져 왔다. 이
같은 분리는 다른 나라의 경우 노동운동이란 말이 노동자계급의 '경제
조직'(노동조합)과 '정치조직'(정당)의 활동을 모두 통틀어 칭하는 용

---

13) Richard Rose, ed., *Electoral Behavior: A Comparative Handbook*, New
York: Free Press, 1974, 718-719.
14) 이에 대해서는 Philip Foner, *History of the Labor Movement in the United
States*, New York: International Publishers, 1975; Morris Hillquit, *History of
Socialism in the Unites States*, New York: Funks & Wagnalls, 1910 등.

어로 사용되고 있는 반면, 미국의 경우 노동조합 활동을 의미하는 것으로 사용되고 있다는 사실이 웅변적으로 보여주고 있다.

2. 예외주의의 표현으로서의 현대 미국정당정치

위에서 이 논문은 미국 정당정치의 특징이 좌파정당의 부재와 보수양당제이며 이 같은 미국의 예외주의는 신세계라는 역사적 특수성, 지속적 이민에 따른 노동자계급의 내부적 이질성과 높은 사회적 유동성이라는 계급구조적 특성, 승자독식주의와 같은 정치제도의 특수성, 노조와 정당의 분리현상 등에 기인한다는 점을 분석한 바 있다. 이 절은 이 같은 분석에 기초해 미국예외주의의 표현으로서의 보수양당제가 현대 미국정당정치에 있어서 어떠한 형태로 구체화되어 나타나 왔는가를 살펴보고자 한다. 특히 이 논문의 목적이 80년대 이후 미국사회의 변화가 미국정당정치에 미친 영향을 연구하는 것인 만큼 이 절은 분석에 있어서 1980년대 '레이건 혁명'에 의해 미국정당정치가 큰 변화를 겪을 때까지 전후 미국정치의 중심축을 이루어온 '뉴딜연합'하의 현대 미국정당정치를 주 대상으로 삼고자 한다.

미국정당정치가 좌파정당의 부재를 특징으로 한다고 해서 계급정치나 경제적 이해관계로부터 자유로웠다는 것은 결코 아니다. 지금은 구체적인 실증연구에 있어서 많은 비판이 제기되고 있지만 미국의 제헌헌법 제정과정에 대한 비어드의 선구적 연구[15]를 필두로 하여 그간

---

15) Charles A. Beard, *An Economic Interpretation of the Constitution of the United States*, New York: Macmillan, 1913. 그리고 현대적 기법을 이용한 많은 실증적 연구들이 이 선구적 연구를 비판했음에도 불구하고 이에 대한 체계적인 실증연구는 비어드의 연구가 기본적으로 합당한 것임을 보여주고 있다(Robert Macguire & Robert Ohsfeldt, "Economic Interests and the Constitution: A

의 연구들은 미국정당정치가 시기에 따라 구체적으로 차이는 있지만 계급정치, 경제적 이해관계와 밀접한 관계가 있다는 것을 보여주고 있다. 다만 미국정당정치가 갖는 특징이 있다면 그것은 계급정치로부터 자유로운 것이 아니라 오히려 계급정치의 특수한 형태를 띠고 있다는 특징, 즉 유럽과 달리 자본과 노동을 중심으로 한 보수정당 대 진보정당의 구도가 아니라 다른 경제적 이해에 기초한 기업연합세력들간의 경쟁, 즉 '자본분파'들간의 경쟁16) 이라는 특징이다. 17) 보다 구체적으로, 시대에 따라 산업구조의 변화에 상응하여 그 구체적인 내용을 달리하는 다양한 경제엘리트 연합간의 경쟁은 1) 초기의 연방주의자 대 제퍼슨적 공화주의자, 2) 잭슨주의적 정당체제, 3) 남북전쟁 정당체제를 거쳐, 4) 소위 '(18)96년체제'라고 불리는 체제로 변화해왔다. 전후 미국정치의 중심축을 이루는 뉴딜체제도 마찬가지이다.

이 같은 미국의 정당체제의 구체적인 내용과 역사적 변천을 여기에서 전부 다룬다는 것은 불가능하다는 점에서, 여기에서는 이 논문의 본 주제인 뉴딜체제의 해체와 관련해 뉴딜체제의 등장과 밀접한 관계가 있는 96년체제로부터 논의를 전개하고자 한다. 공화당의 헤게모니로 특징지어지는 96년체제가 19세기 말 등장하게 된 가장 결정적인 이유는 일상적인 의미가 아니라 엄격한 의미에서의 '금융자본'의 등장이

Quantitative Rehabilitation of Charles A. Beard," *Journal of Economic History* 44(June 1984), 509-519).

16) 자본도 계급의 한 종류라는 점에서 일부 학자는 이 자본분파 경쟁을 '계급분파(class-segment)'이론이라고 부르고 있다(G. William Domhoff, "The Wagner Act and Theories of the State: A New Analysis Based on Class-Segment Theory," *Political Power and Social Theory*, vol. 6(1987), 159-185).

17) 이에 대한 전체적 개관으로는 Thomas Ferguson, *Golden Rule: The Investment Theory of Party Competition and the Logic of Money-Driven Political Systems*, Chicago: The Univ. of Chicago Press, 1995 중 ch. 1. "Party Alignment and American Industrial Structure: The Investment Theory of Political Parties in Historical Perspective".

다. 즉 금융자본은 단순한 은행자본을 의미하는 것이 아니라 이 같은 화폐은행자본의 산업자본의 지배를 의미하는 바, J. P. 모간과 같은 은행자본들이 1897년-1901년 사이의 대대적인 합병 붐에 의해 제조업을 장악함으로써 명실상부한 금융자본으로 성장한 것이다.[18] 남북전쟁체제의 연장선상에서 그전까지 보호무역을 지지하는 절대다수의 산업자본에 대항해 자유무역을 지지해오던 이들은 제조업을 장악하자 정치적 입장 역시 제조업의 입장, 즉 보호무역 지지로 돌아서 공화당의 새로운 지원세력이 되어버렸다. 그 동안 자유무역 지지에 기초해 자신을 지지해오던 이 같은 주요 은행가들의 이탈로 인해, 남북전쟁 후 재건기를 거치며 1870년대 이후 괄목할 만한 성장을 계속해오던 민주당은 커다란 타격을 입었다. 민주당이 남부의 농장주들과 제조업 장악에 실패한 전통적인 은행가들, 그리고 인터내셔널 하비스터(International Harvester)와 같은 국제경쟁력을 가진 소수의 다국적기업이 지원하는 약체 정당으로 전락함으로써 공화당과 민주당의 힘의 균형이 압도적인 전자의 우위로 바뀌어버린 것이 바로 96년체제다. 다시 말해, 96년체제는 한 마디로 "카네기(철강), 듀퐁(화학), 모간(내수은행자본)의 연합체제"였다고 할 수 있다. 그러나 이는 20세기 들어 세계자본주의체제의 변화, 그리고 미국의 산업구조, 국제적 위상의 변화와 함께 변하기 시작했다.

가장 결정적인 계기는 제1차 세계대전으로서 이는 미국을 순부채국에서 순흑자국으로 만들어 놓았고 세계자본주의체제내에서의 국제적 위상을 격상시켰다. "우리의 산업은 세계시장으로 자유로운 출구를 찾지 못한다면 이제 옷을 찢고 몸이 터져 나올 정도로 팽창해버렸다"는 우드로 윌슨 대통령의 토로가 이를 웅변적으로 보여주고 있다.[19] 그

---

18) 이에 대한 자세한 분석은 *ibid.*, 71-79.
19) William A. Willams, *The Tragedy of American Diplomacy*, New York: Delta Book, 1959, Enlarged Ed., 66.

리고 이 같은 국제정치경제학적 위상의 변화에 따른 보호무역, 고립주의로부터 경제개방과 국제주의로의 변화는 윌슨의 국제연맹 설립운동으로 구체화되지만 이는 아직도 의회를 장악하고 있던 내수산업자본의 반발로 무산되고 만다.[20]

그러나 1920년대의 경제적 붐은 미국의 국제정치경제적 위상을 더욱 제고시켜 갔고 호황 뒤에 찾아온 대공황은 96년체제에 결정적인 변화의 계기를 가져다 줬다. 대공황은 두 개의 논쟁을 중심으로 자본분파간의 연합을 재구성함으로써 미국의 정당체제의 재연합(realignment)을 가져다줬다.[21] 그 중 중심적인 것은 남북전쟁체제 이후 줄곧 문제가 된 보호무역을 중심으로 한 내수산업자본 중심의 '일국자본주의' 노선 대 국제경쟁력에 기초한 개방적인 '국제주의' 노선이다. 즉 그동안 엄청나게 성장한 록펠러를 중심으로 한 국제주의적 금융자본과 주요 석유회사와 같이 국제경쟁력을 가진 자본집약적 첨단산업자본들은 공화당을 중심으로 한 일국자본주의 노선에 대항해 새로운 '역사적 블록'을 구성하고 민주당의 루스벨트 후보를 지지하기 시작했다.

자본분파들간의 이 같은 갈등 이외에도 미국정당체제에 중요한 변화를 가져다준 또 다른 요인은 노동문제이다. 즉 20세기 들어 미국의 노동자계급은 수적으로 급속히 증가했을 뿐 아니라 빠르게 노동조합화하는 등 노동운동이 빠르게 성장하기 시작해 1919-20년에 들어 격렬한 노동자 파업사태는 절정에 이르게 됐다. 이 같은 노동자들의 저항에 대해 내수산업자본과 공화당은 공권력과 고용폭력단 등을 동원해 잔인한 진압으로 대응했다. 그러나 노사분규가 갖는 장기적인 사회적

---

20) 이에 대해서는 손호철, 「해방 3년사의 쟁점들」, 손호철, 『현대한국정치: 이론과 역사』, 사회평론사, 1997, 개정판, 103.

21) 이에 대한 자세한 분석은 Thomas Ferguson, "From Normalcy to New Deal: Industrial Structure, Party Competition, and American Public Policy in the Great Depression," *International Organization*, 38:1(Winter 1984), 41-94.

비용과 대공황은 노사분규를 단순히 물리력에 의해 진압해서만은 안 된다는 자각을 루스벨트를 중심으로 한 민주당과 일부 자본가들에게 가져다 줬다. 특히 민주당을 지지하기 시작한 국제주의적 금융자본과 자본집약적 첨단산업의 경우 노동집약적인 공화당 지지의 대다수의 내수산업자본들과는 달리 전체기업비용에서 임금이 차지하는 비중이 낮았기 때문에 노동자계급의 요구를 어느 정도 들어주고 체제내에 통합시킬 수 있는 '물적 기반'을 가지고 있었다. 따라서 노동배제의 비용이 노동통합의 비용보다 더 크다고 판단했고 이 같은 판단에 따라 노동집약적인 내수산업자본과 공화당의 노동배제적인 전략에 대항해 노동통합적인 개량주의 노선을 지지하기 시작했다. 그리고 이는 역사적인 와그너 법(the Wagner Act)의 제정으로 가시화됐다. 이에 따라 자본집약적이고 국제주의적인 첨단산업과 국제주의적인 금융자본의 주도 아래 노동조합이 그 하위파트너로 결합하는 독특한 연합체제, 즉 뉴딜체제가 등장한 것이다. 그리고 이후 미국정당정치는 이 같은 뉴딜연합의 헤게모니에 대항해 내수중심의 일국주의적 산업자본의 지지를 받는 공화당이 대항하는 양상을 띠어 왔다(그림 1 참조). 다만 이 같은 정당정치에 중요한 변화가 있었다면 1960년대 인권운동을 통해 아프리카계 등 유색인종의 소수민족들이 뉴딜연합의 하위파트너로 참가하여 새로운 지지기반으로 자리잡았다는 것 정도라고 할 수 있다.

뉴딜체제에 대한 이 같은 분석에 대해, 조야한 경제결정론적 설명이라는 비판[22]으로부터 전통적으로 남부와 북부로 나뉘어진 미국정치

---

22) 뉴딜체제에 대한 이 같은 자본분파적 시각에 대한 비판, 특히 국가주의적 시각에서의 대표적인 비판으로는 M. Weir and T. Skocpol, "State Structures and the Possibilities for 'Keynesian' Responses to the Great Depression in Sweden, Britain, and the United States," in P. Evans, D. Rueschemeyer, and T. Skocpol, eds., *Bringing the State Back In*, New York: Cambridge University Press, 1985. 그러나 이 비판은 자본분파적 시각에 대해 "비지니스에 매직파워를 부여하는 비어드(Beard)적 전통"이라는 포괄적 비판(114)에 그치고 있을 뿐 자본

그림 1. 뉴딜연합

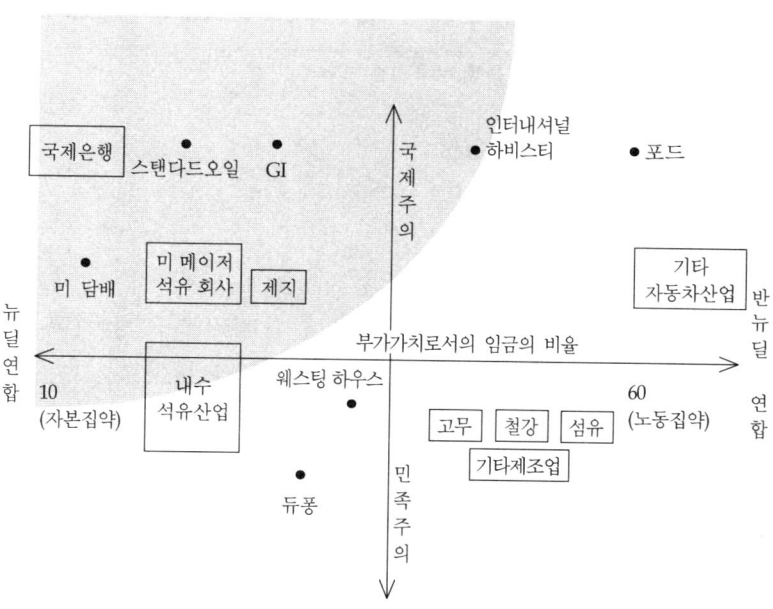

의 지역적 기반을 무시한 분석이라는 비판23)에 이르기까지 다양한 비판이 제기되어온 것은 사실이다. 그러나 뉴딜연합의 핵심선거인 1936년 선거에 있어서 민주당과 공화당에 정치자금을 낸 다양한 기업과 기업가들을 국제주의 대 일국주의, 해당산업의 부가가치에 있어서 임금이 차지하는 비율을 기준으로 통계적으로 분석해 보면 이 같은 가설은 잘 입증되고 있다(표 1 참조). 사실 19세기까지는 몰라도 민주주의가 발달한 뉴딜 이후의 현대 미국정치의 경우 일반유권자들의 평균적 정

분파적 시각이 제시하고 있는 경험적 자료에 대한 설득력있는 반론을 제시하지 못하고 있다.
23) William Domhoff, *The Power Elite and the State*, New York: Aldine De Gruyter, 1990, 234.

표 1. 민주당과 공화당 정치자금원 비교 (1936년 선거)

	평균치	평균오차	t-값	degree of freedom	significance
은행, 금융기관 포함시					
국제주의					
민주당	1.69	.07	6.75	155.56	(.00)
공화당	.93	.08			
노동문제					
민주당	24.09	1.53	-3.38	145.07	(.00)
공화당	31.47	1.55			
은행, 금융기관 제외시					
국제주의					
민주당	1.66	.08	8.79	129.49	(.00)
공화당	.65	.08			
노동문제					
민주당	25.12	1.57	-5.46	123.68	(.00)
공화당	37.06	1.53			

** Source: Ferguson, "Industrial Structure and Party Competition in the New Deal: A Quantitative Assessment," in Ferguson, *op. cit.*, 225.

치의식이 특정정당의 지지투표를 통해 미국정당정치를 좌우한다는 '중간치 유권자(median voter) 모델'에 대해 간단히 짚고 넘어갈 필요가 있다. 물론 과거와 달리 유권자들의 선호도가 중요하며 이 점에서 소위 '레이건 민주당원', '소수민족' 등 특정한 일반유권자 집단이 상대적으로 중요해진 것은 사실이다. 그러나 올슨의 집단논리이론[24] 이 잘

---

24) Mancur Olson, *The Logic of Collective Action*, Cambridge: Harvard University Press, 1971.

보여주고 있듯이 일반유권자들이 정당정치에 결정적인 역할을 한다고 가정하는 것은 낭만적 환상에 불과하며 여전히 미국정치를 좌우하는 것은 기업과 같이 조직화된 '정치적 투자가'들이다.[25]

3. 현대 미국사회의 변화

1970년대 이후 미국사회는 새로운 변화의 물결에 휩싸이게 되었다. 이 절에서는 미국 정당정치의 변화를 가져다주는 중요한 동력으로 작동하는 이 같은 변화를 미국경제의 변화, 노동-자본관계의 변화, 정치지리의 변화를 중심으로 살펴보고자 한다.

1) 미국경제의 변화

미국, 나아가 세계자본주의체제는 1970년대 들어 엄청난 변화를 겪게 됐다. 20세기 미국사회의 결정적인 분기점은 1930년대의 대공황이었다면 이에 상응하는 또 다른 분기점은 1973년 11월에 시작해 1975년 3월까지 17개월간 계속된 미국경제의 불황이다. 이 불황은 1930년대 대공황이후 가장 길고도 깊은 불황으로서 대공황 이후 지속된 세계자본주의의 유례없는 장기호황, 그리고 미국의 세계적 경제헤게모니에 종지부를 찍은 분기점이었다고 할 수 있다.[26]

2차대전 이후 브레턴우드체제로 대표되는 지구적 케인즈주의와 대

---

25) 이에 대한 체계적인 분석은 Thomas Ferguson, "Deduced and Abandoned: Rational Expectations, the Investment Theory of Political Parties, and the Myth of the Median Voter," in Ferguson, *op. cit.*, 377-419.
26) Ferguson & Joel Rogers, *Right Turn—The Decline of the Democrats and the Future of American Politics*, New York: Hill & Wang, 1986, 77-78.

량생산과 대량소비를 연계시킨 포드주의 축적체제27) 에 의해 유례없이 긴 장기간의 호황을 구가해온 세계자본주의체제는 1970년대 들어 축적체제의 소진과 누적된 내부모순에 의해 구조적인 위기에 돌입하기 시작했다. 설상가상으로 미국의 헤게모니하에서 전후 경제회복을 이룬 유럽과 일본의 성장, 그리고 제3세계의 신흥공업국 등장에 따라 세계자본주의체제내에서 미국이 누려오던 미국의 경제적 헤게모니는 약화되기 시작했다. 경제성장은 둔화되고 기업의 이윤이 급감한 데다가 국제시장에서의 미국의 경쟁력은 심각하게 약화되기 시작했다. 물론 소련 동구의 몰락에 따른 세계자본주의체제의 평천하, 이 같은 국제정치적 변화에 기초해 미국이 추진한 지구적 신자유주의적 프로젝트, 즉 세계무역기구(WTO) 체제의 출범, 그리고 정보화혁명과 관련된 정보화 산업의 발전, 장기간의 지구적 경제불황에 따른 과잉축적자본의 미국 집중 등에 힘입어 클린턴 출범 이후 미국경제가 회복세를 보이고 오랜만에 경제적 호황을 누리고 있는 것은 사실이다. 그러나 다음 표가 보여주듯이 90년대의 소위 경제호황에도 불구하고 경제성장률, 그리고 생산성 증가율 면에서 미국경제는 73년 이전 수준을 회복하지 못하고 있다. 즉 거품에 의한 주식의 호황을 제외하곤 경제성장, 생산성 등 실물경제면에서 90년대가 침체기인 70, 80년대에 비해 특별히 나은 것이 없다28) (그림 2 참조).

뿐만 아니라 미국경제는 최근 다시 불황으로 접어들고 있으며 90년대의 호황 역시 미국경제의 부활의 징후가 아니라 조락의 징후일 가능성이 크다. 즉 세계자본주의 체제의 헤게모니의 변화에 대한 역사를

---

27) 그람시가 일찍이 아메리카주의라고 주목한 이에 대한 선구적 연구로는 Michel Aglietta, *A Theory of Capitalist Regulation: The U. S. Experience*, London: Verso, 1979.

28) 이에 대한 자세한 것은 Dean Baker, "What's New in Nineties? An Analysis of Economic Performance in the Nineties Business Cycle," in Jeff Madrick, ed., *Perspectives on Economics*, New York: The Century Foundation, 2001.

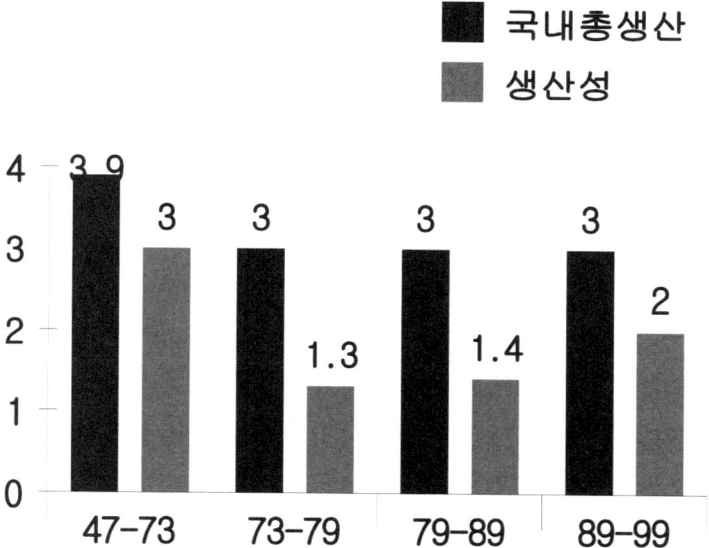

그림 2. 미국 국내총생산과 생산성 추세

국내총생산
생산성

살펴보면 과거의 헤게모니국가들이 모두 헤게모니의 몰락 직전에 '좋은 시절(belle epoch)'이라고 불리는 경제의 회복기를 가졌음을 알 수 있다. 29)

　미국경제의 또 다른 변화들은 탈산업화(deindustrialization)와 국제화 내지 지구화이다. 미국경제의 탈산업화와 지구화라는 두 현상은 서로 밀접한 관계를 맺고 있는 바 이는 미국의 자본들이 70년대 이후 가시화된 경제위기를 소위 '신국제분업'을 통해 돌파하려고 했기 때문

---

29) G. Arrighi, *The Long Twentieth Century*, London: Verso, 1992.

이다. 즉 미국의 주요 자본들은 70년대 이후 명실상부한 초국적자본
으로 탈바꿈하여 주요 생산시설들을 임금이 싸고 환경규제도 약해 생
산비용을 절감할 수 있는 제3세계 등으로 이전시켜 나갔다. 게다가 미
국상품의 국제경쟁력 약화에 따라 일본과 신흥공업국 등의 값싼 제품
들이 미국시장에 쏟아져 들어옴으로써 미국경제의 국제화, 지구화를
가속화시켰다. 수출입이 전체 국민총생산(GNP)에서 차지하는 비중으
로부터, 해외직접투자, 해외투자의 기업수익 이윤에 대한 비중 등 모
든 지표들은 놀라운 속도로 진행되고 있는 미국경제의 지구화추세를
보여주고 있다(표 2 참조). 이 같은 미국경제의 지구화는 특히 소련·
동구 몰락 이후 미국이 세계자본주의시장에서 약화된 국제경쟁력을
제고시키고 세계자본주의체제를 새로운 단계, 즉 전지구적 신자유주
의와 금융의 지구화로 끌어올리기 위해 추진한 WTO체제의 출범과 북
미자유무역협약(NAFTA)의 조인[30]과 함께 더욱 가속화되고 있다. 이

표 2. 미국경제의 국제화

	1960	1970	1980	1999(*는 1998)
수출/GNP	4.0	4.3	8.2	29.7
수입/GNP	3.0	4.0	9.2	37.1
공산품수출/공산품 GDP	8.8	11.6	24.3	41.5*
공산품수입/공산품 GDP	4.8	10.3	21.3	56.7*
미국의 해외직접투자	$304억	$756억	$2155억	$9806억*
해외투자수익/기업수익	12.2	21.8	23.0	32.5*
외국인의 미국내 직접투자	--	$132억	$684억	$8118억*

** 1980년까지는 James M. Cypher, "Monetarism, Militarism and the Market,"
MERIP Reports, 14(Nov.-Dec, 1984), 10에서 인용. 1999년 수치는 *Statistical Abstract of
the United States*, 2000.

---

30) 이들에 대한 비판적 평가는 Lori Wallach, et al., *Whose Trade Organization?*,
Washington D.C.: Public Citizen, 1999; Janet Thomas, *The Battle in Seattle*,

같은 경제의 국제화, 지구화의 결과는 주요 생산 시설의 해외이전에 따른 탈산업화이다. 예를 들어 이 문제에 대한 여러 연구들이 생생히 보여주고 있듯이[31] 1970년대 미국의 주요 자동차, 철강산업들은 강한 힘을 갖고 있던 자동차와 철강노조를 피해 임금이 싼 중남미와 극동지역으로 주요 생산시설을 옮겨가 플린트, 미시건, 오하이오주 지역이 경제적으로 초토화되고 말았다. 그리고 경제의 국제화 이외에도 산업구조의 변화와 정보화혁명 등은 2차 산업의 비중(아래 참조)을 저하시킴으로써 미국경제의 탈산업화에 또 다른 중요한 원인이 되고 있다.

2) 노동자본 관계의 변화

위에서 지적한 미국경제의 변화는 노동자계급의 내부구성, 조직화, 노동-자본 관계에 있어서 엄청난 변화를 가져다주고 있다. 우선 주목할 것은 탈산업화, 산업구조의 변화에 따른 노동자계급의 내부구성의 변화이다. 즉 탈산업화에 따라 전통적인 블루칼라 노동자는 25% 수준으로 줄어든 반면 사무실에서 근무하는 화이트칼라 노동자가 전체의 57%로 늘어났다(그림 3). 최근의 한 정부보고서에 따르면, 도매, 소매, 금융, 보험, 부동산, 공공부문 등 광의의 서비스부문에 종사하는 사람들이 전체 고용인구의 80%에 달할 정도로 '경제의 서비스산업

NY: Fulcrun Pub., 2000; John MacArthur, *The Selling of Free Trade: NAFTA, Washington and the Subversion of American Democracy*, New York: Hill & Wang, 2000.

31) Michael Wallace and Joyce Rothchild, eds., *Research in Politics and Society: Deindustrialization and the Restructuring of American Industry*, JAI Press, 1988; Steven Dandeneau, *A Town Abandoned: Flint, Michigan Confronts Deindustrialization*, State Univ. of New York Press, 1996. 이에 대한 선구적인 연구는 Barry Bluestone & Bennett Harrison, *The Deindustrialization of America*, New York, 1978

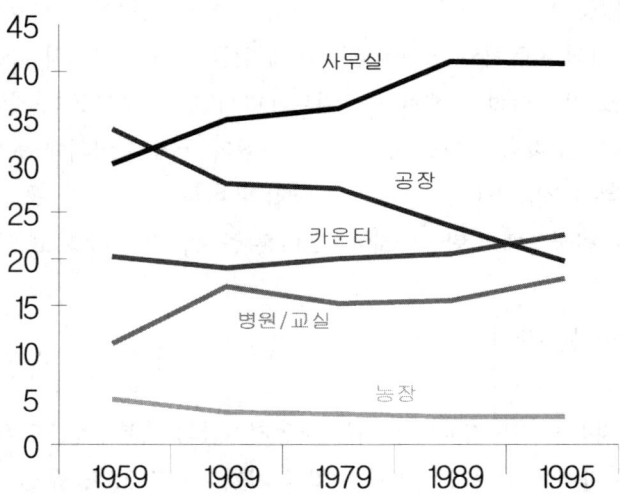

그림 3. 직업, 산업별 고용 변화 추세

사무실
공장
카운터
병원/교실
농장

1959 1969 1979 1989 1995

화', 이에 따른 '노동력의 서비스산업화'가 빠르게 진행되고 있다. [32]

노동자계급의 내부구성 못지 않게 중요한 변화는 노동-자본관계의 변화이다. 1930년대 역사적인 와그너법 제정 후, 특히 전후부흥기를 통해 미국의 노동과 자본은 포드주의적 노사협약에 의해 동반자적 관계를 유지해 왔다. 즉 과거의 '유혈의 테일러주의'와 달리 기계화를 통해 생산성을 향상시키고 대량생산을 도모하는 한편 생산성 향상에 따른 이윤증가와 임금을 연계해 상대적 고임금을 통해 대량소비를 유도함으로써 대량생산과 대량소비를 연계시키는 포드주의적 축적체제와 포드주의적 노사관계에 의존해 왔다. 그러나 1970년대 경제위기와 함께 미국경제가 기본적으로 제로섬적 상황으로 변하면서 미국의 독점

32) Council of Economic Advisors, *Economic Report of the President*, Washington, D. C., Government Printing Office, 1999.

자본들은 그 동안의 포드주의적인 노사협약을 파기하고 노동의 유연성을 극대화시키는 유연축적 방식과 포스트포드주의로 전환하기 시작했다. 33) 이에 따라 대대적인 리스트럭튜어링에 의해 노동자들이 해고됐고 노동-자본간의 힘의 균형은 자본의 절대적 우위로 전환됐다. 그리고 노동자들은 노동시장에 벌거벗은 상품으로 내동댕이쳐졌다. 한마디로, 미국사회는 다수 노동자들은 필요에 따라 정리해고를 밥 먹듯이 하는 '임시변통식 경제(contingent economy)'하에서 경제적 불안에 시달리고 소수자본가에 모든 경제적 부가 집중되는 '승자독식사회(winner-take-all society)'로 변해버렸다. 34)

마지막으로, 지구화와 탈산업화, 유연축적 방식으로의 전환, 그리고 이들 요인에 못지 않게 중요하게는 이 같은 노동자계급에 대한 자본의 공세에도 불구하고 1995년 존 스위니(John Sweeney)에 의해 교체되기까지 AFL-CIO를 이끌어온 레인 커크렌드(Lane Kirkland)가 이끌어온 현상유지적이고 무기력하기 짝이 없는 노동조합노선35)은 노동자계급의 조직적 힘을 대변하는 노동조합의 쇠퇴를 가져다주었다. 미국의 노동조합 가입자수는 1980년의 2,200만 명 수준을 정점으로 하여 줄어들기 시작해 1999년 현재 1,647만 명 수준으로 감소했다. 즉 지난 20년간 조합원수가 거의 30% 줄어든 것이다. 이에 따라 전체 노동인구 중 노동조합 가입율은 1960년 23.5%, 1979년 22.6%, 1980년 19.7%, 1990년 16.1%로 떨어져 1999년 현재 13.5%로 급락했다. 특히 공무원노조 등 공공부문을 제외하고 사적 부문, 즉 일반 기업체 고

---

33) John Holloway, et al., eds., *Postfordism & Social Form*, London: Routledge, 1992.
34) 이 두 개념은 Wilson McWilliams, "Conclusion: The Meaning of the Election," in Gerald Pomper, *The Election of 1996*, Chatham: Chatham House, 1997, 244-245.
35) 이에 대한 비판은 Kim Moody, *An Injury to All: The Decline of American Unionism*, London: Routledge, 1997.

용노동력만을 살펴볼 경우 노조가입율은 10%도 안 되는 9.4%에 그치고 있다(표 3 참조).

표 3. 노동자계급 조직화의 역사적 추세 (1960-1999)

	1960	1970	1980	1990	1999
노동조합원수	1,812만명	2,075	2,177	1,674	1,647
조직율	23.6%	22.6%	19.7%	16.1%	13.9%
				(11.9%)	(9.4%)

* *Statistical Abstract of the United States*, 1962, 1972, 1983, 1992, 2000에서 작성.
** 조직율은 전체노동인구에 대한 노조조합원의 비율. 괄호안은 공공부문을 제외한 사적부문에서의 조직율임.

3) 정치지리 변화

미국사회의 변화에 있어서 주목할 만한 또 다른 현상은 흔히 '선벨트의 부상'[36]이라고 부르는 남부의 경제력의 상승, 그리고 이에 따른 인구의 증가이다. 텍사스주로부터 플로리다, 죠지아, 테네시, 알라바마, 알칸소, 루이지아나, 미시시피, 사우스 캐롤라이나, 노스 캐롤라이나, 버지니아로 이어지는 이 같은 선벨트의 성장은 기본적으로 이 문제에 대한 한 선구적 연구자가 '6개의 기둥'이라고 부른 동력에 의한 것이다. 즉 농업, 국방산업, 하이테크, 석유와 천연가스, 부동산 개발, 그리고 관광레저 산업이다. [37] 특히 OPEC으로 상징되는 70년대의 자원민족주의의 부상은 석유 등 지하자원 관련 산업들의 경제력을 폭발적으로 성장시켰고 이 같은 지하자원이 풍부한 남부의 경제력의

---

36) David Perry and Alfred Warkins, eds., *The Rise of the Sunbelt Cities*, Beverley Hills: Sage Pub., 1977.
37) Kirkpatrick Sale, *Power Shift*, New York: Random House, 1975.

급속한 성장을 가져다주었다. 이밖에 전통적으로 남부지역에 지지기반을 갖고 있었던 민주당은 다양한 방식으로 타 지역에 비해 남부지역에 정책적 고려를 함으로써 선벨트의 성장을 도왔다. 즉 다양한 국방산업을 이 지역에 유치하는가 하면 미항공우주국(NASA)으로 상징되는 항공우주산업의 유치, 농업에 대한 보조금 지원, 세법을 통한 부동산 개발 장려 등이 그 대표적인 예이며 이밖에 사회보장 제도는 많은 은퇴자들로 하여금 은퇴 후 날씨가 좋은 남부지역으로의 이주를 촉진했다.38) 게다가 70년대 들어 환경운동이 빠르게 성장하고 환경문제에 대한 사회적 의식이 발전하면서 이미 한계에 이를 정도로 산업화된 북동부의 도시들에서는 공해에 대한 환경규제들이 강화되기 시작했고 이 같은 규제는 기업들로 하여금 환경이 아직 훼손되지 않은 남부로 탈출하도록 부채질하는 결과를 가져 왔다.39)

이 같은 현상은 80년대 이후에도 계속되어 선벨트의 성장은 지금도 계속되고 있고 별 다른 사태가 없는 한 앞으로도 계속될 전망이다. 그 구체적인 예로 남부와 중서부지방의 22개 주는 미국 전체 인구의 약 4분의 1 정도가 살고 있지만 1992년 이후 2000년까지 전국적으로 생겨난 2천 1백만 개의 새로운 고용자리 중 절반 가량이 바로 이 지역에 집중되어 있는 것으로 집계되고 있다.40) 그 결과 이들 지역은 연 평균 나머지 지역보다도 60% 정도 빠른 연 3.4% 정도로 경제가 성장하고 있는 반면 과거 미국경제의 중심지였던 북동부 등은 전체 인구의 절반이 살고 있음에도 불구하고 신규 일자리의 30%만이 이 지역에서 생겨나고 있고 그 결과 남부과 중서부의 절반정도인 연 평균 1.8%의 경제성장에 그치고 있다.

---

38) Perry & Watkins, eds., *op. cit.*
39) Ferguson & Rogers, *op. cit.*, 72.
40) David Friedman, "The Politics of Growth," *Los Angeles Times*, September 17, 2000.

이 같은 선벨트의 성장은 단순한 경제력의 성장에 그치지 않고 그에 상응하는 인구의 증가를 가져다주고 있다. 즉 북동부의 경우 탈산업화에 따라 새로운 인구의 유입보다는 타지역으로의 이주가 더 많아 인구유출 현상을 보이고 있는 것과는 대조적으로 남부의 경우 새로운 일자리를 찾아 많은 인구가 새로 유입됨으로써 미국내에서 인구 면에서 가장 빠른 성장을 보여주고 있다(표 4 참조).

표 4. 지역별 인구이주 추세 (1980-1999)

단위=1,000명

	북동부	중서부	남부	서부
1980-1981	-242(-35)	-406(-226)	407(899)	161(675)
1990-1991	-585(-376)	-15(193)	433(784)	167(784)
1995-1996	-234(51)	68(198)	150(620)	16(492)
1998-1999	-163(35)	-171(50)	270(814)	63(529)

** *Statistical Abstract of the United States*, 2000. 앞의 숫자는 국내인구 이동이고 괄호 안은 이민을 포함한 숫자임.

표 5. 전체인구 중 아프리카계의 비중

	1920	1950	1980
남부	32	25	20
기타지역	3	5	9
미국전체	10	10	12

** Earl Black & Merle Black, *Politics and Society in the South*, Cambridge: Harvard Univ. Press, 1987, 17에서 재작성.

이 같은 전체적인 인구의 증가와 함께 주목할만한 현상은 남부의 인구구성의 변화이다. 즉 전통적으로 남부에 집중되어 있던 아프리카계가 타 지역으로 이주해 나가면서 남부의 전체인구 중 아프리카계가 차지하는 비중이 점점 낮아지고 있다(표 5 참조).

4. 사회변화가 미국정당정치에 끼친 영향

위에서 분석한 미국사회의 변화들은 미국의 정당정치에 어떠한 영향을 미쳐 왔고 또 앞으로 어떠한 영향을 미칠 것인가?

먼저 미국사회의 변화와 관련해, 미국의 정당정치의 변화를 이해하는 데 있어서 전제가 되어야 하는 중요한 사실은 미국의 선거가 갈수록 많은 돈이 들어가는 자본집약적 선거로 변하고 있다는 사실이다. 이는 텔레비전 선거 등 대중매체를 통한 선거운동이 중요해지면서 생겨난 중요한 현상으로서 지난 2000년 선거만 하더라도 4년 전의 1996년 선거보다 무려 80%가 늘어난 32억 달러의 정치자금이 소모된 것으로 집계되고 있다.[41] 이같이 선거가 자본집약적이 되면서 생겨난 결과는 정당정치의 향방에 기업과 같은 '정치투자가'들의 입김이 그 어느 때보다도 커지고 있다는 사실이다. 따라서 정치투자가들의 내적 힘의 구성 변화, 그리고 산업구조의 변화 등과 관련된 정치투자가들의 정치적 선호의 변화야말로 현대 미국정치의 변화를 이해할 수 있는 핵심적 해답을 쥐고 있다고 할 수 있다.

이와 관련, 미국 정당정치의 최근 변화 중 가장 기본이 되는 것은 노동자조직, 즉 노동조합의 정치적 영향력의 약화와 이와는 대조적

---

41) 손호철, 「손호철의 LA리포트」, 『동아일보』, 2001년 3월 22일자.

인 기업과 자본의 영향력의 급증, 이에 따른 양자간의 영향력 격차의 심화이다.

자본의 힘은 단순히 자본이 동원할 수 있는 재력에 있는 것이 아니고 생산수단의 독점을 통한 경제활동 전반에 대한 통제에 있는 것이다.[42] 그러나 이 같은 근본적인 문제까지 가지 않더라도 선거의 자본 집약화와 관련해, 노동과 자본의 재정적 자원의 불균형은 미국 정당 정치에 있어서 중요한 함의를 갖게 됐다. 즉 1982년을 기준으로 노동조합의 전체 수입이 3억 2,400만 달러에 불과한 반면 기업의 이윤은 이의 5백 배에 달하는 1,560억 달러였다는 사실은 이 같은 불균형을 웅변적으로 보여 주고 있다.[43] 이와 관련, 특히 주목할 것은 1970년대 불황과 미국경제의 위기가 가시화되면서 나타난 "비지니스 커뮤니티의 정치화(politicization)"[44] 현상이다. 즉 비지니스 커뮤니티는 경제위기가 심화되면서 정치적 영향력을 직접적으로 확대하여 친자본적인 정책을 만들어내기 위해 나름의 정치행동위원회(PAC)를 구성하고 정치적 활동을 확대해 갔다. 그 결과 1972년의 경우 거의 비슷한 수준이었던 노동조합과 자본관련단체들의 PAC의 정치자금이 10년 뒤인 1982년에 이르러서는 후자의 정치자금 사용액이 전자의 2.5배로 벌어졌다(표 6). 이 같은 격차는 이후에도 계속 가속적으로 벌어지고 있어 1996년 연방의회선거의 경우 노동조합은 3,500만 달러를 정치자금으로 사용한 반면 기업체들은 이의 7배에 달하는 2억 4,200만 달러를 후보자들에게, 특히 대부분 친자본적인 공화당 출마자들에게 지원한 것으로 집계되고 있다.[45]

---

42) 이에 대해서는 Gramsci, *op. cit.*와 이에 대한 현대적인 해석인 Adam Przeworsky, "Material Base of Consent," in Przeworski, *Capitalism and Social Democracy*, Cambridge: Cambridge University Press, 1982.

43) Ferguson & Rogers, *op. cit.*, 199.

44) Thomas Byrne Edsall, *The New Politics of Inequality*, New York: W. W. Norton & Co., 1984, 107.

표 6. 자본과 노동의 **PAC** 정치자금 사용 비교

	1972	1978	1982
노동조합	$850만	$1,860만	$3,500만
기업체(A)		$1,520만	$4,320만
자본관련단체(B)		$2,380만	$4,170만
A+B	$800만	$3,900만	$8,490만

** Thomas Byrne Edsall, *The New Politics of Inequality*, New York: W.W. Norton, 1984, 131.

　그러나 비즈니스 커뮤니티의 정치화와 이에 따른 노동과 자본의 정치적 영향력 격차의 확대 못지 않게, 어쩌면 그 이상으로 중요한 것은 70년대 경제위기, 포드주의의 해체, 세계자본주의체제내에서의 경제적 위상의 약화에 따른 다수 자본들의 뉴딜연합으로부터의 이탈과 공화당 행이다. 다수 자본의 뉴딜연합 이탈에 앞서 우선 주목할 것은 전통적인 공화당의 투자가들인 '구 우파'자본의 약진이다. 반뉴딜연합의 핵심을 이루는 독립석유회사들, 섬유 등 보호주의 지지 자본들, 1차 상품 생산자들이 1970년대 들어 경제가 어려워지자 공화당과 다양한 보수단체들에 대한 막대한 지원을 통해 민주당의 뉴딜체제를 공격했다. 특히 선벨트의 부상, 특히 석유위기에 따른 석유가격의 폭등은 전통적으로 뉴딜에 강력하게 저항했던 텍사스, 오클라호마, 캘리포니아의 독립석유회사들과 대형 농업자본들에게 막대한 부를 선사했고 이들은 이 같은 부를 이용해 전국 보수파 정치위원회(National Conservative PAC) 등을 구성하고 근본주의적 기독교세력을 지원하는 한편 적극적으로 공화당을 지지하고 나섰다.[46] 즉 남부의 부상은 자본내의

---

45) William Berman, *America's Right Turn: From Nixon to Clinton*, Baltimore: The Johns Hopkins University Press, 1998, 186.
46) Ferguson & Rogers, *op. cit.*, 91.

힘의 균형에 있어서 전통적인 반뉴딜 자본분파의 힘의 도약적인 성장을 가져다줌으로써 미국정당체제의 재편을 강제한 것이다. 그러나 이에 못지 않게 심각한 것은 '신우파 자본'의 등장이다. 보호무역자들인 '구우파 자본'과 달리 자유무역을 지지해온 이들 자본은 대부분 다국적 기업들로서 과거 민주당을 지지해 왔지만 경제위기와 함께 뉴딜연합을 떠나 공화당 지지로 돌아선 것이다. 물론 이들 기업들은 자본집약적이어서 경제위기에도 불구하고 임금삭감 등이 위기극복에 상대적으로 큰 도움이 되지 않기 때문에 최소한 위기 초기까지는 공개적으로 반노동적인 태도를 견지하지는 않았다. 그러나 이들은 위기극복을 위해 규제의 자율화, 감세 등 시장경제와 작은 정부, 즉 보수파의 '신자유주의'[47]를 적극 지지하고 나섰다. 특히 이들 중 화학, 의약, 석유, 원자력 부문 등은 환경과 근로자 안전문제에 대한 소위 사회적 규제에 대해 가장 민감한 부문으로서 70년대 초 가장 적극적으로 규제자율화를 위한 정치활동과 *The Public Interest*와 같은 보수잡지의 지원에 가장 적극적으로 나서게 됐다.[48] 주요 자본들의 이 같은 규제자율화와 감세 등 자유시장운동은 민주당의 비즈니스 커뮤티니의 전통적인 지지기반의 붕괴와 이들의 뉴딜연합으로부터의 이탈을 촉진했다.

이 같은 사실은 정치자금에 대한 주요 통계들을 보면 쉽게 알 수 있다. 한 선거 사이클인 1977년 1978년 사이에 양당의 재정을 책임지는 '3대 위원회', 즉 중앙당격인 전국위원회(National Committee)와 상원

---

47) 물론 미국정치에 있어서 보수파의 정치철학은 신보수주의(neo-conservative)로 불리우고 신자유주의(neo-liberal)란 클린턴류의 우경화된 신민주당 노선을 지칭한다. 따라서 미국적 맥락에서 보자면 여기에서는 '신자유주의'가 아니라 '신보수주의'라고 써야 맞다. 그러나 유럽과 한국에서는 기본적으로 신자유주의를 레이건주의나 대처주의 같은 시장만능의 경제철학, 즉 미국의 신보수주의를 의미하는 것으로 사용하기 때문에, 이 글에서는 이 같은 유럽과 한국식 용법으로 사용한 것임을 밝혀둔다.

48) Ferguson & Rogers, *op. cit.*, 86.

과 하원의 캠페인 위원회를 비교하면 공화당은 민주당의 3배에 달하는 8,450만 달러를 모금했고 1985-1986년 사이클 동안에는 그 격차가 4배 이상으로 늘어났다(표 7 참조). 이 같은 추세는 이후에도 계속돼 정치자금 모집에 천재라는 클린턴대통령이 민주당의 대표주자로 나타난 1992년 선거에서도 기업의 양당에 대한 지원간의 격차는 심각하게 나타나고 있다(표 8 참조).

표 7. 민주당, 공화당의 '3대 위원회' 모금액 비교 (1977-1986)

단위＝백만 달러

선거 사이클	1977-1978	1979-1980	1981-1982	1983-1984	1985-1986
민주당	26.4	37.2	39.3	98.5	61.8
공화당	84.5	169.5	215.0	297.9	252.4

** Thomas Byrne Edsall, "The Changing Shape of Power," in Steve Fraser & Gerstle, eds., *The Rise and Fall of the New Deal Order, 1930-1980*, Princeton: Princeton Univ. Press, 1989, 280.

표 8. 주요 기업체의 정당별 선거자금 후원 현황 (1988년과 1992년 선거)

	1988(n＝1,380)	1992(n＝948)
민주당	17%	21%
공화당	46%	55%

** Ferguson, *op. cit.*, 253 & 291에서 재작성.

위에서 지적한 여러 변화들, 즉 소요 정치자금의 기하급수적 팽창, 노조의 약화와 이에 대조적인 비즈니스 커뮤니티의 정치화, 반뉴딜적 '구우파'의 물질적 기반의 성장과 다국적기업의 '신우파화'와 뉴딜연합으로의 이탈은 민주당 우위로 특징지어지는 뉴딜체제의 해체와 불안정하기는 하지만 새로운 공화당 우위체제, 내지 최소한 공화당 대통령, 민주당 의회의 분점정부체제49)를 만들어냈다(표 9 참조). 물론 이 같은 공화당체제의 출발점이자 피크는 '레이건혁명'이다. 그리고 레이건 혁명의 경제적 파국에 따른 민주당 클린턴 대통령의 백악관 탈환과 재선은 레이건식 신자유주의혁명과 공화당체제가 끝났다는 낙관론을 낳기도 하고 있다. 한 예로 한 미국정치의 권위자는 "리차드 닉슨이 마지막 뉴딜 대통령이었다면 빌 클린턴은 마지막 (작은 정부와 신자유주의로 특징지어지는-인용자) 공화당 시기의 대통령이 될 가능성이 크다"50)고 주장한 바 있다. 그러나 주목할 것은 또 다른 미국정치 권위자가 "그 결과의 함의에 있어서 지난 1백년 동안에 아마도 가장 중요한 선거"51)라고 지적한 1994년 중간선거이다. 즉 1992년 민주당이 12년만에 백악관을 탈환했다고 하지만 2년 뒤 이 선거에서 소위 깅그리치(Gingrich) 혁명52)을 통해 "40년만에 처음으로 공화당이 미 연방의회 하원을 장악했으며 상원을 재장악했고 전국인구의 70%를 대표하는 30명의 주지사를 차지"한 것이다. 53) 뿐만 아니라 2000년 선거에서 공화당은 선거인단 제도라는 시대착오적 제도와 플로리다주의 개표부정의 덕이기는 하지만 백악관, 상원, 하원을 모두 장악함으로써 오랜 분점정부체제를 정리했다.

이와 관련, 공화당 우위체제의 확립 못지 않게, 아니 어쩌면 이보

---

49) 이에 대해서는 Gary Cox and Samuel Kernell, eds., *The Politics of Divided Government*, Boulder: Westview Press, 1991.
50) Theodore J. Lowi, *The End of the Republican Era*, Norman: Univ. of Oklahoma Press, 1995, xi.
51) Walter Dean Burnham, "Realignments Lives: The 1994 Earthquake and Its Implications," in Colin Campbell & Bert A. Rockman, eds., *The Clinton Presidency: First Appraisal*, Chatham: Chatham House, 1996, 363.
52) 이에 대해서는 Newt Gingrich, *To Renew America*, New York: Harper Collins, 1995.
53) Lee Edwards, *The Conservative Revolution*, New York: Free Press, 1999, 1.

표 9. 역대 미국 선거 결과 (1960-2000)

	대 통 령	의 회	
		상 원	하 원
1961-1965	민(케네디·존슨)	민(64:36)	민(262:175)
		민(67:33)	민(258:176)
1965-1969	민(존슨)	민(68:32)	민(295:140)
		민(64:36)	민(258:127)
1969-1973	공(닉슨)	민(58:42)	민(243:192)
		민(54:44)	민(255:180)
1973-1977	공(닉슨)	민(56:42)	민(242:192)
		민(61:37)	민(291:144)
1977-1981	민(카터)	민(61:38)	민(291:143)
		민(58:41)	민(277:158)
1981-1985	공(레이건)	공(46:53)	민(243:192)
		공(48:54)	민(268:167)
1985-1989	공(레이건)	공(47:53)	민(253:182)
		민(55:45)	민(258:177)
1989-1993	공(부시)	민(55:45)	민(260:175)
		민(56:44)	민(267:167)
1993-1997	민(클린턴)	민(57:43)	민(258:176)
		공(47:53)	공(204:230)
1997-2001	민(클린턴)	공(45:55)	공(207:227)
		공(45:55)	공(211:223)
2001-2005	공(부시)	민, 공 동석(50:50)	공(210:220)

표 10. 민주당 지지(전체기업 평균이상) 산업부문 (1988년과 1992년 선거)

1988		1992	
음료업체	50%(0.01)	담배	50%(0.20)
투자은행	40%(0.01)	석유, 가스	28%(0.18)
부동산개발	39%(0.01)	자본집약적 수출업	43%(0.17)
컴퓨터	32%(0.07)	항공사	54%(0.00)
		컴퓨터	38%(0.12)
		운송	33%(0.08)
		투자은행	46%(0.00)

* Ferguson, *op. cit.*, 253 & 300에서 재작성.
** 괄호 안은 significance. %는 전체기업체의 민주당 지원비율과의 차이.

다도 중요한 것은 민주당의 우경화와 이에 따른 미국정당체제 전체의 우경화이다. 레이건혁명 이후 민주당은 보수적인 남부의원들을 중심으로 민주당의 '현대화'라는 이름 아래 민주당 리더쉽 회의(Democratic Leadership Council, 이하 DLC)와 이의 연구기관인 The Progressive Policy Institute(PPI)를 만들어 당을 우경화시켰다.[54] 1992년 민주당 예비선거에서의 빌 클린턴의 승리[55]로 상징되는 이 같은 신민주당 노선의 확산과 본선에서의 승리는 전통적 뉴딜 노선의 예비선거후보에 대한 자본의 거부반응, 그리고 총론에서는 신자유주의를 지지하지만 각론에서는 공화당의 정책에 불만을 가진 일부 자본분파들의 신민주당 노선에 대한 지지에 크게 힘입고 있다는 점을 주목할 필요가 있다 (표 10). 결국 그 덕으로 민주당은 백악관을 탈환했지만 클린턴 대통령이 "등록된 공화당 당원을 상당히 닮았으며 글로브 클리브랜드 이후

54) 그 대표적인 입장은 Will Marshall, ed., *Building the Bridge: Ten Big Ideas to Transform America*, Lanham: Rowman & Littlefield, 1997.
55) 이에 대해서는 James Ceasar and Andrew Busch, *Upside Down and Inside Out: The 1992 Elections and American Politics*, Lanham: Rowman & Littlefield, 1993, ch. 3 "The Democratic Nomination".

가장 보수적인 민주당 대통령으로 역사에 기록될 것이 자명하다"[56] 는 모순을 안게 됐다. 이는 그가 전통적인 민주당의 지지기반인 AFL-CIO는 말할 것도 없고 다수 노동자들이 반대하는 북미자유무역협정 (NAFTA)에 서명하고 복지를 대폭 삭감하는 소위 복지개혁을 단행한 것의 결과이다.

이와 관련, 살펴보아야 할 문제는 최근의 선거결과, 특히 소위 1994년의 선거쿠테타가 미국의 유권자들이 미국 주요 언론의 주장처럼 "거의 만장일치로 한 방향, 즉 반민주당 노선(against liberalism)과 우경화를 요구한 것"[57] 인가 하는 문제이다. 이 같은 주장은 이 글의 입장과 달리 미국정치가 유권자들의 의견을 반영하는 것이라는, 위(제3절)에서 비판한 중간치 유권자모델에 기초해 있는 분석으로서 1980년대 이후의 정당정치, 나아가 미국 주요 정책의 우경화의 본질이 기본적으로 자본이라는 주요 투자가들의 재연합에 의한 "유권자 재연합 없는 정책 재연합(policy realignment without electoral realignment)"[58] 내지 "유권자 재연합 없는 정당 재연합"이라는 사실을 은폐하고 있다.

물론 여론조사들을 보면 점점 많은 유권자들이 스스로를 보수적이라고 답하는가 하면 정부의 크기에 대해 정부가 현재보다 작아져야 한다고 대답하는 등 우경화추세를 보여주는 것처럼 보이는 것은 사실이다(그림 4와 그림 5).[59]

---

56) Ferguson, *op. cit.*, 8.
57) "Dr Fell's Election," *New York Times*, November 10, 1994. 주의할 것은 여기에서 리버럴리즘이란 이 글에서 사용한 한국이나 유럽식 용법이 아니라 뉴딜식의 전통적인 민주당 노선을 의미한다는 점이다.
58) Ferguson & Rogers, *op. cit.*, 11.
59) 그림 4는 Ruy Teixeira and Joel Rogers, *America's Forgotten Majority: Why the White Working Class Still Matters*, New York: Basic Books, 2000, 44에서 재인용. 그림 5는 Everett Ladd & Karlyn Bowman, *What's Wrong: A Survey of American Satisfaction and Complaint*, Washington, D. C: AEI Press, 1998에서 재인용.

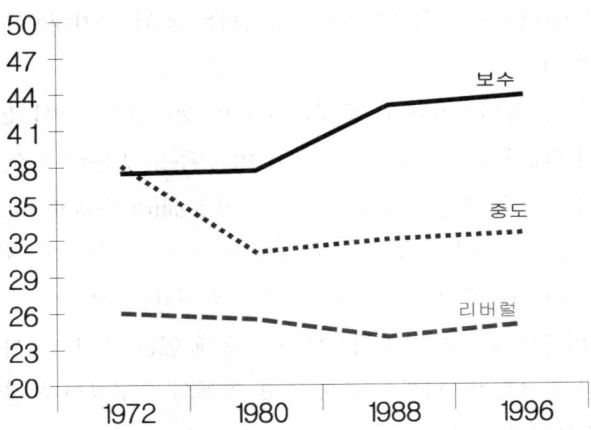

그림 4. 이데올로기 자기평가 변화 추세

보수

중도

리버럴

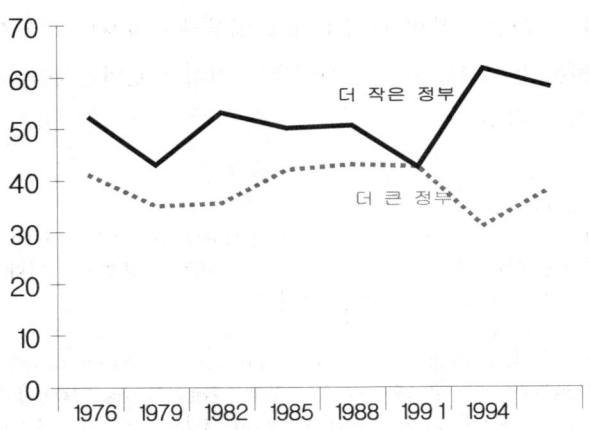

그림 5. 정부 크기에 대한 지지도

더 작은 정부

더 큰 정부

그러나 이를 보다 심층적으로 분석해보면 자본에 대한 규제필요성과 정부의 역할에 대한 유권자들의 우경화경향이, 최소한도로 이야기해, 지나치게 과장되어 있고, 보다 급진적으로 이야기하면, 유권자들의 의식이 크게 변화가 없거나 오히려 좌경화되고 있다는 것을 보여주고 있다. 우선 미국유권자의 우경화의 분기점으로 일컬어지는 레이건혁명 당시인 1980년의 유권자 의식을 보자면 소수대기업에 너무 많은 권력이 집중되고 있다는 응답은 오히려 1969년의 61%에서 79%로, 기업이 너무 많은 이윤을 남기고 있다는 응답은 38%에서 51%로, 기업의 이윤에 제한을 가해야 하느냐는 질문에 그렇다고 답한 사람이 33%에서 60%로 각각 늘어났다.60) 최근의 여론조사도 비슷한 결과를 보여주고 있다.

즉 뉴딜적 문제의식에 대한 정책 사안들에 대해 정부가 주어야 할 당위적인 우선순위와 실제 정부가 주고 있는 우선순위를 평가하라는 질문에 대해 유권자들은 엄청난 격차로 뉴딜적 정책에 우선순위를 부여하면서 정부가 제 기능을 못 하고 있다고 답하고 있다(표 11). 또 이들 뉴딜적 사안에 대해 정부의 예산에 대한 평가도 정부가 써야 할 정당한 몫보다 너무 적게 쓰고 있다는 의견이 압도적이다(표 12). 사실 남부의 반란이라고 부르는 남부의 탈민주당 추세 역시61) 그 핵심은 위에서 지적한 전통적인 반뉴딜세력인 남부자본의 영향력 확대와 이의 근본주의적 기독교세력과의 결합이며 일반유권자의 보수성은 과장된 측면이 많다.62)

---

60) *Ibid.*, 14.
61) 이에 대해서는 Earl Black & Merle Black, *The Vital South*, Cambridge: Harvard University Press, 1992; Charles Hadley and Lewis Bowman, eds., *Southern State Party Organizations and Activists*, Westport: Praeger, 1995; Robert Steed, et al., eds., *Party Organization and Activism in the American South*, Tuscaloosa: Univ. of Alabama Press, 1998; Nicol Rae, *Southern Democrats*, New York: Oxford University Press, 1994.

표 11. 정부정책의 우선순위 평가 (1997)

단위=%

	실제 정부가 우선순위를 주고 있다(A)	우선순위를 주어야 한다(B)	A-B
싼 의료혜택 보장	15	75	-60
노인층 생활보장	17	72	-55
천연자원 보존	24	76	-52
빈곤 축소	16	65	-49
빈곤층 대학진학 보장	11	50	-39

** 출처: Pew Research Center, *Deconstructing Distrust: How Americans View Government*, Washington, D. C.: Pew Research Center for the People and the Press, 1998.

표 12. 정부 예산에 대한 유권자 평가 (1998)

단위=%

	너무 적다	적당하다	너무 많다	net score*
교육	73	21	7	66
의료	70	24	7	63
환경	65	28	8	57
소셜 시큐리티	60	33	7	53
빈곤층 지원	63	26	11	51
대중교통	35	55	10	25
국방	19	49	32	-13
우주개발	12	47	42	-30

* net score는 너무 적다는 비율로부터 너무 많다는 비율을 뺀 차이이다.
** Tom Smith, "Trends in National Spending Priorities, 1973-1998," Chicago: National Opinion Research Center, 1999에서 재작성.

---

62) 이에 대한 자세한 정보는 Ira Katzenelson, "Reversing Southern Republicanism," in Stanley B. Greenberg and Skocpol, eds., *The New Majority: Toward a Popular Progressive Politics*, New Haven: Yale University Press, 1997 참조.

최근의 선거결과도 이 같은 유권자의 태도를 입증해주고 있다. 즉 클린턴 대통령은 1994년 중간선거에서의 민주당의 참패와 여러 스캔들에도 불구하고 1996년 대선에서 승리, 루즈벨트 이후 최초로 재선에 성공한 민주당 대통령이 되는 영광을 누릴 수 있었던 이유를 살펴볼 필요가 있다. 이 선거에서 밥 돌 후보는 신자유주의적 입장에서 15%의 일괄 감세를 약속한 반면 클린턴 대통령은 신민주당적 입장에도 불구하고 이 같은 감세는 의료보호 등 정부의 뉴딜형 기본서비스의 축소를 가져온다며 소위 'M2E2(Medicare, Medicaid, Education, Environment)'라는 슬로건을 통해 뉴딜 프로그램을 옹호했다. 63) 그리고 출구조사 결과 클린턴을 찍은 이유로 경제와 일자리문제 해결이라고 답한 사람이 21%, 의료보호와 사회보장이라고 답한 사람이 15%, 교육이라고 답한 사람이 12%로서 이들 뉴딜적 의제가 소위 신민주당적 의제들을 압도한 것으로 나타났다. 64) 2000년 선거결과도 마찬가지다. 민주당의 알 고어 후보는 클린턴의 연이은 스캔들과 고어 자신의 딱딱한 스타일로 고전을 면치 못하자 자신의 신민주당적 입장을 버리고 당내 좌파적 선거전문가인 스탠리 그린버그를 영입해 민중주의적 노선을 채택하고 부시 후보의 감세안 등을 최부유층 1%를 위한 안으로 비판하고 나선 뒤 인기가 회복되어 선거인단제도에 의해 패배하기는 했지만 유권자선거에서는 부시후보를 누를 수 있었다. 65) 이 모두는 현재 다수 미국유권자들이 반대하고 있는 것은 현재와 같은 정부의 정책방향일 뿐 정부 그 자체가 아니며, 사실은 고용불안, 사회적 양극화 등 신자유주의적 지구화의 부작용으로부터 정부의 보호를 원하고 있음을

---

63) 이에 대해서는 Walter Dean Burnham, et al., *The Election of 1996: Reports and Interpretations*, Chatham: Chatham House Pub., 1997 참조.

64) Teixeira and Rogers, *op. cit.*, 102.

65) 이와 관련한 고어의 전략에 대한 민주당내 사후 논쟁에 대해서는 "Troubled Times for America's Democratic Party," *International Herald Tribune*, February 12, 2001.

보여 주고 있다. 결론적으로, 레이건 혁명과 뉴딜연합의 붕괴의 핵심을 이루는 큰 정부에 대한 대중적 불신의 핵심에는 경제위기와 함께 뉴딜연합으로부터 자본이 이탈함에 따라 이를 잡기 위해 민주당이 취한 민주당의 우경화와 친자본적인 잘못된 정책 우선순위화, 그리고 다수 노동자계급의 방기가 자리잡고 있다.

이와 관련, 주목할 것은 큰 정부에 대한 대중적 불신은 위에서 지적한 잘못된 정책 우선순위 이외에도 잘못된 세금정책에 크게 기인한다는 사실이다. 즉 다수 유권자의 보수화의 핵심에는 경제위기에 따라 날로 어려워지는 생활 속에서 늘어나는 세금부담에 대한 반발, 즉 '세금반역'이 자리잡고 있는 바, 이 같은 '세금반역'은 민주, 공화 양당이 자본의 지지를 얻기 위해 경쟁적으로 기업소득세를 삭감함에 따라 개인소득세와 사회보장세에 대한 연방정부 재정의존도가 심화되어온 결과라는 사실이다(그림 6 참조).66) 다시 말해 경제위기와 함께 포드주의적인 노사공생관계가 깨어지면서 자본의 요구에 의해 민주당까지도 일반유권자들이 원하고 있는 정책 우선순위는 무시한 채 자본이 요구하는 부문에 예산을 집중하면서 동시에 정부의 재원은 기업이 아니라 일반유권자의 세금에 점점 의존하는 정책을 취함으로써 유권자들의 정부에 대한 불신과 소위 보수화를 자초해온 것이다.

이 모두를 고려할 때, 설사 미국유권자들이 보수화되고 있다는 사실을 인정한다고 하더라도, 그것이 중간치 유권자모델의 주장처럼 일반 유권자들이 보수화해 그것이 투표를 통해 뉴딜체제의 해체와 미국 정당체제의 보수화를 가져왔다고 볼 수는 없다. 오히려 이 같은 인과관계와는 정반대로, 경제위기와 함께 미국의 자본들이 보수화하면서 이들을 잡기 위한 미국 정당체제의 보수화가 일어났고, 그 결과 보수적 정책에 의해 정부로부터 소외된 유권자들의 정부에 대한 불신이 누

---

66) Ferguson & Rogers, *op. cit.*, 101의 표에서 재인용.

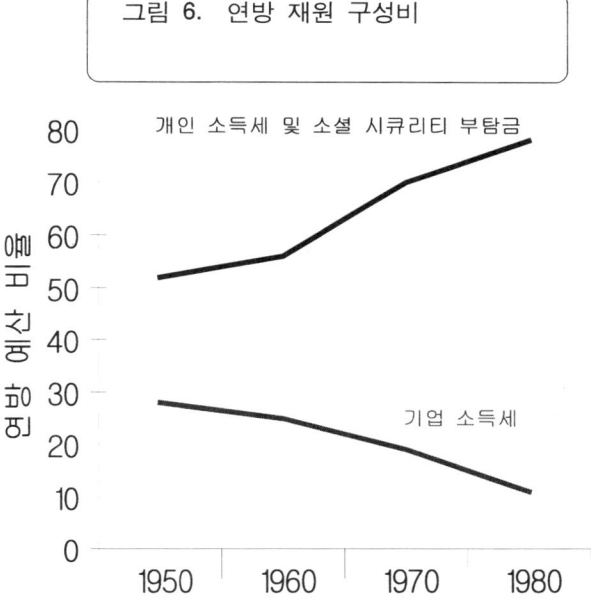

그림 6. 연방 재원 구성비

개인 소득세 및 소셜 시큐리티 부담금

기업 소득세

적되어 유권자들이 소위 '보수화'(작은 정부 선호화) 하기 시작한 것이라고 보아야 한다.

이 같은 보수화의 다이내믹은 향후 미국 정당정치의 미래와 관련해서도 중요한 함의를 갖는다. 즉 신자유주의적 정책에 의한 잘못된 정책 우선순위, 특히 이에 따른 다수 유권자들의 일상과 관련된 국가 프로그램과 서비스의 축소는 유권자들의 국가에 대한 불신을 강화해 다시 신자유주의에 대한 지지로 나타나는 악순환을 반복할 가능성이 크다.67) 이 점에서 미국 정당정치의 미래는 과연 민주당이 이 같은 악

---

67) 미국에 국한된 이야기는 아니지만 이 같은 현대국가의 문제점에 대해서는 Immanuel Wallerstein 외, 『이행의 시대』, 창작과비평사, 1998, 291-293.

순환의 고리를 끊을 수 있느냐에 달려 있고 이는 다시 민주당이 DLC 류의 신민주당 노선과 진보적 노선 중 어떠한 전략적 선택을 하느냐 하는 당내정치에 달려 있다. 그러나 전지구적 신자유주의에 따라 날 로 강화되고 있는 초국적자본의 힘, 특히 자본집약적 미국선거의 현 실을 고려할 때 진보적 노선이 승리하기는 쉽지 않다. 그리고 지금과 같은 신민주당 노선이 계속될 경우 페로 현상68)이나 녹색당과 같은 제3당 운동, 나아가 WTO체제에 저항한 시애틀 항쟁69)과 같은 '거리 의 정치'가 끊이지 않을 것이다. 결국 한 정치학자가 그의 책 제목70) 을 통해 비판한 미국정치의 황금률, 즉 "황금을 지배하는 자가 정치를 지배한다"는 미국정치의 변치 않는 '황금률'을 혁파하지 않는 한, 미국 정치, 나아가 미국사회의 미래는 암울할 수밖에 없다.

---

68) 이에 대해서는 Ceasar & Busch, *op. cit.*, ch. 4; Ferguson, *op. cit.*, 305-322.
69) Janet Thomas, *The Battle in Seattle*, Fulcrum Pub., 2000.
70) Ferguson, *op. cit.*

근대와 탈근대의 정치학

지은이/ 손호철

초판인쇄일/ 2002년 4월 25일
초판발행일/ 2002년 5월 2일

발행인/ 손자회
발행처/ 문화과학사
주소/ 110-300 서울시 종로구 관훈동 198-16 남도빌딩
전화/ 335-0461   팩스/ 720-0466
e-mail: transics@chollian.net
homepage: http://www.jinbo.net/~moonkwa

출판등록/ 제1-1902 (1995. 6. 12)

값/10,000원

ISBN 89-86598-31-0 93340